□普通高等学校体育专业教材

跆拳道运动教程

Taiquandao yundong jiaocheng

赵光圣 刘宏伟 主编

高等教育出版社·北京

内容提要

本书紧密结合当前全国高等院校跆拳道教学实际和有关跆拳道运动最新的研究成果，对跆拳道运动的理论与实践进行了系统的梳理，精心编写而成。主要内容有：跆拳道总论，跆拳道品势、击破与防身术，跆拳道实战技术与战术，跆拳道教学，跆拳道训练，跆拳道竞赛，跆拳道科学研究等。

本书作为具有一定专业水准的跆拳道专业教材，不仅内容丰富、体系完整、实用性强，而且全书配以大量图表展示，以及配套技术视频的二维码关联，生动直观、简明易懂。

本书既可作为全国体育院校和普通高校体育院（系）跆拳道专修课程的教材，也可作为各级各类跆拳道业务培训的教材使用。

图书在版编目（C I P）数据

跆拳道运动教程 / 赵光圣，刘宏伟主编. -- 北京 ：高等教育出版社，2015.8（2021.12重印）
ISBN 978-7-04-043099-8

Ⅰ. ①跆… Ⅱ. ①赵… ②刘… Ⅲ. ①跆拳道－高等学校－教材 Ⅳ. ①G886.9

中国版本图书馆CIP数据核字(2015)第140887号

策划编辑 汪 鹂　　责任编辑 汪 鹂　　封面设计 张申申　　版式设计 余 杨
插图绘制 尹文军　　责任校对 刘春萍　　责任印制 刘思涵

出版发行 高等教育出版社
社　　址 北京市西城区德外大街4号
邮政编码 100120
印　　刷 北京汇林印务有限公司
开　　本 787mm×1092mm 1/16
印　　张 20.75
字　　数 500 千字
购书热线 010-58581118
咨询电话 400-810-0598
网　　址 http://www.hep.edu.cn
http://www.hep.com.cn
网上订购 http://www.landraco.com
http://www.landraco.com.cn
版　　次 2015 年 8 月第 1 版
印　　次 2021 年12月第 7 次印刷
定　　价 35.00 元

物 料 号 43099-00

编写组

主编：

赵光圣（上海体育学院）

刘宏伟（沈阳体育学院）

参编人员（以姓氏笔画排名）：

刘少辉（西安体育学院）

杜七一（武汉体育学院）

李玉清（上海体育学院）

侯　健（上海体育学院）

郭明明（沈阳体育学院）

理同新（成都体育学院）

黄海滨（广州体育学院）

鲍巨彬（天津体育学院）

颜红伟（北京体育大学）

前言

跆拳道运动教学训练已经成为全国体育院校和绝大多数普通高等院校体育院（系）运动训练专业的必修课程。目前，各个院校使用的跆拳道教材以自编教材居多，教材的体系和内容大多是参照国外的相关资料编写而成的，其内容的先进性、系统性、实用性以及总体质量都有待进一步完善与提高。高质量的教材是确保教学质量的基础，为了更好地适应我国高等院校跆拳道运动专项教学训练的需要，由上海体育学院作为主编单位，组织了全国 8 所体育院校的 11 位跆拳道教学、训练和裁判等方面的一线教师，历时两年精心编写了这本《跆拳道运动教程》。

本教材具有如下特色：

一、注重教材内容的完整性和科学性

教材内容涵盖大学本科跆拳道专修学生的教学大纲规定的教学内容，可以充分满足我国体育院校运动训练专业和普通高等院校体育院（系）跆拳道教学训练的需要。教材总结并吸收了近年来有关跆拳道科研和教学训练实践的知识与经验，可以为学生和教师提供多元与先进的跆拳道理论知识与实践经验。本教材突出了跆拳道理论、教学和训练章节的编写，对实战比赛技术和品势技术采取两者并重的原则，对技术要素进行了深入的解读。编写时努力做到理论和实践紧密结合，吸收了最新的研究成果，力求教材内容的完整性和科学性。

二、注重教材的直观性

为充分体现直观性，教材使用了大量的技术图片和比赛的实战应用图片，这些图片由专业运动员进行技术示范，精准地表达了跆拳道技术及其应用的瞬间过程，有利于学生对技术细节的理解和把握。教材语言通俗易懂、简明扼要、层次分明，对许多知识点进行了归纳整理，并制成了清晰的图表，便于学生理解、自学，提高学习效率。

三、注重教材的先进性

本书通过二维码关联，可以实现教材中技术视频的实时分享。该教材除了提供纸制教程外，还专门录制了配套的技术视频，学生和教师可以通过手机扫二维码的方式，迅速便捷地观看学习，两者互为补充，实现教材功能的进一步延伸。

本教材由上海体育学院赵光圣教授、沈阳体育学院刘宏伟教授主编，侯健、李玉清、郭明明、鲍巨彬、刘少辉、杜七一、颜红伟、理同新、黄海滨等共同编写完成。

本教材的动作示范由肖金瀛、战文鹏、李建宇、张晏富、白宇生等运动员学生担任，刘宏伟负责技术图片的拍摄及处理工作，并提供了全书的比赛图片等素材。李维国帮助拍摄了裁判手势图片。王浩平、黄成、张亚楠、张建光、赵尔冬等硕士研究生协助完成了部分图片的后期处理和品势章节的校对工作。

在教材的编写过程中，得到了上海、沈阳、武汉、西安、成都、天津、广州体育学院和北京体育大学的多方面帮助。教材的出版得到了高等教育出版社的大力帮助和支持。本书引用了许多研究者的研究成果，在此一并表示感谢！

尽管编写组对教材进行了精心的设计，制定了较高的写作标准，并为此付出了艰辛的努力，但由于水平及诸多方面的限制，书中难免存在错误、疏漏和不完善之处，敬请广大师生和读者提出宝贵意见，以便今后进一步完善。

《跆拳道运动教程》编写组

2015 年 3 月

目录

1

第一章
跆拳道总论

跆拳道理论知识是学习和练习跆拳道的重要基础。本章重点介绍了跆拳道的概念、起源、世界跆拳道的发展概况和中国跆拳道的发展概况，以及跆拳道的内容与分类、跆拳道的特点和价值、跆拳道段位制、跆拳道礼仪、跆拳道技术应用基本原理等。学生通过本章的学习可以比较全面地了解跆拳道的发展史、跆拳道的技术体系和理论体系知识。对本章知识的掌握将为跆拳道技术学习和教学训练等打下良好基础。

第一节 跆拳道概述

跆拳道（英文名：taekwondo）起源于朝鲜半岛，是以腿法和拳法的攻防格斗为主要内容，通过实战、品势、击破等表现形式，修炼身心的一项体育运动。

现代跆拳道由朝鲜半岛格斗术发展而成，自 20 世纪 50 年代开始向世界传播，2000 年成为奥运会正式比赛项目。至 2012 年 6 月，世界跆拳道联合会的会员国已达到 202 个。跆拳道项目以惊人的速度，成为了世界体育大家庭中的重要成员之一。

一、跆拳道发展概况

（一）跆拳道起源

1. 原始社会的格斗

大约在 60 万至 40 万年前，朝鲜半岛就有原始人群劳动、生息、繁衍。

在原始社会时期，原始人为了生存，保护自身，不受野兽伤害，必须与野兽斗争。为了获取食物，必须捕鱼、打猎、采集野生植物用以充饥，维持与延续生命。居住在朝鲜半岛的大部分人过着以农业为主的农耕生活，同时辅以狩猎。

公元前 2000 年至公元前 1000 年期间，朝鲜半岛进入青铜器时代，发明制造了青铜器工具和武器，其中有斧、短剑、矛、簇等，这些武器用于战争和狩猎。

公元前 1000 年至公元前 1 世纪，朝鲜半岛社会发展至古朝鲜时代，进入奴隶制社会。本土的天命神权思想和原始的阴阳五行学说是当时文化的核心，中国儒学思想也逐渐传入。铁器制造技术被熟练掌握，制造了大量铁制武器和工具。为了获取食物和打赢部落战争，在生活和御敌的实践中，人们发现、模仿、总结了一些实用的格斗方法。这些方法是人类生存的必然需要，这种需要也是格斗技术不断发展的原动力。

当时的格斗方法具有简单、零碎和粗犷的特点，强健的体魄和武器是具有高超格斗技能的基础。部落掌握的格斗方法也可能成为祭祀、娱乐、欢庆胜利和丰收、展示部族力量等活动的表演内容之一。这些社会活动和战争必然导致格斗方法的丰富和升级，社会生活实践也使其不断得到补充和完善，逐渐成为有目的、有意识的格斗技术。

2. 三国时代的跆拳道

公元 1 世纪前后，朝鲜半岛进入高句丽、新罗、百济三国鼎立时代，朝鲜半岛开始进入封建社会。三国鼎立数百年，为巩固领土，扩张势力，各国相互征伐，兼并部落，多有战事。在这个冷兵器时代，由于各自发展的需要，三个国家都开展了强国强兵运动，其中手搏、角抵、便战戏等搏斗技艺成为重要的训练内容。这些内容是早期跆拳道的雏形。

（1）高句丽的选士与壁画。高句丽建于公元前 37 年，亡于 668 年。为了备战，高句丽建立了选士制度，通过格斗技艺的比赛选拔出武艺高强、胆识过人的勇士。勇士们需要接受格斗技术的训练。每年的 3 月至 10 月间，要组织一个盛大的节日，期间开展丰富多彩的活动，有剑舞、射箭、手搏等项目的表演。

高句丽壁画达到很高的水平，通过挖掘发现的古墓壁画，可以推测出当时社会文化生活状况。平安南道江西郡药水里古墓壁画中绘有“出行图”和“狩猎图”，“出行图”绘有仪仗队、鼓吹、伎乐、男女侍从、武士、斧钺手，分列行进，队形严整，气势威严。“狩猎图”绘有墓主人出猎的队形和狩猎的情景。在角抵冢、舞蹈冢和三室冢的壁画中，绘有角抵（摔跤）、手搏等双人打斗场面。这证明当时的格斗运动比较盛行。

（2）百济王朝的手臂打。百济建于公元前 18 年，亡于 660 年。由于军队比较弱，因此百济王朝很重视和推崇武艺，更加重视训练和培养士兵，以使其成为真正有战斗力的队伍。据《三国史记》记载，阿莘王等很多国王为了推崇尚武精神，要求全国的国民都操习马术、射箭、跆跟等武艺。第三阿莘王朝的每年九月，全城的人都在西台举行射箭大会，进行各种武艺活动。不论是官吏、军人还是庶民，都要学习武艺。

百济有“手臂打”的记载，方法是使用手脚进行格斗，这种技法在军队和民间皆有开展。当时百济还有一种叫做“便战戏”的活动，内容是运用格斗技术进行比赛。

（3）新罗的技击。新罗建于公元前 57 年，亡于 935 年。起初是一个较小的国家，但一直没有屈服于别的国家，直到朝鲜的统一。新罗建立了花郎制度，其宗旨是“事君以忠，视亲以孝，交友以信，临战无退，杀身有择”。“花郎组织”经常组织年轻人聚集在一起，祭神、切磋武艺、磨炼意志，这种制度造就了一批英勇无畏的战士，保卫着新罗，成为新罗繁荣强大的动力和保证。

新罗的军队是由重视体魄、军事和道德训练的世袭年轻武士组成，他们经常举行射箭、踢球、角抵、手搏、骑马、狩猎、秋千等活动。当时这种将军事技能或歌舞进行体育化的活动，统称为“嘉俳”，每年的“嘉俳”于 7 月 16 日起至 8 月 15 日结束。

技击术当时非常受重视，据《帝王韵记》记载，两人直立互相用腿踢击的方法有三种：第一种是踢对方的脚；第二种是踢对方的肩；第三种是踢对方的发髻。另外还有手劈打、拳打等技击方法。据有关史书记载，这些技法在新罗、高句丽、百济都比较盛行。

3. 高丽时代的手搏

918 年高丽建立，935 年统一朝鲜半岛，1392 年高丽灭亡。高丽和李朝前期是朝鲜半岛封建社会的全盛时期。高丽王朝的军队英勇善战，打败了许多侵略者。忠惠王就十分喜爱当时的武技手搏，他要求士兵必须进行手搏练习。士兵们经常用手掌和拳击打墙壁、木块、砖瓦等硬物，用来提高手部的攻击能力。国王还邀请武艺超群的士兵进宫廷表演手搏，由于朝廷积极推崇手搏，手搏也受到当时民众的喜爱。

高丽也曾因轻视武官，重视文官，而引起武官叛乱。最后导致凡是戴文官帽子的人，不问官职大小，都杀无赦，可见当时武风极盛。为巩固统治地位，统治者很重视军队的建设。如肃宗创建了一个称为“别武班”的军事组织，包括神骑军、神步军和所谓的降魔军，其中大多都是手搏技艺高超的士兵。

高丽时代，每逢春节、端午节和中秋节，都要举行大型庆典，期间进行各种体育活动。尤其以端午节最为隆重，内容包括手搏、马球等。

由于统治者的提倡，高丽时代为手搏技艺的进一步发展和完善创造了良好的环境。

4. 李朝时代的武艺

1392 年李朝建立，1910 年李朝结束。李朝时代推崇儒教，排斥佛教，推崇汉学。

李朝的科举制度在文科基础上增加了武科和杂科，实现了文武并重。李朝的武科举考试分为初试、复试、殿试三级。武科举考试内容为讲书和武艺，讲书内容为儒家经典和兵法，武艺内容为木箭、铁箭、片箭、骑射、骑枪、击球6种技艺。军队中也用“手搏”作为选择士兵的手段，若想做武官，必须打倒三人以上。说明李朝时代已经把重视和培养军事人才常态化了。这无疑对民间手搏和跆跟的练习具有促进作用。

正祖命著名实学派代表人物李德懋和朴齐家，以及武士白东修三人汇编出版了《武艺图谱通志》，1790年完成，为朝鲜经典的武艺与兵书著作之一。该书以中国明代戚继光的《纪效新书》和茅元仪的《武备志》为素材，进行摘取改编，包括徒手的拳法和各种武器用法，共24般武艺，图文并茂。

壬辰、丁酉年间出现了两次倭寇入侵（文禄、长庆之役），在金山有700余名义兵赤手空拳和日本兵进行殊死搏斗，说明了徒手搏斗技能在战斗中的重要作用。

5. 近、现代跆拳道运动

近代属于跆拳道萧条期。朝鲜半岛独立后，半岛徒手搏击术逐渐整合完成，最终以跆拳道命名，正式迈上走向世界的征程。

（1）近代跆拳道运动。1910年日本侵略朝鲜，李朝灭亡。殖民政府禁止一切朝鲜文化活动，朝鲜半岛的搏击术也在其中。只有一小部分人在民间秘密修炼。

（2）现代跆拳道运动。1945年8月15日，日本无条件投降，日本的殖民统治随之结束，朝鲜半岛获得解放。国家的政治、经济、社会面貌发生了新的变化，自卫术再度兴起，流落海外的朝鲜人也将各地的武艺带回半岛，和朝鲜的各种自卫术融为一体，传统武技形成了新的发展局面，新的跆拳道体系正在孕育和萌生。但好景不长，朝鲜半岛出现南北分裂，南部于1948年8月15日成立大韩民国（简称韩国），首都位于汉城（今首尔）。北部于1948年9月9日成立朝鲜民主主义共和国（简称朝鲜），首都位于平壤。1950年爆发朝鲜战争，1953年战争结束，继续保持南北分治局面。

1944年开始，汉城出现第一家道馆，名为青涛馆。1945年解放后，汉城相继出现多家道馆，有代表性的有武德馆、研武馆、苍武馆、松武馆、悟道馆、讲德院、韩武馆、正道馆，可见韩国当时习武之风盛行。当时的格斗术名称繁多，如：跆跟、手搏、托肩、唐手道、华手道、手搏道、拳法、空手、跆手道等。当时各个道馆的教学内容包括朝鲜本土的传统格斗技术、日本空手道、柔道、剑道、中国武术等。这些不同内容和风格的武术聚集在一起，引起了跆拳道教学者改革的设想。最后按照名称统一、内容系统化规范化、独特的民族风格特点等目标开始改进与创新。

1955年，崔洪熙首次提出将跆拳道作为朝鲜格斗术的统一名称，由于当时各方意见不一，没有马上得到大家的认同与使用。由于当时政局不稳，跆拳道组织几经变动。崔鸿熙在1959年9月创立了大韩跆拳道协会，在1960年又出现大韩手搏道协会，而1961年9月16日大韩跆手道协会成立，并于1962年6月加入了大韩体育会，同年跆拳道在韩国全国运动会上成为表演项目，在1963年10月4日的第44届韩国全运会上成为正式比赛项目，标志着跆拳道的竞技化步入正轨。1965年1月崔鸿熙出任大韩跆手道协会第三任会长，并在1965年8月将该组织更名为“大韩跆拳道协会”，从此，几经周折的跆拳道名称最终确定并沿用至今。

1966年1月，崔洪熙退出大韩跆拳道协会。其后跆拳道在原来的基础上开始良性快速地发展。在跆拳道发展过程中，第一代和第二代致力于跆拳道发展的练习者起到了非常重要的作用。金云龙出任会长后，跆拳道进入中兴时期。

（二）现代世界跆拳道发展概况

自1959年开始，跆拳道表演团出访欧洲、美洲、亚洲等地许多国家，在跆拳道的国际化进程中，跆拳道表演团起到了宣传示范的作用，为世界认识跆拳道、了解跆拳道做出了贡献，许多教练在海外开始开设跆拳道馆，跆拳道渐渐被更多的人所认识和喜爱。

1966年第一个国际组织——国际跆拳道联盟成立（International Taekwondo Federation，简称ITF），总裁为崔洪熙。跆拳道国际化进程正式开始。

1973年5月，举行第1届世界跆拳道锦标赛（图1-1-1），参赛国家和地区共19个，技术官员和运动员共200人。此后跆拳道世界锦标赛每两年举行一届。

基于韩国政府的支持，通过金云龙的积极努力，1972年建立了韩国跆拳道中央道馆国技院，1973年5月成立了世界跆拳道联盟（The World Taekwondo Federation，简称WTF），金云龙任主席（2004年赵正源当选主席）（图1-1-2），这些举措为跆拳道国际化发展，成为奥运会正式项目打下了良好的基础。

图1-1-1　第1届世界跆拳道锦标赛

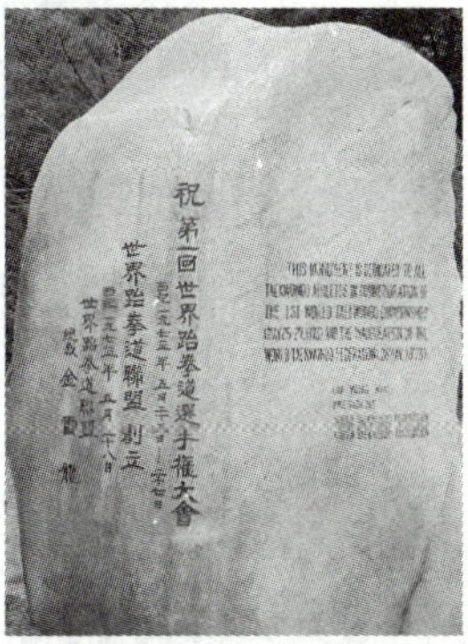

图1-1-2　世界跆拳道联盟成立纪念碑

1974年10月，举行第1届亚洲跆拳道锦标赛，当时共10个国家和地区参赛，技术官员和运动员共93人。

1975年，世界跆拳道联合会被国际体育联合会接纳为正式会员。

1980年，国际奥委会正式承认了世界跆拳道联合会。

1981年12月9日，跆拳道成为亚运会正式比赛项目。

1986年，第10届亚运会上跆拳道被列为正式比赛项目。

1986年，举办第1届跆拳道世界杯比赛，该赛事每两年举办一届。

1987年10月，举行了第1届女子跆拳道世界锦标赛。

1988年，奥运会在韩国举行，韩国跆拳道界以及世界跆拳道界抓住契机，为跆拳道能够进入奥运会进行了不懈的努力。1988年，1992年跆拳道两次被列入奥运会表演项目。

1994年，在法国巴黎召开的国际奥委会第103届会议上，决议跆拳道项目列入2000年奥运会正式比赛项目，设男子4个级别、女子4个级别。

1996年，开始举办世界青年跆拳道锦标赛。跆拳道被列入许多世界重大赛事的正式比赛项目，如世界大学生运动会、世界军人运动会、亚运会、全非洲运动会、泛美运动会、东亚运动会等。

2000 年，跆拳道成为奥运会正式比赛项目，参赛国家和地区 50 个，跆拳道真正成为世界性体育项目，为世人瞩目。奥运会接纳跆拳道，极大地促进了世界跆拳道的发展进程，会员国数量快速增加。

2007 年，世跆联开始在小范围试用电子护具，2009 年正式使用电子护具比赛，通过技术手段降低了比赛中裁判误判和漏判的发生率，增加了比赛的客观性和公正性。跆拳道规则中同时增加了录像审议条款，教练员在比赛中可以对裁判的判罚和打分等情况提出录像审议，通过录像回放还原“事实真相”，最大限度降低裁判失误率。2012 年，第 30 届奥运会跆拳道比赛中使用了电子护具。

2012 年，跆拳道项目连续 4 届列入奥运会正式项目，世界跆拳道联合会会员国达到 202 个，在世界单项协会中会员国数量名列第七，参与跆拳道练习人口超过 7500 万。

在跆拳道竞技化的同时，为促进跆拳道其他内容的发展，1992 年大韩跆拳道协会举办了包括竞技、品势、击破、防身术、表演的跆拳道大赛，比赛同时全面展示了跆拳道的威力和魅力。

2006 年 9 月，举办了首届世界跆拳道品势锦标赛，设置了跆拳道品势、击破、表演等内容，吸引了更多跆拳道练习者参加比赛，开辟了跆拳道的发展新局面。

（三）中国跆拳道发展概况

中国跆拳道发展概况可分为三个阶段：初始阶段、基础阶段和发展提高阶段。

1. 初始阶段

20 世纪 60 年代，中国的台湾省首先在部队中开展了跆拳道运动，随后逐渐在群众中普及开展。中国香港地区于 60 年代成立香港跆拳道协会，中国澳门地区于 80 年代开始跆拳道运动。

80 年代，国际跆拳道联盟（ITF）曾在中国内地部分城市表演，跆拳道首次在中国大陆展示。

20 世纪 80 年代末期，跆拳道在延边大学、珠海市、深圳市、昆明市等地不约而同地开展起来，燃起了中国内地跆拳道发展的星星之火。

1988 年汉城奥运会期间，经现代竞技跆拳道创始人之一的李仲佑同意，旅居美国的韩裔牧师金圣根，通过崔文顺女士与国家体委建立了联系，转达了世界跆拳道联盟要在中国发展跆拳道的愿望，因为当时中韩两国没有建交，国家体委领导同意在体育院校进行尝试性开展，试点院校为北京体育学院。

1989 年 5 月，韩裔美国人李大成来到北京体育大学进行了为期 3 周的跆拳道教学活动，李仲佑先生也亲临现场。这次活动的所有费用全部由金圣根先生无偿提供。

这期间，跆拳道项目尚未被国际奥委会确定为正式项目，国家体委当时没有正式批准开展该项目。

随着跆拳道在我国的发展，于 1992 年 10 月 7 日，经国家体委综合司、国际司合签及国家体委领导批准，中国跆拳道协会筹备小组正式成立。

1994 年 9 月 4 日，在法国巴黎召开的国际奥委会第 103 届会议上，确定跆拳道为悉尼奥运会正式比赛项目。我国加快了跆拳道项目的发展步伐。1994 年韩国龙人大学教授杨振芳来到北京体育大学，开始为期一年的跆拳道教学活动。

在该阶段中，跆拳道在我国民间和院校逐渐开展，跆拳道从无到有，开始被部分人接受，但大部分人对此知之甚少。一部分人对外国的“武术”感到新颖想一探究竟，一部分人因武术情结对跆拳道抱有一定的排斥思想。

2. 基础阶段

由于跆拳道将在2000年奥运会成为正式比赛项目，又一次引起国家体委有关部门的关注，并为启动该项目开始做一些实质性的行动，扩大了跆拳道运动在中国内地的开展范围。1994年2月20—22日，国家体委重竞技管理中心组织全国跆拳道运动座谈会，共有12个单位60多人参加，并把跆拳道纳入国家“奥运夺牌”和“全民健身”计划中。在重竞技管理中心的领导下，相关部门组织了一系列活动，为后来中国跆拳道的发展打下了基础。

1994年5月，在河北正定举办了内部裁判员学习班，1994年9月，在云南昆明举办了首次跆拳道全国比赛，有15个单位约150余名运动员参加了比赛。

1995年4月，国家体委组织了跆拳道裁判员学习班，杨振芳担任讲师，来自全国各地的60多名学员参加了学习，经过严格训练和选拔，20多名学员作为裁判员参加了接下来的全国比赛的裁判工作。

1995年5月，由金圣根先生赞助，首届全国跆拳道锦标赛在北京体育大学举行，有22个单位约250名运动员参加了比赛，在这次比赛中，韩国跆拳道表演团做了精彩的表演。

1995年8月，中国跆拳道协会成立，魏纪中当选为主席，郭仲恭任秘书长。

1995年11月，正式选拔出国家集训队，首次以国家跆拳道队名义参加了在菲律宾马尼拉举行的第12届男子和第5届女子世界跆拳道锦标赛，这次比赛后被世界跆拳道联盟接纳为正式会员。

1996年5月17—19日，在浙江金华举办了中国万基杯全国跆拳道锦标赛，共有33个单位的308名运动员参加了比赛，香港队第一次参加了比赛。随后跆拳道比赛被纳入全国比赛计划，每年的上半年举行全国锦标赛，下半年举行全国冠军赛。中国跆拳道迅速在全国各个省市兴起，跆拳道项目引起了各个省市体委的重视，省级跆拳道队逐渐增多，跆拳道队的训练条件也逐渐得到改善。当时的教练员多数都是“半路出家”，改行做起跆拳道教练员，但都有一种勤于钻研的精神和敬业精神，他们的执教水平和经验逐渐提高。

1996年6月，经国家体委批准，中国派出了9位运动员参加了在墨尔本举行的第12届亚洲跆拳道锦标赛，男子83公斤级选手门风伟获得铜牌。

1996年7月，中国跆拳道青年集训队正式在北京成立。

1997年11月，在香港举行的世界跆拳道锦标赛中，我国女队运动员黄鹂获得43公斤级银牌，是中国在世界跆拳道大赛中获得的第一枚奖牌，男队运动员刘闯获得58公斤级季军。

1998年12月，在泰国举行的第13届亚运会上，贺璐敏获得女子70公斤级冠军。

1999年6月，在加拿大举行的世界跆拳道锦标赛上，中国跆拳道队获得1金、1银、2铜的骄人战绩，王朔为中国队赢得第一枚世锦赛金牌，成为中国跆拳道第一个世界冠军。

2000年4月，在法国举行的世界杯跆拳道比赛中，贺璐敏、孔繁桃分别获得67、47公斤级冠军。

2000年5月，在香港举行的亚洲锦标赛中，陈中、贺璐敏分别获得女子72和67公斤级冠军。

2000 年 9 月，在澳大利亚悉尼举行的第 27 届奥运会中，陈中勇夺女子 67 公斤级冠军，获得中国历史上第一块跆拳道奥运会金牌。

从无到有，从第一次参加世锦赛无功而返，到 4 年后取得奥运会冠军，中国跆拳道竞技水平的飞速发展，体现了中国跆拳道人的勇敢和智慧，中国跆拳道开始让世界刮目相看。

尽管取得了骄人的成绩，但当时的中国跆拳道还是处于基础阶段，教练员和裁判员短缺，执教水平亟待提高，运动员后备人才匮乏等，预示着中国跆拳道发展任重而道远。因跆拳道具有鲜明特色而备受青少年的欢迎，跆拳道简单易学、注重礼仪、服装特别而得到更多家长的认可，道馆教学逐渐在民间开展起来。我国跆拳道管理部门对此有所重视，出台了一系列管理文件。

3. 发展提高阶段

由于跆拳道项目在 2000 年奥运会上的突出表现，国家体育总局决定将跆拳道列为第 9 届全国运动会正式项目，设男子 4 个、女子 4 个共 8 个级别的比赛。

2001 年，陈中在越南举行的世界杯比赛中，获得女子 72 公斤级冠军。

2001 年 11 月，第 9 届全运会跆拳道项目在广东深圳的体育馆进行，全国 31 个省、市、自治区和六个行业体育协会的运动队（36 支女队、35 支男队）的 152 名运动员参加了男女共 8 个级别的比赛。

2001 年 11 月，在韩国举行的跆拳道世锦赛中，中国获得 1 银 1 铜的成绩。

2002 年 10 月，在希腊举行的第 4 届世界青年锦标赛中，中国选手取得 2 银 2 铜的成绩。

2003 年 8 月，中国首次派队伍参加了在韩国举行的第 22 届世界大学生运动会，赵雅芝获得一枚金牌。

2003 年 9 月，罗微在世界跆拳道锦标赛中获得金牌。

2004 年 7 月，中国跆拳道协会召开正式成立大会，魏纪中任协会顾问，崔大林任中国跆拳道协会主席，赵磊任秘书长。

2004 年 8 月，在希腊雅典举行的第 28 届奥运会上，陈中和罗微分别获得 +67 和 67 公斤级冠军。两名运动员参赛，取得 2 枚金牌，陈中蝉联冠军，跆拳道书写了“希腊”神话，全国跆拳道界为之振奋。

2005 年 4 月，在西班牙举行的世锦赛中，王莹获得女子 51 公斤级冠军。

2005 年 5 月，中国大学生体协跆拳道分会成立，5 月份在天津理工大学举办了第 1 届全国大学生跆拳道锦标赛。

2005 年 9 月，国家体育总局拳击跆拳道管理中心成立。跆拳道项目从重竞技中心分离出来，归拳击跆拳道中心管理。

2005 年 10 月，第 10 届全运会跆拳道比赛在江苏举行，共 40 支队伍参赛，运动员 147 名。

2006 年，我国举办了第 1 届大众跆拳道比赛。

2006 年 12 月，在卡塔尔多哈举行的亚运会中，吴静钰取得女子 47 公斤级冠军。

2007 年 5 月，在中国举行的跆拳道世锦赛中，中国队一口气拿下 2 金 1 铜的好成绩，陈中成为中国跆拳道的第一个大满贯获得者。

2007 年，根据中国跆拳道协会发展规划，正式启动会员注册的工作，并规定只有会员才能享受和参与由跆拳道协会组织的系列活动和赛事，以及考级升段等。这一要求率先从 2007

年8月份的大众跆拳道锦标赛开始落实，当时报名参赛的2000多名选手均为中国跆协会员。12月，中国跆协执委会会议决定，非会员单位和个人（专业队）不得参加中国跆协举办的一切比赛和活动，推动了中国跆拳道段位制的正规化进程和协会会员制的实行。

本着和国际跆拳道发展速度同步和迅速接轨的指导思想，2007年12月15日，国内首次试用了电子护具。

2008年8月，在中国北京举行的第29届奥运会跆拳道比赛中，吴静钰获得女子49公斤级金牌，朱国获得男子80公斤级铜牌，实现该项目中国男子奥运会奖牌零的突破。

2009年1月，中国跆拳道协出版了《大众跆拳道教程》。

2009年9月9日，第11届全国运动会跆拳道比赛在山东滕州市体育中心举行，39支代表队的130名运动员参加了比赛，本次比赛使用了电子护具，采用了录像审议，并聘请了外籍裁判与国内裁判联合执法。

2009年10月14日—18日，在丹麦哥本哈根举行的跆拳道世界锦标赛中，首次根据世跆联新修订的比赛规则，采用了电子护具、录像审议系统和新的计分系统标准，在跆拳道的历史上具有里程碑意义。在这次跆拳道世锦赛中，中国获得2金2银1铜，创造了历史最好成绩，获得冠军的两名选手分别是韩颖颖和侯玉琢。

2011年5月1日—6日，跆拳道世锦赛在韩国庆州举办，中国队获得了2金2银和4个第五的成绩，侯玉琢继2009年世锦赛后再次夺冠，夺得女子57公斤级冠军。这次登顶使侯玉琢成为中国跆拳道历史上第一个在世锦赛中卫冕的选手。

2012年8月，在英国伦敦举行的第30届奥运会上，吴静钰获得女子49公斤级冠军，侯玉琢获得女子57公斤级银牌，刘孝波获得男了+80公斤级铜牌。

2012年11月，在阿鲁巴举行的世界杯跆拳道比赛中，中国女队首次取得团体赛金牌。

此阶段，无论跆拳道的竞技比赛还是大众普及都得到进一步规范与提高，在世界跆拳道大家庭中，中国跆拳道逐渐成为重要角色，呈现出良好的发展势头。

二、跆拳道内容

跆拳道内容主要包括跆拳道实战、品势、对打、自卫术、击破和跆拳道舞。

（一）实战

跆拳道实战比赛为个人对抗项目，是指在规定的时间和空间内，同性别、同级别，运用允许的技术，攻击允许的部位，在规则限制下，双方运动员进行的攻防格斗。比赛主要由三部分人员组成，运动员、教练员和裁判员。运动员是比赛的主体，教练员对参赛运动员进行临场组织和指挥，比赛的胜负由裁判员根据规则和裁判法来裁决。跆拳道实战比赛于2000年成为奥运会正式项目。跆拳道一场比赛分为3局，每局2分钟，局间休息1分钟。头部只能使用脚攻击，躯干可以使用直拳和脚攻击。2009年开始在世界范围使用电子护具进行比赛。跆拳道实战比赛是跆拳道的核心内容。平常说的跆拳道比赛一般指的就是跆拳道实战比赛。

（二）品势技术

品势是将跆拳道攻防技术按照一定原理进行排列与组合，最后形成多个固定技术动作的串联。每个品势都有固定形式的起势和收势、动作运行路线和文化含义。跆拳道晋升级位和段位的品势共有十七个，为规定品势。包括：太极（一章至八章）、高丽、金刚、太白、平原、十进、地跆、天拳、汉水、一如。跆拳道品势还包括自编的品势，用于表演和比赛。

（三）对打

对打是跆拳道双人练习的一种形式，是事先约定好甲乙双方所使用的攻防技术动作，然后进行的配合练习。对打是进一步对品势技术攻防作用的体验和认知。对打要求控制攻击的距离和力度，不能伤及同伴。对打的内容一般包括：一人进攻，另一人防守；一人由进攻转入防守，另一人由防守转入进攻等。通过对打练习可以帮助练习者体会跆拳道技术的攻防作用，减少实战恐惧心理，培养实战距离感、攻防的时机、节奏等。

（四）自卫术

跆拳道品势中的动作都有特定的攻防含义，都具有攻防作用。除了品势记录的技术外，跆拳道还有许多零散的自卫招法。跆拳道自卫术的内容主要包括：利用手脚等关节进行进攻和防守、擒拿术、利用器械的格斗等。

（五）击破与特技

击破和特技是跆拳道练习功力和展示功力的主要形式。很多练习跆拳道的人都是因为看过跆拳道功力表演而被这项运动所吸引的。事实证明，经过一定时间的科学训练，人体关节（拳、手、肘、膝、头等）部位能够获得力量充沛、击破硬物的能力，可以击碎木板、砖瓦等。这些常人不可思议的事，对于训练有素的跆拳道练习者来说就变得轻松自如。跆拳道特技是通过练习者完成较大难度的技术动作，通过练习者的速度、准确度、高度、功力，来表现跆拳道高超的技巧和攻击威力的。

（六）跆拳道舞

根据特定音乐的节奏来表现跆拳道技术，成为现代跆拳道的重要表现形式之一。结合音乐的练习主要有两种：一种是利用节奏鲜明的音乐引导练习跆拳道技术，在现代社会受到广大练习者的欢迎，逐渐成为跆拳道一种新的表现形式。另一种是在意境深远的音乐背景下进行练习，使练习者体验跆拳道技法的意境。

三、跆拳道运动的特点

（一）突出腿技、注重功力

跆拳道技法由零散的招式逐渐丰富起来。跆拳道技法中，手、脚、膝、肘、头等部位都可以用来进攻和防守。传统的跆拳道的技法体系中，包括了拳法、腿法、摔法和擒拿法等技术。

现代跆拳道突出了对腿技的应用与研究。由于腿的打击距离远，攻击隐蔽性强，威力大，因此跆拳道把腿技修炼和运用摆在了突出位置。按照“禁止摔法、限制拳法、突出腿法”的原则，跆拳道搏击格斗被成功改造为现代体育运动，并成为奥运会正式比赛项目。

跆拳道特别注重功力训练，修炼的目标是使身体攻击部位强劲无比，犹如随身携带着武器。跆拳道理论认为，手、脚、肘、膝等是上天赐予人自我保护的最佳武器，比任何其他武器都便于使用。跆拳道常用击破的方法来检验练习者的功力水平，如断砖、碎板、破瓦等。击破经常作为展示跆拳道威力的手段在重要场合进行表演。

（二）方法简捷、技礼并重

跆拳道在自卫技击中技法简单、注重实效，很少花招杂式。远距离使用腿法，近距离则用手、肘、膝等进攻，防守法则分为内、外、上、下四个方向，上段、中段、下段三个不同高度，经常使用的部位有手、前臂等，防守以直接格挡为主，随之就是刚劲的攻击。跆拳道发力刚劲稳健，劲由脚发起，全身协调配合，而且很重视蓄劲和放松，在接触目标的瞬间要求迅速有力、刚劲爆发。跆拳道技法虽然比较简单，但每个动作都具有攻防作用。

跆拳道既练外在的技术，又必须修炼内在的礼仪和精神。练习者在日常生活中要主动遵守跆拳道礼仪，培养“以礼开始、以礼结束”的行为习惯，养成坦诚、谦虚、不怕困难、顽强拼搏、克己自律等良好品质。

（三）段位管理、利于普及

跆拳道段位制对跆拳道运动发展和普及起到了促进作用，在教学、管理、运营等方面都至关重要，是跆拳道在世界范围有序开展的重要制度。跆拳道的段位晋升制度分为晋段和晋级，用不同的级和段来表明练习者的修炼层次。具体分为九级九段。不同的级要佩带不同颜色的腰带，入段后系黑色腰带。跆拳道的晋升制度有明确的规定，只有在一定的年龄段、练习足够的时间、经过规定内容考试合格后才可以晋级或晋段。这种制度不但能使练习者长期保持练习兴趣，不断追求更高的目标，而且保证了初学者循序渐进、按部就班地进行学习和锻炼，这有利于跆拳道练习者打好基础，避免好高骛远与贪多冒进。

段位制规定不同段位具有不同的权利与义务。比如只有获得一段的练习者才能参加全国跆拳道比赛，达到跆拳道一段水平才可以从事教学和指导活动等。

跆拳道技术简单规范，易学易练，其既有实战练习的形式，又有品势练习的形式，内容丰富，可供不同体质、性别、年龄的人加以选择，具有广泛的适应性。道馆为社会开展跆拳道教学与练习活动的主要场所。

四、跆拳道的锻炼价值

（一）培养礼仪、磨炼意志

跆拳道始终倡导“以礼开始、以礼结束”，并且以“百折不挠、礼义廉耻、忍耐克己”为练习宗旨。因此，跆拳道技术练习成为礼仪和精神修炼的一个载体。通过跆拳道运动的练习不仅能够学习技术，还能够认识自我，提升个人的综合修养。

跆拳道练习需要练习者精神和身体的直接参与。任何一个想获得更好成绩和晋升级段的练习者，都必须不断付出努力。跆拳道技艺的学习过程也是对人的精神与体力的考验和锻炼过程。因此，参加跆拳道锻炼可以培养人的顽强、果断和吃苦耐劳的精神，锻炼人坚忍不拔的意志品质。通过跆拳道练习和不断进步获得成就感，提升练习者的自信心。

（二）强健身体、防身自卫

经常进行跆拳道技术练习，可以发展人体的速度、力量、耐力、柔韧、灵敏等素质，提高人体内脏器官和各个系统的机能，提高人体对外界环境变化的适应能力和对突发事件的快速反应能力。

通过跆拳道的攻防对打和实战练习，可以逐渐掌握攻击和防守的方法，了解技术的攻防作用，增强人体关节攻击能力和全身抗击打能力，形成攻防技能，进而获得较强的防身自卫能力。

（三）智勇兼修、陶冶性情

跆拳道能够使练习者智慧和勇气同时得到锻炼。深入学习跆拳道需要许多相关的知识。因此，学好练精跆拳道的技艺，不仅需要刻苦练习，还必须刻苦钻研跆拳道的原理和技巧，时时刻刻开动脑筋，才能有更快的进步。特别是实战比赛，为了克制对手获得优胜，必须善于和对手斗智，这有利于练习者的智力发展。长期正确地进行跆拳道练习，也可以不断提高练习者的自信心和勇气，勇敢地面对各种困难。

跆拳道技艺具有高度的艺术性。在练习跆拳道时，练习者身穿白色道服，系着不同颜色的腰带，展现出不同的攻防姿势，不同的演练节奏，刚劲有力的动作时常结合吐气发声，给人以整洁美和威武的阳刚之美。在击破表演中，赤手光脚击碎坚硬的木板或砖瓦，表现出跆拳道技法惊人的杀伤力，体现出人体的无穷潜力和跆拳道技击的功力美。比赛场上双方斗智斗勇、拳脚翻飞，展现了飞动惊险的实战竞技美，使跆拳道具有较强的观赏性和感染力。观赏跆拳道比赛和表演不仅能够使人得到美的享受，还能激发人的斗志，鼓舞人奋发向上、努力进取的精神。

第二节　跆拳道礼仪

一、跆拳道礼仪概念

跆拳道礼仪是在跆拳道学习、训练和活动过程中，必须遵守的行为规范。礼仪包括礼貌、礼节、仪表和仪态。礼仪教育是跆拳道运动必不可少的组成部分，必须贯穿在跆拳道教学的始终。礼仪体现出练习者律己敬人的文明修养程度，是跆拳道精神修炼的必然要求。

跆拳道礼仪的原则为以礼开始、以礼结束。

二、跆拳道礼仪的内涵

跆拳道礼仪内涵包括以下几个方面内容：

（一）报效祖国、热爱集体

热爱自己的祖国是对每名跆拳道练习者的第一个要求。通过跆拳道训练使自己不断成长，为祖国奉献和效力。自己受益于所在的集体，要热爱自己的集体和团队，努力为其争得荣誉，增光添彩。

（二）尊敬师长、孝敬父母

尊敬师长、孝敬父母是知恩、感恩和报恩的表现。

老师、教练、领导以及给自己有益教诲的人，是自己获得知识和技术的最大帮助者，必须尊重和敬爱。父母有养育之恩，必须时刻孝顺恭敬，体贴照顾，即使自己年龄不大，也应该帮助父母做一些力所能及的事情，为父母着想。尽力做好自己的事情，少让父母操心，还要尊重兄长、爱护幼小。

同学及队友在一起训练与学习，要相互尊重、相互帮助、勤于沟通、取长补短、团结一致、共同提高。

（三）积极自信、谦虚诚实

无论遇到任何情况，都要保持积极乐观的心态。要相信自己，肯定自己，决定做的事情都要积极努力，全力以赴，勇往直前。

不能自满和自以为是，即使取得了好的成绩，取得再大的成功，也同样要保持谦虚。不要批评其他流派和看不起别人。任何时候都要诚实守信，言行一致。

（四）克己守纪、勇敢正义

要对自己严格自律，克制冲动，理智处事，言谈举止得体，不能恃强凌弱。要不断克服自己的弱点，改进不足。要做到遵守纪律、遵守时间。

时刻遵守社会公共道德和行为规范，更要遵纪守法。对人对事要有爱心、责任心和正义感。做好自己的事业，为社会多做贡献。运用智慧和跆拳道技术维护正义与善良，与不良行为作斗争。

二、跆拳道礼仪规范

跆拳道礼仪规范是跆拳道礼仪与精神内涵的具体体现。

（一）敬礼的方法与应用

1. 敬礼的方法

跆拳道的礼仪形式主要是鞠躬礼和跪拜礼，跪拜礼是古老的礼节，现代已很少使用。

鞠躬礼（图 1-2-1）的具体做法是：身体面向对方，并步直立，两臂置于身体两侧，上体前倾不小于 30°，头部前倾不小于 45°，稍停后，还原成直立姿势。

图 1-2-1　跆拳道鞠躬礼

2. 应用实例

（1）双人练习开始和结束，相互敬礼（图 1-2-2）。

（2）实战比赛开始和结束时，双方运动员要相互敬礼（图 1-2-3）。

图 1-2-2　双人练习敬礼

图 1-2-3　实战比赛穿戴护具敬礼

（3）两个队交流时集体相互敬礼（图 1-2-4）。

图 1-2-4 交流时集体相互敬礼

（二）跆拳道的礼仪规范

1. 日常礼仪

（1）搞好个人卫生，服装整洁端庄。

（2）无论在学校、社会和家中都要保持适宜的礼仪，对老师、领导、同事和晚辈要按一定的礼节进行，做到文明言行、克己礼让，为人处世把握好分寸。

（3）拜访亲友时要事先取得联系，征得对方同意后，按照约定的时间进行拜访。拜访结束后就尽快离开，不要打扰对方太长时间。

（4）用餐时，要等长辈先开始，坐姿要端庄，少说话，最好同对方一起结束用餐。

（5）乘车时要让长辈先上车，下车时要自己先下车，然后帮助长辈下车。

（6）重要场合要着正装。

（7）别人取得进步和成绩，要表示祝贺，并替对方高兴。同学和队友更应该相互鼓励与喝彩。

（8）无论长辈还是同伴等讲话时，都要仔细认真听讲，同时用眼睛注视讲话者，要尊重他人的发言和意见。

（9）自己做错事要主动说“对不起”，进行有礼貌的道歉。对他人的帮助要表示感谢，真心地说“谢谢”。

（10）完成每天应该完成的作业或任务。

（11）遵守所在团队的纪律和要求，与成员友好相处。

2. 道馆及课堂礼仪

（1）进入道馆后要恭敬地向国旗行礼。

（2）尊重教练和同学，进入道馆后，按馆长、教练（或老师）、高段位者的顺序向他们行礼。

（3）训练开始要集体向教练敬礼。向教练请假、请教问题前和结束时要向教练敬礼。

（4）在训练开始前，摘掉所有饰品，穿戴道服要整洁得体，训练时如道服歪斜，要及时进行整理。转身背向国旗和教练以及同伴整理道服，整理好之后再继续进行练习。

（5）在道馆内要保持精力集中的状态，不做无关训练的事，不无故说话。全力以赴认真训练和学习，努力达到学习目标。

（6）双人练习前，要互相敬礼，练习结束时，再次互相敬礼。两人交换和传递脚靶等训练物品时要互相敬礼。

（7）当教练或领导进入训练馆时，所有学员要停止练习立正行礼，然后再继续活动。

（8）训练结束，将要离开道馆时，要首先向国旗敬礼，然后依次向馆长、教练及长辈敬礼。

（9）练习者手指甲和脚趾甲都必须修剪整齐，以免伤害对方。

（10）馆长和教练（或教师）要以身作则，做遵守跆拳道礼仪的模范。

（11）教师不能在学生面前抬高自己，贬低别人，应时刻遵守教师的职业道德，积极引导学生建立健康向上的人生观。

（12）馆长和教师要关心学生、爱护学生、帮助学生，使学生树立切实的奋斗目标并不断努力。

（13）馆长和教师要努力提高自己的管理水平和教学水平，不断提高教学效果，给学生最有效的指导。

第三节　跆拳道段位制

一、跆拳道段位制简介

段位制度是发展跆拳道运动的重要管理制度，是对从事和参与跆拳道运动者进行的技术评定和监督管理，包括晋级、晋段、考试、审批、管理、监督和惩罚组成的制度。

划分段位的基本依据是申请者的年龄、训练年限、技术水平、国际国内比赛成绩，执行中国跆拳道协会（CTA，以下简称中国跆协）和韩国国技院（KUKKIWON，以下简称国技院）认可的有关考试标准。

段位制度包括晋级和晋段（国际段位）两部分内容。级位称号由低至高依次为初学、九级、八级、七级、六级、五级、四级、三级、二级和一级。段位称号由低至高依次分为一段、二段、三段、四段、五段、六段、七段、八段、九段。

段位称号的适用对象是从事和参与跆拳道运动、自愿申请晋段的中国跆拳道协会的个人会员（包括外籍会员）。

中国跆协全面负责晋级考试并制定级位制度管理办法，各省级体育主管部门或相应的跆拳道协会根据中国跆协的晋级制度管理办法，制定实施细则并报中国跆协批准后，由其具体负责组织实施。

中国跆协全面负责晋段考试并制定段位制度管理办法，并全面负责晋段考试，各级会员遵照段位制度管理办法执行。

符合条件的人员，上交有关资料和考试费用，参加晋级、晋段考试审查合格后，由中国跆协统一颁发级位证书，由中国跆协与国技院联合统一颁发段位证书。

获得中国跆协颁发的级位和段位证书者，拥有如下权利：

（1）参加中国跆协组织的各类竞赛、训练、培训等活动。

（2）经中国跆协推荐，参加国际跆拳道的有关活动。

（3）获得一段以上段位称号者，可到相应的跆拳道协会申请备案，有资格担任跆拳道教练，获得三段以上段位称号者，向所属跆拳道协会和中国跆协申请，经当地有关部门批准后，可开办跆拳道道馆、学校、训练班、俱乐部以及从事其他和跆拳道相关的培训活动。

（4）获得国际段位称号者有资格推荐学员晋级，有资格推荐比本人低段位的学员晋段。

获得段位称号者出现以下情况之一，中国跆协将根据情节给予警告、通报甚至吊销证书等处罚。

（1）用不正当途径获得段位证书和更改、伪造段位证书。

（2）触犯法律，扰乱社会治安。

（3）无考试资格者进行考试。

（4）其他各种不良行为。

二、跆拳道级位、段位考核内容简介

（一）跆拳道的晋级考核内容

级位考核内容主要包括技术、品势和体能，具体见表 1-3-1。

表 1-3-1　跆拳道晋级考核内容

级别	考试内容	腰带颜色	备注
初学	有练习跆拳道的意识	白色腰带	学习 5 课时后系白带
九级	1. 基本礼仪：进馆礼仪、鞠躬方法、道服穿着等 2. 基本动作：① 基本准备姿势，基本踢腿准备姿势 ② 马步冲拳一次，两次，三次（配合发声） 3. 基本拳法：上踢腿法（配合发声） 4. 跆拳道基本国际用语	白带间黄条腰带	练习满一个月后方可晋升下一级
八级	1. 基本动作：走步，弓步，下格挡，中内格挡，上格挡 2. 腿法：① 前踢（配合发声） ② 左右前踢组合（配合发声）（抽查） 3. 体能：① 俯卧撑（男 10 次、女 6 次、儿童 4 次） ② 仰卧起坐（男 15 次、女 8 次、儿童 6 次） ③ 双腿提膝（左右各 10 次） 4. 品势：太极一章必考	黄色腰带	
七级	1. 柔韧：横、左右竖叉（抽查） 2. 基本动作：行进间弓步直拳 3. 基本腿法：① 横踢（配合发声） ② 下劈（配合发声） ③ 横踢 + 高位横踢（左右各 2 次、配合发声） 4. 体能：① 俯卧撑（男 15 次、女 10 次、儿童 8 次） ② 两头起（男 15 次、女 10 次、儿童 8 次）	黄带间绿条腰带	

续表

级别	考试内容	腰带颜色	备注
七级	③ 背肌（男 20 次、女 10 次、儿童 8 次） ④ 每条腿两次左右提膝（各 10 次） 5. 品势：太极二章必考		
六级	1. 柔韧：横、左右竖叉（抽查） 2. 基本动作：行进间三七步手刀中位外格挡（左右各 2 次） 3. 腿法：① 侧踢（配合发声） ② 前腿下劈（配合发声） ③ 前腿横踢（配合发声） 4. 体能：① 拳卧撑（男 10 次、女 5 次、儿童 3 次） ② 两头起（男 20 次、女 12 次、儿童 3 次） ③ 立卧撑跳（男 15 次、女 10 次、儿童 6 次） 5. 品势：太极三章必考，太极一至二章中抽考一章	绿色腰带	
五级	1. 柔韧：横、左右竖叉 2. 基本动作：① 弓步立掌刺击（左右各 2 次） ② 弓步手刀颈部攻击（左右各 2 次） 3. 腿法：① 前旋踢（配合发声） ② 双飞踢（配合发声） ③ 横踢 + 双飞踢（配合发声） 4. 体能：① 抱膝跳（男 15 次、女 10 次、儿童 8 次） ② 拳卧撑（男 15 次、女 6 次、儿童 4 次） ③ 快速转身左右横踢脚靶（左右各 4 次，配合发声） 5. 品势：太极四章必考，太极一至三章中抽考一章	绿色间蓝条腰带	
四级	1. 柔韧：横、左右竖叉 2. 基本动作：下格挡 + 立拳攻击（左右各 2 次） 3. 腿法：① 后踢（配合发声） ② 横踢 + 后踢（配合发声） ③ 原地腾空后踢（配合发声） 4. 体能：① 拳卧撑夹臂（男 15 次、女 8 次、儿童 6 次） ② 单腿快速横踢脚靶（男 20 次、女 15 次、儿童 10 次） 5. 品势：太极五章必考，太极一至四章中抽考一章	蓝色腰带	
三级	1. 柔韧：横、左右竖叉 2. 基本动作：行进间单手刀格挡（左右各 2 次） 拳法：直拳击靶 3. 腿法：① 360° 横踢（配合发声） ② 横踢 + 360° 横踢（配合发声） ③ 三飞踢（配合发声） 4. 体能：① 立卧跳转体 360° 踢（男 10 次、女 8 次、儿童 4 次） ② 双腿腾空左右分腿拍脚（男 10 次、女 8 次、儿童 6 次） 5. 品势：太极六章必考，太极一章至五章中抽考一章	蓝色间红条腰带	

续表

级别	考试内容	腰带颜色	备注
二级	1. 柔韧：横、左右竖叉 2. 基本动作：行进间虎步、单手中位内格挡（左右各 2 次） 3. 腿法：① 后旋踢（配合发声） ② 任意组合腿法（男 3 种、女 3 种、儿童 2 种） ③ 360° 横踢 + 后旋踢（配合发声） ④ 横踢 + 后旋踢（配合发声） 4. 体能：① 俯卧撑击掌（男 8 次、女 5 次、儿童 3 次） ② 双腿腾空向前双拍脚 + 分腿拍脚 （男 5 组、女 4 组、儿童 3 组） ③ 指卧撑（男 8 次、女 4 次、儿童 2 次） 5. 实战：2 分钟一回合 6. 理论：裁判规则、技术理论答疑（抽查） 7. 品势：太极七章必考，太极一至六章中抽考一章	红色腰带	
一级	1. 基本动作：外山势隔挡（左右各 4 次） 2. 腿法：① 横踢 + 360° 横踢 + 后旋踢 ② 横踢 + 双飞 + 后踢 ③ 腾空后旋踢 3. 击破：① 腾空二段前踢（男 3 块、女 2 块、儿童 1 块） （1 cm 厚度跆拳道木板） ② 360° 横踢（男 3 块、女 2 块、儿童 1 块） （1 cm 厚度跆拳道木板）（抽查） 4. 实战：3 分钟一回合 5. 理论：裁判规则、技术理论答疑（抽查） 6. 品势：太极八章必考，太极一至七章中抽考一章	红色间黑条腰带	

（二）跆拳道的晋段考核内容

段位考核内容包括以下内容：

1. 基本技术
2. 品势（见表 1-3-2）
3. 实战
4. 击破和特技
5. 理论考试（适用于四段以上）

表 1-3-2 晋段品势考核相关规定表

内容 段位	指定（1 套）	必修（1 套）	升段年限	升段年龄	腰带
1 段（品）	太极一至七章	太极八章		15 岁以上	黑带
2 段（品）	太极一至八章	高丽	1 年	16 岁以上	黑带
3 段（品）	太极一至八章、高丽	金刚	2 年	18 岁以上	黑带

续表

段位＼内容	指定（1套）	必修（1套）	升段年限	升段年龄	腰带
4段（品）	太极一至八章、高丽、金刚	太白	3年	21岁以上	黑带
5段	太极一至八章、高丽、金刚、太白	平原	4年	25岁以上	黑带
6段	太白、平原、十进	地跆	5年	30岁以上	黑带
7段	平原、十进、地跆	天拳	6年	36岁以上	黑带
8段	十进、地跆、天拳	汉水	8年	44岁以上	黑带
9段	地跆、天拳、汉水	一如	9年	53岁以上	黑带

第四节　跆拳道技术应用基本原理

跆拳道技术的学习、提高和应用，需要遵循许多原理，即便是简单的技术也是如此。这些原理涉及和跆拳道相关的多个学科的知识，如《运动生物力学》《运动生理学》《运动解剖学》《运动心理学》等。下面就跆拳道技术应用中的速度与力量原理、时间与空间原理进行简要的介绍。认识和遵循这些原理，对跆拳道技术的掌握和应用将会产生十分有益的帮助。

一、力量与速度原理

良好的力量和速度是保证和提高跆拳道技术质量的两个核心要素。力量的增强有利于速度的提升，快速完成动作又有利于力量效率更好的发挥。对人体运动系统的深入认识是提高跆拳道技术科学性和合理性的重要基础。而力学的有关定理（牛顿力学定律、动量定理、动量守恒定律等）对提升速度和增加力量也具有十分有效的指导作用。

（一）攻击力增强原理

通常在人体肌肉力量一定的前提下，技术越合理，力量发挥效果就会越好，力量的使用技巧越高，跆拳道技术的攻击力表现就会越突出。在技术水平一定的前提下，相关肌肉肌力越强，技术的攻击力就会越大。因此，提高跆拳道攻击力可以从提高技术水平和合理增加肌肉力量两个方面着手。

1. 发挥力量的要素

（1）合理的动作顺序。跆拳道动作技术的攻击力，来源于构成该技术各个环节动力肌收缩产生的力量。技术动作的发力顺序合理，有利于力量的传递与集中。而发力顺序错误会导致肌力的损失，或者应有的肌力不能发挥作用。

跆拳道腿法的动作顺序一般为：踝关节（起动蹬地）→髋关节→膝关节→踝关节（攻击使用部位）。这种用力顺序符合鞭打发力的要求。

跆拳道纵向腿法主要依靠旋转和屈伸发力。跆拳道横向腿法技术的发力方式为鞭打式发力。腿法的鞭打发力是通过躯干开始用力到踝关节动作结束来完成的（见表 1–4–1）。

表 1–4–1 腿法的鞭打式发力分析

动作阶段	第一阶段	第二阶段	第三阶段	第四阶段
动作	躯干及髋关节旋转，带动大腿	膝关节弯曲，大小腿折叠摆动	膝关节加速打开，踝关节加速摆动达到目标位置	发力结束
关节与部位的动作状态	躯干和髋关节速度增加	躯干和髋关节速度减小，膝关节速度增加	膝关节速度减小，踝关节速度增加	踝关节速度减小
能量	能量的传递、积累、释放			

（2）有力的支撑与快速转动。跆拳道腿法技术大多数是在一腿支撑的情况下完成的。由于打击是由摆动腿直接完成的，支撑腿的作用容易被忽视。事实上支撑腿对增加腿法技术的攻击力有着重要作用。腿法攻击的瞬间，必须保持支撑腿有力的支撑作用。攻击瞬间支撑腿弯曲或无力，会大大损失攻击力。

头部、支撑脚、躯干的转动是攻击力增强的重要环节。转动可以调动更多的肌肉参与到技术动作的用力过程，从而能够集合更多的力量。另外转动能够使参与用力的部分肌肉长度发生有益的改变，更有利于肌肉力量的激活和释放。从后旋踢技术的图示分析可以直观地认识旋转与支撑的重要作用（图 1–4–1）。

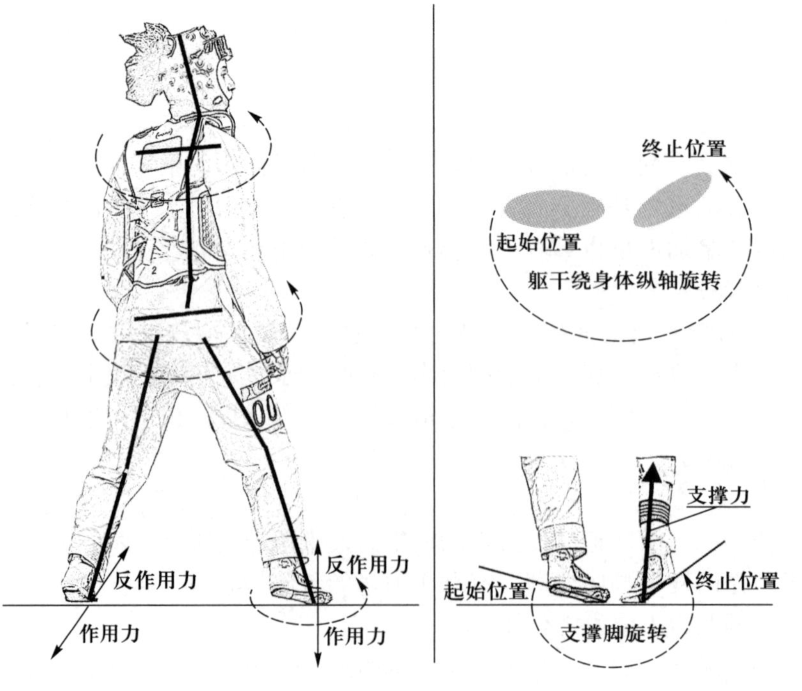

（a）

（b）

图 1-4-1

在跆拳道品势技术和击破技术中，支撑与旋转同样具有非常重要的作用，是完善技术，提高技术质量的重要技术环节。

（3）肌肉的协调。减少和降低力量内耗是增加力量的另一个途径。肌肉收缩与舒张的协调同步，肌肉的协调用力可以避免技术动作过程中内力的损耗，是肌力发挥作用的基础，是技术力量形成的关键。原动肌与拮抗肌的高度协调，参与技术动作的各个肌群的高度协调，是流畅顺利地完成技术动作的保证，这还可以达到避免能量传递的损耗，保证能量不断递增的效果（见表 1-4-2）。

因此，参与技术动作的肌群的协调是提高技术的一个重要因素。

表 1-4-2　肌肉用力协调情况分析

内容	表现	对力量发挥的影响
好的协调	收缩与舒张合理、及时 动作流畅、放松 良好的平衡 动作可控 能量节省化	力量递增 力量节省
差的协调	动作僵硬、断续 多余的动作与用力 扩大或缩小的幅度 不良的平衡 更多能量消耗	力量内耗 力量浪费

（4）爆发力。爆发力是指短时间内发挥出肌肉力量的能力。跆拳道比赛中爆发力之所以重要，是因为力量的短时间集中发挥会增大对目标的打击效果。

力量快速释放能力的强弱，决定着跆拳道技术爆发力的程度。而肌纤维快速收缩的能力，是肌肉力量快速释放的基础。因此，保持神经系统的良好状态，采用良好的技术，再加上协调快速的发力方式，就能够实现技术的爆发力攻击。

另外不能忽视的是，良好的体能是爆发力发挥的保证。

2. 实战中的增力技巧

每个运动员的技术攻击力量是一定的。比赛实战中，由于双方的不规律运动，真正的攻击有时力量难以达到理想状态，有时又会好于运动员本身的攻击力量，形成理想的攻击效果。下面分析运动员自身技术力量运用的一些技巧。

（1）形成合力。攻击接近自己的对手，可以实现“合力”攻击的效果。对手向前的移动和我方的攻击形成“撞击”，增加了我方攻击的冲击力。对方向前移动准备攻击，我方使用直拳、前踢、侧踢、后踢或下劈踢技术迎击对手，则打击效果优于对静止目标的攻击。对方受到的攻击力是其移动的惯性力和我方攻击力的合力（图 1-4-2）。

同样道理，在跆拳道击破过程中，硬物把持者在击破者击破的瞬间，要全身保持好姿势向击破的反方向用力顶住，不能有丝毫的松懈和退让。如果松动，不能形成合力，击破就较难成功。

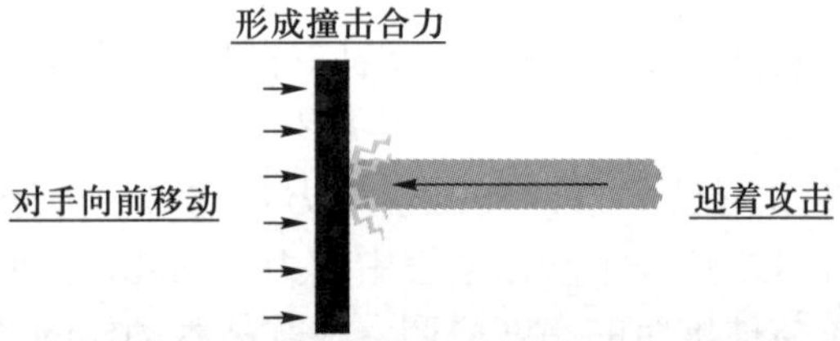

图 1-4-2

（2）最佳发力角度。腿法攻击的目标为对方的得分部位，由于实战时对手身体状态的变化，导致得分部位角度也会发生相应的变化，攻击路线垂直于得分部位接触面时，攻击力量会完全作用于攻击点。攻击路线和得分部位接触面出现角度将会使攻击力产生分解，攻击力量会相对减少，击打效果有所降低（图 1-4-3）。攻击力与接触面的倾斜角度越大，则力的分解越大，作用力效果越差，反之则作用力效果越好。因此实战比赛时，要选择恰当的时机攻击对手，攻击时发力方向要垂直于得分位置的接触面。攻击对手的瞬间最好能够做到精细的调整腿法或拳法的攻击角度，减少力的分解，力求攻击力发挥最大化。

跆拳道击破中，发力角度同样是击破成功的重要因素。

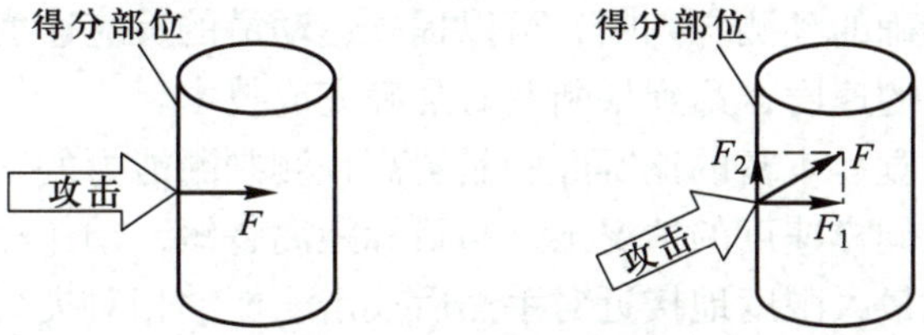

理想的攻击角度，力量不损　　攻击角度不佳，力量发生分解

图 1-4-3

（二）速度提升原理

速度是决定跆拳道技术质量的核心之一。跆拳道的速度体现在反应速度、动作速度和移动变向速度上。在此主要围绕反应速度和动作速度来探讨提高速度的问题。

1. 增加技术速度的要素

（1）适宜的神经兴奋。神经系统良好的兴奋状态能够加速机体对刺激的反应，从而缩短反应时间，加快反应速度。良好的准备活动不仅要使身体达到运动的准备状态，更重要的还要激活神经系统，为实现最佳反应速度打好基础。

神经的适度兴奋，同时能够提高运动单位的募集水平，动员更多的肌纤维参与工作，为动作速度的提高快速动员必要的肌肉力量。

（2）合理的准备姿势（肌肉预拉长——实战式姿势，关节弯曲一定角度）。合理的准备姿势能够提高动作速度，其表现是没有动作预兆，可以直接发动攻击。

实战式为跆拳道实战的准备姿势，这个姿势要求保持主要关节最佳屈曲角度，使参与技术动作的大部分起动肌肉做好工作准备，就像已经张开的弓，随时可以将箭射出。

不合理的姿势表现为当需要动作时，还要经过准备过程，然后才开始技术动作。就像没有张开的弓，需要先张开弓，然后才能去完成射箭动作。这样就增加了动作环节，环节的增加会导致技术动作完成时间延长。

（3）快速用力方式。人体的肌肉收缩速度可以进行控制，体现在技术动作上就是慢速完成动作或者快速完成动作。跆拳道实战中，由于每次捕捉到打击对手得分部位的时间都会很短，如果动作速度慢，那么力量释放还没有结束，对手就可能迅速移动了位置。因此，跆拳道技术需要快速的用力方式。快速完成技术动作需要肌肉的快速收缩和各个技术环节的快速衔接。

肌肉中的白肌纤维对快速用力贡献最多。而快速的用力方式也可以促进白肌纤维的发展，还有利于提高其他类型肌纤维参与快速用力。

（4）减小动作半径。在技术动作过程中，肢体靠近躯干运动能够减小转动惯量，提高转动速度，缩短技术攻击到达目标的时间，从而提高技术完成的速度。跆拳道绝大多数腿法都是通过靠近身体纵轴大小腿折叠的提膝过程完成的。通过屈腿运动而不是直腿运动可以提高腿法技术的速度。

（5）熟练的技术。技术动作越合理，熟练程度越高，完成动作的各个环节越协调，配合越默契，速度损失就越小，增益越大，叠加效果越好，也越能体现出完成动作能量的节省化。也就是说提高动作熟练程度可以增加跆拳道技术完成的速度。

2. 实战中的提速技巧

（1）预测判断。及时准确的预测与判断，可以提高运动员的反应速度和动作准备速度，从而相对提高运动员使用技术的速度，达到果断及时准确完成技术。

注意力集中、良好的视觉、丰富的比赛经验是提高预测判断能力的三个重要方面。

（2）缩短距离攻击。在同样速度的情况下，与目标距离越短，动作经过的距离会越短，就越能够快速到达目标。因此最大限度地接近对手然后攻击，能够相对提高攻击速度。

使用离对手近的部位攻击可以缩短攻击距离，相对提高攻击速度。比如，前脚攻击往往要比后脚攻击速度快。

（3）攻击路径简洁。两点间直线距离最短，攻击对手时减小动作幅度和路线的弧度，选择简洁的路线攻击，会相对提高攻击速度。

二、时间与空间原理

要取得比赛胜利，运动员不仅要熟练掌握跆拳道技术，而且要合理科学地运用技术。抢占时间与空间是跆拳道技术应用的两个重要方面。

（一）时间原理

时间原理主要包括时机和节奏。

1. 时机

时机是攻击对手的最佳时间和机会。

（1）时机存在分析。时机的本质就是对方失去防守或者防守能力差的瞬间。从生理学角度分析，这样的瞬间有三个：

① 从人体接受刺激到肌肉开始运动有一定的时间间隔，称为反应时。人体的所有运动，必须依靠骨骼肌的收缩和舒张来完成。骨骼肌的收缩和舒张由大脑皮质神经中枢发出的指令控制。人体攻防的动作需要经过一个神经传递过程后才能实现。尽管神经传递速度很快，但也需要一定的时间，再加上跆拳道反应并非单纯应答式反应，大多数需要运动员进行必要的判断和选择，反应时又可能有所延长。

② 从肌肉开始动作到结束需要一定的时间。完成每一个跆拳道攻防技术都需要一定的时间，可以称为动作时。

③ 身体姿势变化和连接，要依赖神经中枢兴奋与抑制的复杂转换和运动系统的工作来完成。跆拳道技术动作的转换需要一定的时间间隔，可以称为变换时。

以上三个瞬间是时机赖以存在的理论依据。抓住对手的第一个瞬间进行攻击，会使对手来不及完成应对动作。主动进攻就是利用这个瞬间的存在。攻击对手的第二瞬间可达到避实击虚的效果。闪躲击打、同时击打等，都是利用选手“动作时”的存在。攻击对手的变换时，单个技术的结束，连续技术中的技术与技术衔接瞬间都是很好的攻击时机。

（2）实战常见时机。

① 主动进攻的时机：（a）在对手准备发起进攻时抢先进行攻击。对手准备攻击但还没有发起攻击时，他的思想、意识和全身肌肉的运动方向都在为进攻做准备，相对来讲，这时他的防守和应变能力就比较差。如果在这一瞬间抢先攻击对手，会使对方措手不及。（b）在对手精力分散时进行攻击。对手精力分散，是指他的思想意识没有全部放在实战上，就是思想“开了小差”，出现发呆、愣神、漫不经心等现象。如果遇到这样的情况，一定要及时果断地进行攻击。（c）在对手变换动作时进行攻击。当对手变换动作时，攻防能力一般都比较差，可以充分利用这一瞬间攻击对手。在跆拳道赛场上，双方经常要变换站位和动作，在对手变化动作的过程中，抓住时机突然进行攻击，往往容易奏效。（d）引诱、欺骗或假动作起作用时进行攻击。时机可以制造，被动地等待时机出现是消极做法。引诱、欺骗、假动作是制造时机、扰乱对手的常用手段，当这些手段起作用时，就应该毫不犹豫地实施攻击。

② 迎击的时机：（a）在对手进攻动作尚未完成时攻击。（b）在对手起动用步法靠近瞬间攻击。

③ 反击的时机：（a）防守的同时进行打击。（b）在对方攻击落空瞬间进行打击。

④ 连击的时机：（a）在对方受到打击而失去平衡时继续攻击。（b）在对方胡乱防守、没有反击能力时继续攻击。

2. 节奏

跆拳道的节奏包括实战比赛节奏、品势演练节奏、击破表演节奏等，这里主要阐述跆拳道实战比赛节奏。

跆拳道的比赛节奏是指跆拳道选手在实战中，动作与动作之间，组合动作与组合动作之间的时间间隔。

（1）节奏的构成。在跆拳道比赛中，运动员在赛场上的行动主要包括以下几项内容：

① 站成实战式与对手对峙，运用各种方法寻找时机。

② 用跆拳道技术攻击（进攻、反击、迎击、连击）对手。

③ 移动。

④ 在裁判判罚、录像审议时等待比赛继续开始。

⑤ 治疗或等待对方治疗。

这些行动时间长短和内容的多少，决定了运动员的比赛节奏。

跆拳道的比赛节奏包括技术节奏、动作节奏、攻防节奏。跆拳道技术节奏，是指完成一个技术过程的时间分配；跆拳道动作节奏，是指实战双方在一个时间段内攻防动作的多少，也就是每一次攻防交锋（攻防单元）所完成的动作的数量，动作做得多说明节奏快，动作数量少说明节奏慢；跆拳道攻防节奏，是指在跆拳道比赛中，双方攻防交锋次数的多少。攻防次数多说明节奏快，攻防次数少说明节奏慢。

攻防节奏快的跆拳道比赛激烈刺激、观赏性强；攻防节奏慢的比赛，激烈程度不高，观赏性就比较差。现代的跆拳道比赛，非常提倡积极主动进攻，对跆拳道的攻防节奏和动作节奏要求很高。对于攻防节奏慢，以消极的比赛态度来进行比赛的，裁判员要对运动员给予相应的处罚，目的是引导比赛向精彩激烈、富于竞争性和观赏性的方向发展，使比赛更具文化特点和哲学意义。优秀的运动员需要具备很好的实战节奏控制能力。

（2）节奏控制的常用方法。

① 不同的比赛回合可以使用不同的攻防节奏。一般情况下，第一回合时双方动作节奏和攻防节奏都相对较慢，这是因为两名选手先要试探对方，了解对方的特点，掌握对方出招规律。在没有了解对方之前，双方都不轻易展开激烈的攻势。第二回合，双方的节奏有可能加快，由于教练的指导和对对手的了解，双方的得分信心都大大增强，所以比赛会渐趋激烈。第三回合时，如果双方的分数相差不大，比赛会变得更加激烈；双方平分时，由于双方都非常谨慎，担心会失分，输掉比赛，节奏反而会慢下来。但在第三回合结束前的后 40 秒钟左右，比赛将会变得激烈，落后一方的攻击节奏和动作节奏会大大加快，以便利用所剩下的宝贵时间赶上和超过对手得分，争取比赛的胜利。而领先一方，也会因对手的节奏加快，而使自己的攻防节奏和动作节奏相应加快。在实际比赛中，应该根据对手的综合情况，以及自身的特点来决定不同回合的实战节奏，不能墨守成规。

② 单个动作攻击与连续的攻击变化使用。有时用单个动作攻击，有时用多个动作攻击。不断地无序变化。这样可使对手难以抓住我方的动作节奏规律。

③ 连续攻击或反击时，变换动作中间的时间间隔，以便更好地利用空间和时间，使攻击奏效。比如在三个动作的连续攻击中，可以快速做出第一个动作，稍停后再做后两个动作；也可以前两个动作快，稍停后再做第三个动作；也可以不停顿地连续将三个动作做完。

④ 有目的地变化攻防节奏，进而达到控制对手的目的。比如，间隔两秒钟发动进攻，间隔 5 秒钟发动进攻，间隔 8 秒钟发动进攻等，使每次进攻前的时间间隔有所变化，让对方产生不适应。如果你的进攻节奏对方很不适应，那么就应该保持下去，如果在实战中你感觉自己处于被动，就应该调整一下自己的实战节奏。

⑤ 变换一个动作技术环节的快慢，如使用横踢时先快速提膝，然后观察对手的行动，根据对手应对情况再发力完成横踢的后半段技术。

⑥ 根据比赛的战术要求和对手特点制定节奏变化原则。下面举两个例子来说明节奏变化的具体应用方法：（a）如果你的体力好，对方体力比较差，那么在第一回合就应该用最快节奏与对手实战，消耗对手体力，在第二回合和第三回合利用体力优势去赢得比赛。（b）当对手以相同的节奏对我方进行攻击时，我方就可以在他将要攻击的瞬间首先发起攻击。

在训练和比赛的实践中，教练员和运动员要不断地摸索掌握对手的节奏变化，针对性地使用相应的节奏应对，进而掌握比赛的主动权。

（二）空间原理

空间原理是指在跆拳道攻防实战中，选择好攻击路线、攻击点和攻击面，提高攻击的有效性。遵守空间原理可以更有效地攻击对手，达到多得分，少受伤，节省体力的目的。

1. 距离

跆拳道实战的距离是指跆拳道实战中，两名比赛者之间形成的空间间隔。根据运动状态，跆拳道比赛距离可分为静态距离和动态距离。静态距离是指实战双方原地对峙时形成的空间间隔。动态距离是指一方或双方移动过程中的空间间隔。

（1）距离、攻击覆盖范围与攻防行动概率。运动员的打击距离取决于个体解剖特点和技术水平，腿长和专项柔韧好则攻击覆盖范围相对较大，相反则小。打击距离决定了运动员的有效攻击覆盖的空间范围。攻击范围的重叠程度会引发不同的攻防概率。一般来讲，攻防距离越远和越近，则攻防行动概率越低，因为两种情况中一个容易因距离过远导致攻击不能达到目标，一个容易因距离过近导致攻击超出攻击目标。中近距离是腿法和拳法发挥的适宜距离，容易引发激烈的攻防，属于高概率攻防距离（图 1-4-4）。

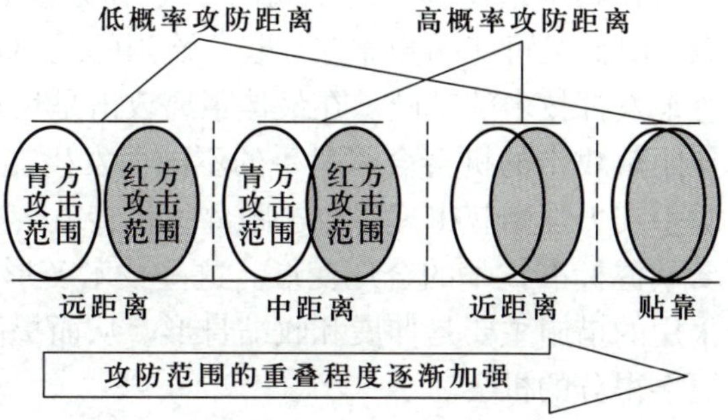

图 1-4-4 距离、攻击范围与攻防概率的关系

（2）距离的控制。距离的具体形态可包括远距离、中距离、近距离和贴靠四种。双方相距在一步半左右为远距离，哪一方直接出击都难以攻击到对方。双方相距一步左右为中距离，哪一方直接攻击都有可能击中对方，此距离可使用的技术最多。双方距离在一步以内为近距离，大多数技术微调后可以使用。双方躯干相靠在一起为贴靠，这个距离可使用的技术最少。

距离的控制就是比赛中根据使用技术的需要，实现距离的获得、维持与变化的过程。距离形态的形成、维持和打破，决定于双方运动员的运动状态与趋势。对战双方通过移动或不移动可以形成和保持不同的距离状态（表 1-4-3）。跆拳道运动员对距离的判断和感觉的准确性，需要通过长期条件实战练习和比赛进行感知与培养。

表 1-4-3 跆拳道实战距离的维持与变化

行动目的		方法与策略	图示
维持距离		双方原地对峙不移动	
		双方向同一方向同速移动	
		双方沿同一时针方向同速移动	
		一方直线移动，一方弧线移动	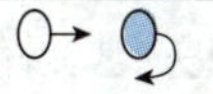
变化距离	拉开距离	一方不动，一方向后移动	
		双方向后移动	
		一方向前移动，一方以更快速度向后移动	
		一方直线移动，一方弧线移动	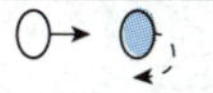
	缩短距离	一方不动，一方向前移动	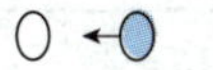
		双方向前移动	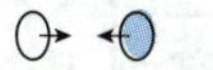
		一方向后移动，一方以更快速度向前移动	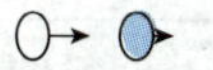
		一方直线移动，一方弧线移动	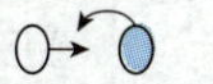

（3）不同距离的攻击策略。不同距离的攻击策略是战胜对手获得胜利的一个重要技巧，是运动员的一项必修课。

在跆拳道比赛中，距离的变与不变会无序地出现，时而远距离，时而近距离，时而中距离，时而又可能贴身靠在一起。恰当的距离是攻击成功的必要条件。控制距离能力是实战中出色地发挥技术的基础。在最佳距离攻击是运动员向往的理想状态，这种状态往往难以把握。最佳距离攻击的机会会因对手的不同而发生变化。对手实力弱则获得理想攻击距离的机会就多，对手实力强则获得理想攻击距离的机会就会减少。因此，运动员除了掌握标准的攻击技术，还要掌握标准技术的合理变形。这些技术变形是在步法调整距离效果不理想时采用的身法微调，采用的措施主要是伸展和收缩身形，从而提高在不同距离状态下击中目标而得分的能力，获得更多得分的机会。

远距离和贴靠状态适用于对峙、相持和转换，多数技术难以派上用场。中近距离是得分技术使用成功率最高的距离（见表 1-4-4）。比赛场上双方不断地动动停停，有的攻击由原地起动，有的攻击在移动中起动。因此，原地攻击和移动攻击两种能力，运动员都要具备。

表 1-4-4 不同距离的攻击策略与得分指数

距离	主要作用	攻击策略			得分指数
		攻击方式	适用技术	技术变化	
远距离	对峙或相持	前移＋攻击	步法＋腿法与拳法	延伸式	低
中距离	对峙与攻击	直接攻击	腿法与拳法	标准式	高
近距离	攻击	直接攻击	腿法与拳法	收缩式 直摆式	高
贴靠	转换或相持	直接攻击 移动＋攻击	腿法	直摆式	低

2. 攻击目标部位的选择

跆拳道比赛获胜的最主要方式是比分获胜。因此比对手多得分是跆拳道比赛取得胜利的核心和关键。跆拳道的得分必须具备三个条件，一是使用直拳（只允许攻击躯干得分部位）和踝关节以下部位攻击；二是攻击头部和躯干护具包裹的得分部位；三是攻击躯干要有力度，攻击头部要准确接触（见表 1-4-5）。由于得分部位是由头部和躯干构成的不规则立体，并且头部和躯干的分值又区别较大。因此，跆拳道比赛中每次攻击都涉及技术的选择和攻击目标（得分部位）的选择问题。

表 1-4-5 得分要素一览表

部位	具体位置	得分要求	攻击使用部位	分值
头部	整个头部和颈部	准确接触	踝关节以下部位	3 分或 4 分
躯干	包裹躯干护具的有电子感应面积	准确接触＋力度	1. 踝关节以下部位 2. 直拳	1 分或 2 分

（1）躯干得分部位选择。跆拳道比赛时，要选择得分部位暴露面积大的目标位置攻击。

腹部和两肋部是得分的具体部位。当运动员站成实战式对峙时，暴露给对手的得分部位面积呈最小化。身体的腹部侧面得分面积较大，被手臂遮挡的面积较小，防守较难，成为高概率得分区域。身体的背部侧面得分面积较小，再加上手臂的自然遮挡，可攻击的得分面积就更小了，因此该侧面为低概率得分区域（图 1-4-5）。比赛时，要找机会选择腹部侧面攻击，这样可以提高得分概率。

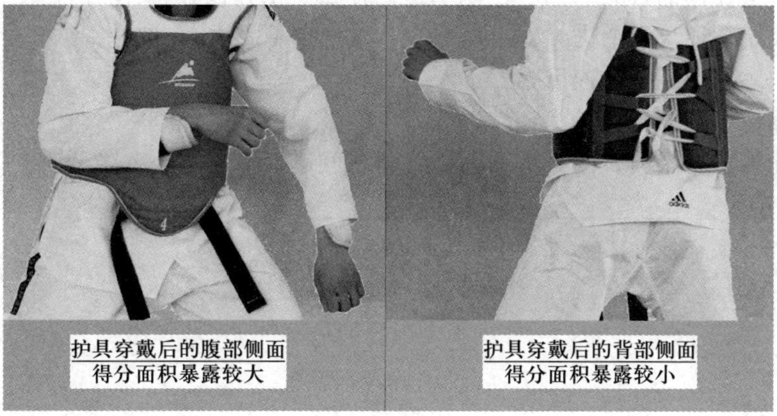

图 1-4-5

（2）头部攻击目标选择。跆拳道规则规定，整个头部和颈部都是有效得分部位，头部的正面、上面、侧面、后面都是得分的攻击位置，因此对头部的攻击自由度大。可以根据运动员自身技术和对手的防守情况，更加灵活地加以选择（图 1-4-6）。

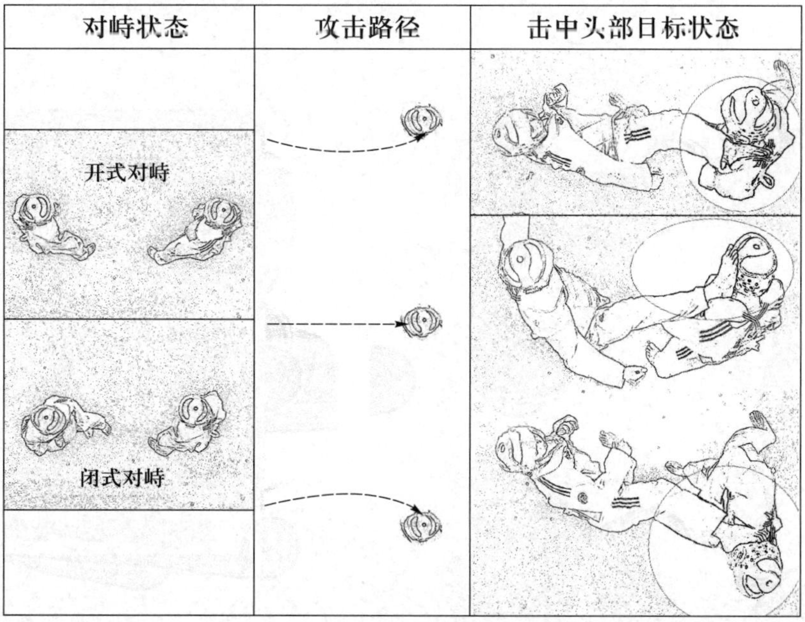

图 1-4-6

思考与作业

1. 简述跆拳道的概念。
2. 简述跆拳道的起源与发展概况。
3. 跆拳道包括哪些内容？跆拳道的特点和价值是什么？
4. 简述跆拳道礼仪的含义与内容，跆拳道为什么注重礼仪教育？
5. 怎样增加跆拳道攻击的力量？
6. 怎样加快跆拳道腿法的速度？
7. 简述跆拳道空间原理。
8. 跆拳道比赛节奏和时机的把握需要注意哪些问题？

2

第二章

跆拳道品势、击破与防身术

品势、击破与防身术是跆拳道技术体系的重要组成部分。通过这些内容的练习可以学习和掌握攻防技术，展示跆拳道技术与精神，锻炼身体，磨炼意志。

本章介绍了跆拳道品势的基本知识和基本技术、太极一章至八章、高丽、金刚和太白品势、击破与防身术。这些品势是考级考段的重要内容，也是品势比赛的重要规定内容。击破和防身术的练习一定要注意安全。

第一节 跆拳道品势基本知识与技术

一、人体薄弱部位、关节与攻击使用部位

(一)人体主要薄弱部位

为了他人和自身安全，跆拳道练习者必须了解和掌握人体要害部位的位置(图 2-1-1)。

1. 头部

头部有听觉、视觉和嗅觉器官，并有大脑、小脑等重要神经中枢，是人体生命活动的核心。头部的百会穴、太阳穴、两耳部、后脑、眼睛、鼻子、下颌等都是薄弱部位，被击打后容易造成严重伤害，甚至会危及生命。

2. 颈部

位于颈部两侧的颈动脉血管是向头部供血的主要渠道，位于颈部前面的咽喉是人体进行呼吸及吞咽食物的重要通道，若受到掐压、击打后，会使人昏迷甚至死亡。

3. 胸腹部

胸部是指胸骨剑突以上至锁骨的部位，胸部以下为腹部。人体的胸腔内有心脏、肺等重要器官，若受到击打或砸压，会使心脏受到损伤，甚至危及生命。锁骨在人体骨骼中最容易发生骨折，锁骨一旦骨折便会丧失战斗力。此外位于胸骨下端的剑突，又叫“心窝”，神经集中且敏感，在其内部有心脏，心脏的下部即心室，右边正好是肝与胃的重叠处。由于剑突是软骨组织，承受击打能力弱，一旦受到强烈击打，容易引起胃、肝及心脏受伤，造成人昏迷或死亡。

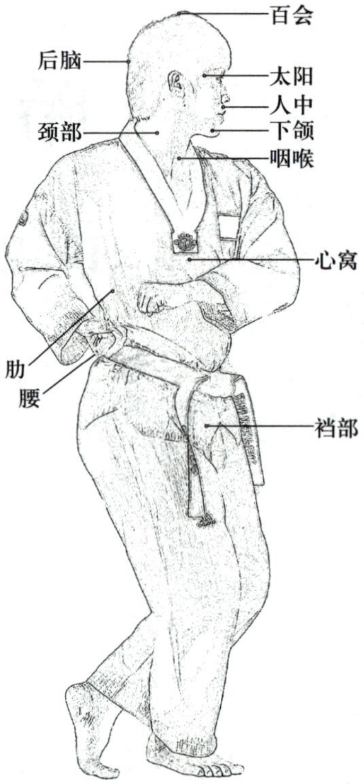

图 2-1-1

4. 肋部

肋部共有十二对肋骨。人的第五至八肋弯曲度较大，最易发生骨折。如受到外力打击，可出现肋骨内向骨折，会伤及心脏、肝脏。

5. 腰部

腰部是维持身体姿势以及传导动作发力的主要部位，若受到击打，会造成腰椎、肾脏损伤。

6. 裆部

裆部有生殖器官，是人体神经末梢最丰富的部位。若受到击打等，轻则疼痛难忍，重则会造成血压下降、全身乏力、休克，甚至死亡。

(二)人体主要关节和用于攻击的部位

在跆拳道攻防实战中，人体的关节和手脚是攻击经常使用的部位(图 2-1-2)。

1. 人体主要关节

人体主要关节包括肩关节、肘关节、髋关节、膝关节、踝关节。肘关节和膝关节的攻击具有较强的破坏性。

2. 人体常用攻击部位

手常用的握持形状为拳和手刀，拳和手刀的不同部位都可以作为攻击的部位使用。脚部常用的攻击部位有脚尖、脚掌、脚跟、脚的内侧和外侧、脚背。

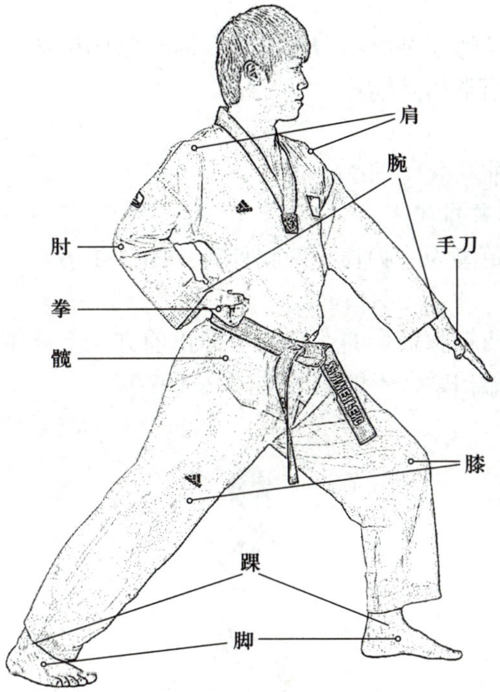

图 2-1-2

二、道服

跆拳道技术练习和比赛要穿着道服进行。随着跆拳道的发展，为适应表演和教学等需要，道服由原来的单一白色道服（图 2-1-3），演变为白色和黑色等不同颜色。

品势比赛目前采用了新式比赛道服，白色上衣，黑色裤子（图 2-1-4），款式与传统的道服有所不同。

图 2-1-3

图 2-1-4

实战比赛还是采用原来款式和颜色的道服。

三、站姿

跆拳道站姿是指跆拳道品势演练中练习者站立时腿和脚的姿势。正确合理的站姿是攻击和防守的基础和保证。下面介绍常用站姿：

（一）并步

两腿伸直，两脚并拢向前站立（图 2–1–5）。

（二）开立步（平行步、并排步）

两脚平行开立，两脚间距离为一脚长，两腿伸直（图 2–1–6）。

（三）马步

双脚间距离为两脚长，两腿膝盖弯曲，膝关节向正前方，上体中正，低头向下看时膝关节与前脚尖在一条直线上，膝盖扣紧，不能向外（图 2–1–7）。

图 2–1–5

图 2–1–6

图 2–1–7

（四）弓步

两脚前后的距离为四脚半长，两脚左右宽度是一个立拳的距离。上体中正，前腿膝关节弯曲，低头向下看时膝关节和前脚尖在一条直线上。后脚尖与正前方成 30° 角，后腿膝关节伸直，重心的 2/3 放在前腿（图 2–1–8）。左脚在前为左弓步，右脚在前为右弓步。

图 2–1–8

（五）前行步

两腿伸直，重心均匀分布在两脚。身体中正，肩部与前方自然形成 30° 角，前后脚的距离为三脚长（图 2–1–9）。左脚在前为左前行步，右脚在前为右前行步。

（六）虚步

后脚与正前方成 30° 角，前腿膝关节与前脚尖在一条直线上。前脚掌轻轻点地，脚跟提起，双腿膝关节弯曲。身体重心的 90%～100%放在后腿，前后脚的距离为两脚长（图 2–1–10）。左脚在前为左虚步，右脚在前为右虚步。

（七）三七步

两脚跟并拢时脚内侧形成 90° 角，前后脚的距离为三脚长，重心的 70%放在后腿，30%放在前腿（图 2–1–11）。左脚在前为左三七步，右脚在前为右三七步。

（八）交叉步

两脚间隔宽度为一拳距离，双腿交叉形成 X 状。重心的 90%放在全脚掌着地的支撑腿上，前脚和后脚形成 90° 角（图 2–1–12）。

图 2–1–9

图 2–1–10

图 2–1–11

图 2–1–12

（九）鹤立步

全脚掌着地单腿支撑全部体重，另一腿屈膝提起，踝关节置于支撑腿膝关节内侧（图 2–1–13）。左腿支撑为左鹤立步，右腿支撑为右鹤立步。

（十）侧开立步

两脚间距离为一脚长，两脚尖方向成 90° 角（图 2–1–14），脚尖向右为右侧开立步，脚尖向左为左侧开立步。

图 2–1–13

图 2–1–14

四、基本动作技术规范

跆拳道品势技术有着严格的要求和规定，以保证品势技术和姿势的正确性。下面介绍常见的动作技术要求。

（一）格挡规范

1. 下格挡

下格挡是防守对腰髋部位攻击的方法，格挡手臂腕关节与大腿距离一个立掌，手臂与同侧大腿在一个立面上（图 2-1-15）。

图 2-1-15

2. 中格挡

中格挡是防守对身体中段攻击的方法，格挡手臂弯曲在 90° ~120° 之间，向内格挡止于身体正中垂线，向外格挡止于身体外侧垂线（图 2-1-16、图 2-1-17）。

3. 上格挡

上格挡是防守对身体上段攻击的方法，格挡手臂腕关节止于额部前上方一拳间隔位置（图 2-1-18）。

图 2-1-16

图 2-1-17

图 2-1-18

（二）拳与手刀攻击规范

1. 中段攻击

中段攻击目标位置为身体前方中线和胸口高度交叉点（图 2-1-19、图 2-1-20、图 2-1-21、图 2-1-22）。

图 2-1-19

图 2-1-20

图 2-1-21

图 2-1-22

2. 上段攻击

上段攻击目标位置为身体前方中线和人中高度或颈部高度（图 2-1-23、图 2-1-24、图 2-1-25）。

图 2-1-23

图 2-1-24

图 2-1-25

（三）肘攻击规范

1. 中段肘击

弯曲的肘部攻击胸口高度位置（图 2-1-26）。

2. 上段肘击

弯曲的肘部攻击头部高度位置（图 2-1-27）。

图 2-1-26

图 2-1-27

第二节 太极一章至八章

一、太极一章

太极一章对应八卦中的“乾”卦，意寓开始和起步，是第一套跆拳道品势。太极一章共有18个动作，主要包括前行步，下段格挡、中段格挡、上段格挡，直拳、前踢等动作（图2-2-1）。

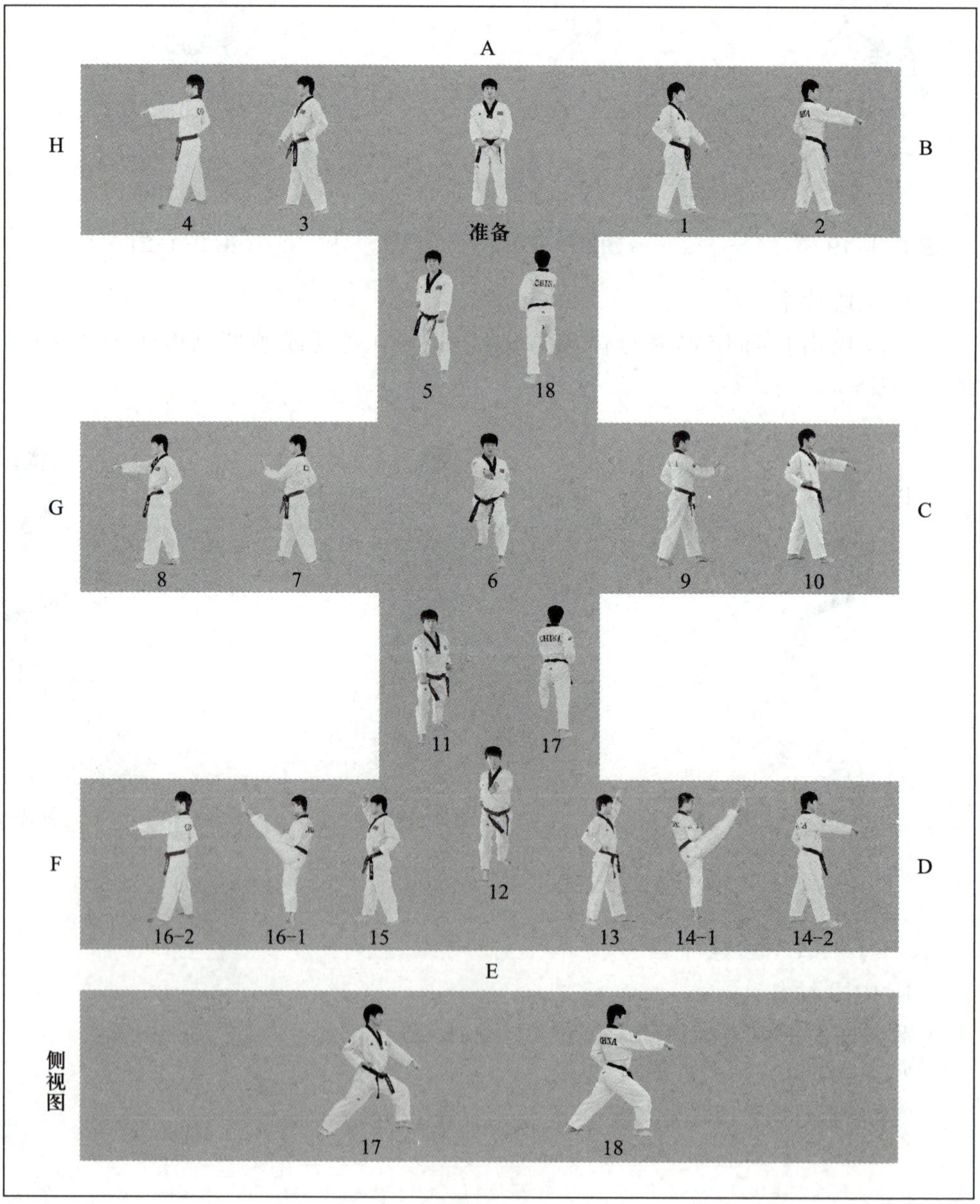

图 2-2-1

查看完整动作视频

准备式

在 A 位置并步站立（图 2-2-2），左脚向左侧移动一脚距离成开立步，双手刀经腹前至胸口后下行握拳回至腹前成准备式（图 2-2-3），整个动作要求匀速，并伴随呼吸的调整。

1. 左前行步左下格挡

身体左转 90°，面向 B 方向做左前行步，同时左臂下格挡，右拳收于腰侧（图 2-2-4）。

2. 右前行步右直拳

右脚向前做右前行步，同时右拳中段直拳，左拳收于腰侧（图 2-2-5）。

图 2-2-2

图 2-2-3

图 2-2-4

图 2-2-5

3. 右前行步右下格挡

以左脚掌为轴内旋 180°，右脚直线向后成右前行步，面向 H 方向，同时右臂下格挡，左拳收于腰侧（图 2-2-6）。

4. 左前行步左直拳

左脚向前做左前行步，左拳中段直拳，右拳收丁腰侧（图 2-2-7）。

5. 左弓步左下格挡

身体左转 90°，面向 E 方向成左弓步，同时左臂下格挡，右拳收于腰侧（图 2-2-8）。

6. 右中段直拳

保持左弓步不变，右拳中段直拳，左拳收于腰侧（图 2-2-9）。

图 2-2-6

图 2-2-7

图 2-2-8

图 2-2-9

7. 右前行步左内格挡

右脚向右前侧迈出，面向 G 方向成右前行步，同时左臂中内格挡，右拳收于腰侧（图 2-2-10）。

8. 左前行步右直拳

左脚向前做左前行步，同时右拳中段直拳，左拳收于腰侧（图 2-2-11）。

9. 左前行步右内格挡

以右脚前脚掌为轴内旋 180°，左脚直线向后，面向 C 方向成左前行步，同时右臂中内格挡，左拳收于腰侧（图 2-2-12）。

10. 右前行步左直拳

右脚向前做右前行步，同时左拳中段直拳，右拳收于腰侧（图 2-2-13）。

图 2-2-10

图 2-2-11

图 2-2-12

图 2-2-13

11. 右弓步右下格挡

身体右转，面向 E 方向成右弓步，同时右臂下格挡，左拳收于腰侧（图 2-2-14）。

12. 左直拳

保持右弓步不变，左拳中段直拳，右拳收于腰侧（图 2-2-15）。

13. 左前行步左上格挡

身体左转 90°，面向 D 方向成左前行步，同时左臂上格挡，右拳收于腰侧（图 2-2-16）。

图 2-2-14

图 2-2-15

图 2-2-16

14. 右前踢 + 右直拳

右腿前踢，右拳、左拳前后放置胸前（图 2–2–17）。前踢腿向前落脚成右前行步，同时右拳中段直拳，左拳收于腰侧（图 2–2–18）。

15. 右前行步右上格挡

身体向右后方转动 180°，面向 F 方向成右前行步，同时右臂上格挡，左拳收于腰侧（图 2–2–19）。

16. 左前踢 + 左直拳

左腿前踢，左拳、右拳前后放置胸前（图 2–2–20）。前踢腿向前落脚成左前行步，同时左拳中段直拳，右拳收于腰侧（图 2–2–21）。

图 2–2–17

图 2–2–18

图 2–2–19

图 2–2–20

图 2–2–21

17. 左弓步左下格挡

身体向右后方转动 90°，面向 A 方向成左弓步，同时左臂下格挡，右拳收于腰侧（图 2–2–22、图 2–2–22 侧视图）。

18. 右弓步右直拳（发声）

右脚向前迈出做右弓步，同时右拳中段直拳，配合发声，左拳收于腰侧（图 2–2–23、图 2–2–23 侧视图）。

结束式

身体向左后方转动，回到 A 位置，还原成准备式（图 2–2–24）。

图 2–2–22

图 2–2–22 侧视图

图 2–2–23

图 2–2–23 侧视图

图 2–2–24

二、太极二章

太极二章意寓八卦中的“兑”卦，意为外柔内刚。太极二章共有 18 个动作，新的动作有上段直拳和前踢等技法（图 2-2-25）。

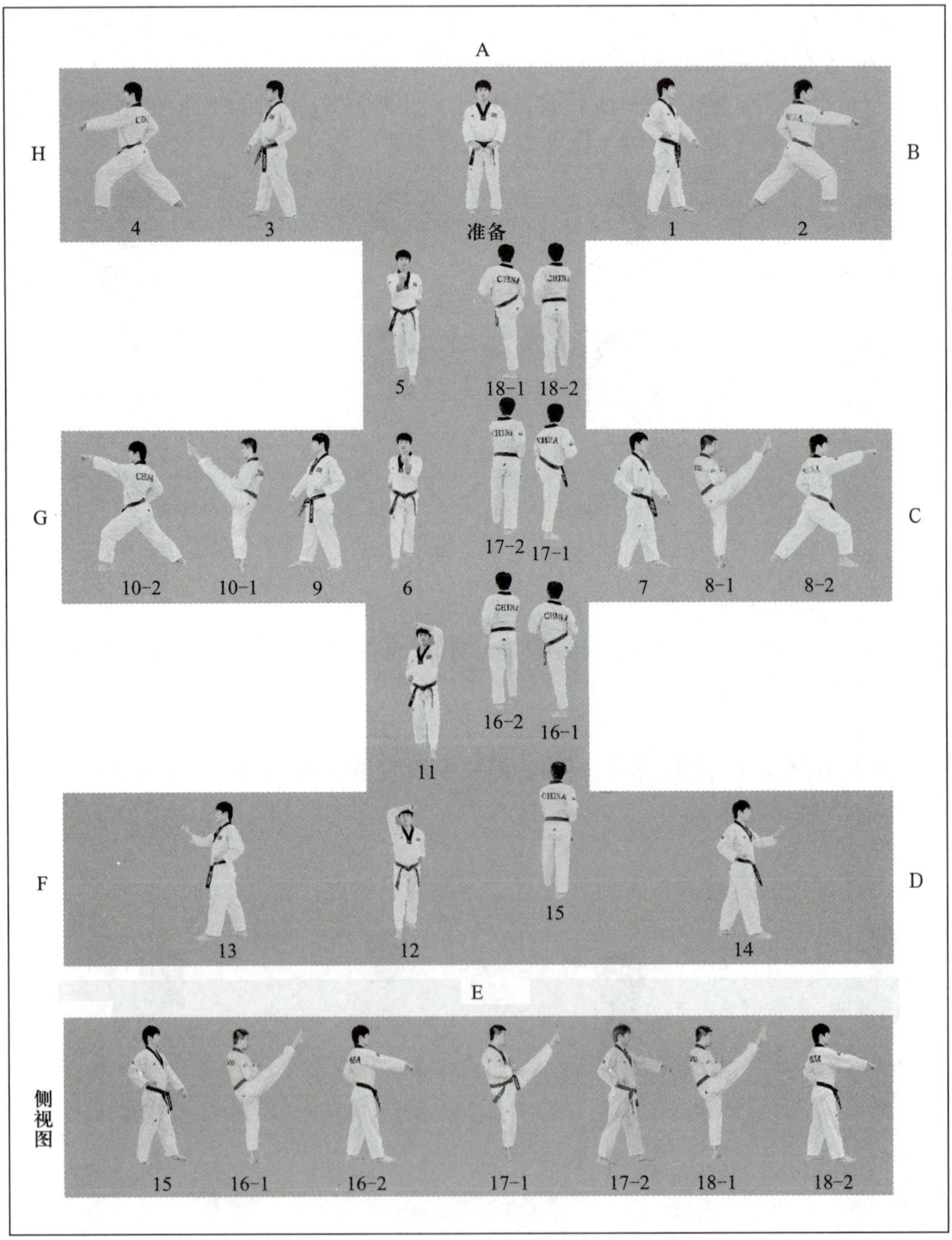

查看完整动作视频

图 2-2-25

准备式

在 A 位置并步站立，左脚向左侧移动一脚距离成开立步，同时双手刀经腹前至胸口后下行握拳回至腹前成准备式（图 2-2-26）。

1. 左前行步下格挡

身体左转 90°，面向 B 方向成左前行步，同时左臂下格挡，右拳收于腰侧（图 2-2-27）。

2. 右弓步右直拳

右脚向前成右弓步，同时右拳中段直拳，左拳收于腰侧（图 2-2-28）。

图 2-2-26

图 2-2-27

图 2-2-28

3. 右前行步下格挡

以左脚前脚掌为轴内旋 180°，右脚直线向后，面向 H 方向成右前行步，同时右臂下格挡，左拳收于腰侧（图 2-2-29）。

4. 左弓步左直拳

左脚向前成左弓步，同时左拳中段直拳，右拳收于腰侧（图 2-2-30）。

5. 左前行步内格挡

身体向左转 90°，面向 E 方向成左前行步，同时右臂中内格挡，左拳收于腰侧（图 2-2-31）。

6. 右前行步内格挡

右脚向前方做右前行步，同时左臂中内格挡，右拳收于腰侧（图 2-2-32）。

图 2-2-29

图 2-2-30

图 2-2-31

图 2-2-32

7. 左前行步下格挡

身体向左转，面向 C 方向成左前行步，同时左臂下格挡，右拳收于腰侧（图 2–2–33）。

8. 右前踢 + 右上段直拳

右腿前踢，右拳、左拳前后放置胸前（图 2–2–34）。前踢腿向前落脚成右弓步，同时右拳上段直拳，拳至面部人中高度，左拳收于腰侧（图 2–2–35）。

9. 右前行步下格挡

身体向后转 180°，面向 G 方向成右前行步，同时右臂下格挡，左拳收于腰侧（图 2–2–36）。

图 2–2–33

图 2–2–34

图 2–2–35

图 2–2–36

10. 左前踢 + 左上段直拳

左腿前踢，左拳、右拳前后放置胸前（图 2–2–37）。前踢腿向前落脚成左弓步，同时左拳上段直拳，拳至面部人中高度，右拳收于腰侧（图 2–2–38）。

11. 左前行步上格挡

身体左转 90°，面向 E 方向成左前行步，同时左臂上格挡，右拳收于腰侧（图 2–2–39）。

12. 右前行步上格挡

右脚向前做右前行步，同时右臂上格挡，左拳收于腰侧（图 2–2–40）。

图 2–2–37

图 2–2–38

图 2–2–39

图 2–2–40

13. 左前行步内格挡

以右脚掌为轴向左后方旋转 270°，面向 F 方向成左前行步，同时右臂中内格挡，左拳收于腰侧（图 2-2-41）。

14. 右前行步内格挡

以左脚掌为轴向右后方旋转，面向 D 方向成右前行步，同时左臂中内格挡，右拳收于腰侧（图 2-2-42）。

15. 左前行步下格挡

身体左转 90°，面向 A 方向成左前行步，同时左臂下格挡，右拳收于腰侧（图 2-2-43、图 2-2-43 侧视图）。

图 2-2-41

图 2-2-42

图 2-2-43

图 2-2-43 侧视图

16. 右前踢 + 右直拳

右腿前踢，右拳、左拳前后放置胸前（图 2-2-44、图 2-2-44 侧视图）。前踢腿向前落脚成右前行步，同时右拳中段直拳，左拳收于腰侧（图 2-2-45、图 2-2-45 侧视图）。

图 2-2-44

图 2-2-44 侧视图

图 2-2-45

图 2-2-45 侧视图

17. 左前踢 + 左直拳

左腿前踢，左拳、右拳前后放置胸前（图 2-2-46、图 2-2-46 侧视图）。前踢腿向前落脚成左前行步，同时左拳中段直拳，右拳收于腰侧（图 2-2-47、图 2-2-47 侧视图）。

图 2-2-46

图 2-2-46 侧视图

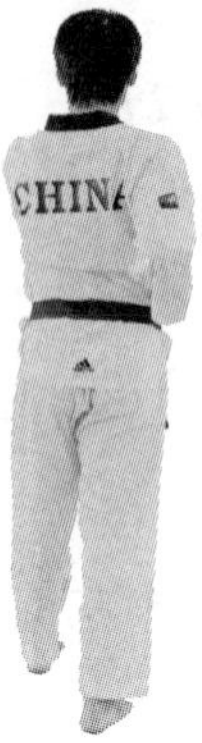
图 2-2-47

图 2-2-47 侧视图

18. 右前踢 + 右直拳（发声）

右腿前踢，右拳、左拳前后放置胸前（图 2-2-48、图 2-2-48 侧视图）。前踢腿向前落脚成右前行步，同时右拳做中段直拳，左拳收于腰侧（图 2-2-49、图 2-2-49 侧视图），配合发声。

图 2-2-48

图 2-2-48 侧视图

图 2-2-49

图 2-2-49 侧视图

结束式

身体向左后方转动，回到 A 位置，还原成准备式（图 2-2-50）。

图 2-2-50

三、太极三章

太极三章对应八卦中的“离”卦，意味着火，具有热情、明亮、活跃性的特征。太极三章共有 20 个动作，其中运用了左右的连续中段直拳、手刀颈部攻击、中段外格挡，以及下段格挡后中段直拳攻击等技术，还包含了招式由防到攻的快速变化（图 2-2-51）。

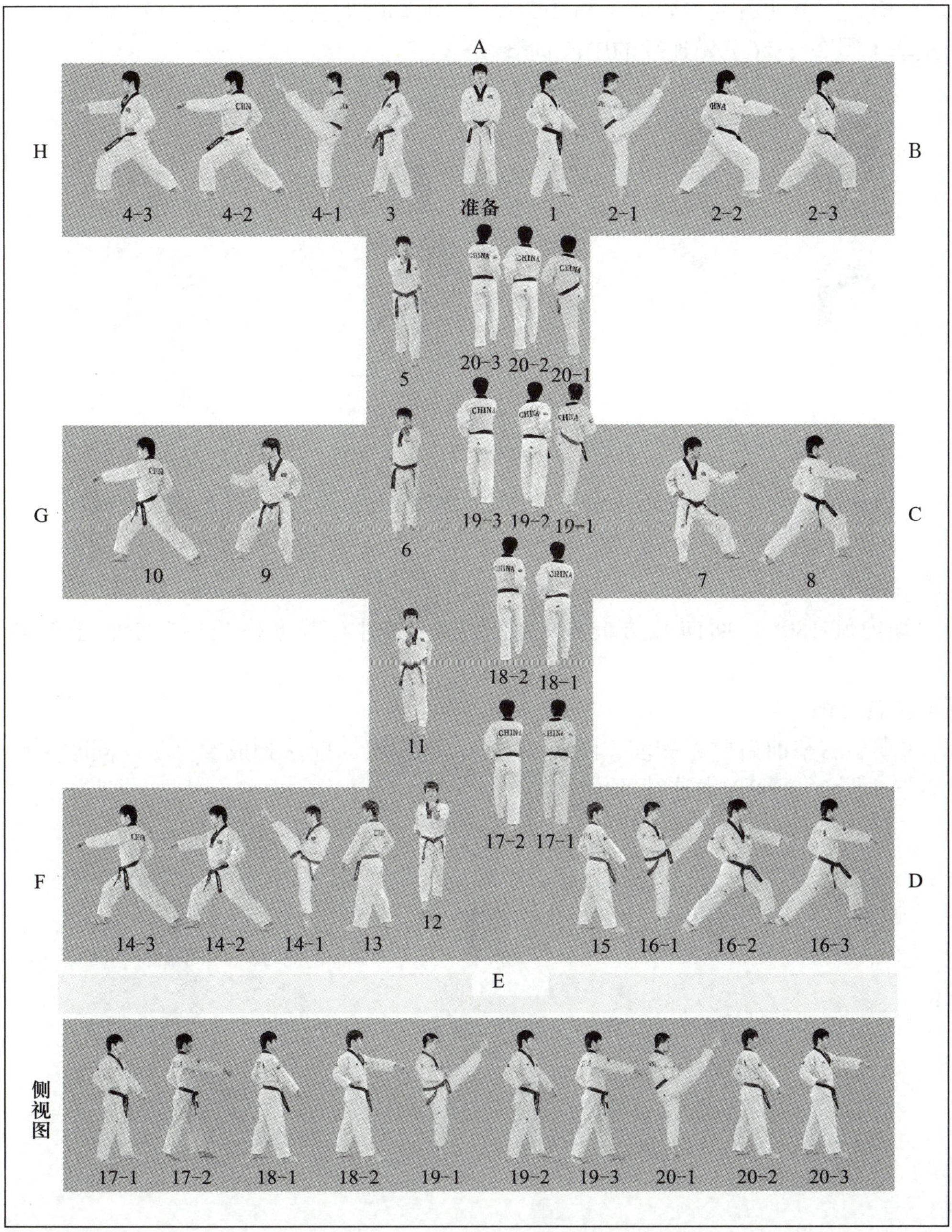

图 2-2-51

查看完整动作视频

准备式

在 A 位置并步站立，左脚向左侧移动一脚距离成开立步，同时双手刀经腹前至胸口后下行握拳回至腹前成准备式（图 2-2-52）。

1. 左前行步下格挡

身体左转 90°，面向 B 方向成左前行步，同时左臂下格挡，右拳收于腰侧（图 2-2-53）。

2. 右前踢 + 右左直拳

右腿前踢，右拳、左拳前后放置胸前（图 2-2-54）。前踢腿向前落脚成右弓步，同时右拳（图 2-2-55）、左拳（图 2-2-56）做连续的中段直拳。

图 2-2-52

图 2-2-53

图 2-2-54

图 2-2-55

图 2-2-56

3. 右前行步下格挡

以左脚掌为轴内旋 180°，面向 H 方向成右前行步，同时右臂下格挡，左拳收于腰侧（图 2-2-57）。

4. 左前踢 + 左右直拳

左腿前踢，左拳、右拳前后放置胸前（图 2-2-58）。前踢腿向前落脚成左弓步，同时左拳（图 2-2-59）、右拳（图 2-2-60）做连续的中段直拳。

图 2-2-57

图 2-2-58

图 2-2-59

图 2-2-60

5. 左前行步手刀内击

身体左转 90°，面向 E 方向成左前行步，同时右臂手刀颈部攻击，左拳收于腰侧（图 2-2-61）。

6. 右前行步手刀内击

右脚向前迈出成右前行步，同时左臂手刀颈部攻击，右拳收于腰侧（图 2-2-62）。

7. 左三七步手刀外格挡

身体左转，面向 C 方向成左三七步，同时左臂单手刀中外格挡，右拳收于腰侧（图 2-2-63）。

8. 左弓步直拳

左脚向左侧迈出成弓步，同时右拳中段直拳，左拳收于腰侧（图 2-2-64）。

图 2-2-61

图 2-2-62

图 2-2-63

图 2-2-64

9. 右三七步手刀外格挡

以左脚为轴内旋身体后转，面向 G 方向成右三七步，同时右臂单手刀中外格挡，左拳收于腰间（图 2-2-65）。

10. 右弓步直拳

右脚向右侧迈出成弓步，同时左拳中段直拳，右拳收于腰侧（图 2-2-66）。

11. 左前行步内格挡

身体左转 90°，面向 E 方向成左前行步，同时右臂中内格挡，左拳收于腰侧（图 2-2-67）。

12. 右前行步内格挡

右脚向前方迈出成右前行步，同时左臂中内格挡，右拳收于腰侧（图 2-2-68）。

图 2-2-65

图 2-2-66

图 2-2-67

图 2-2-68

13. 左前行步下格挡

以右脚为轴身体向左后方旋转 270°，面向 F 方向成左前行步，同时左臂左下格挡，右拳收于腰侧（图 2-2-69）。

14. 右前踢 + 右左直拳

右腿前踢，右拳、左拳前后放置胸前（图 2-2-70）。前踢腿向前落脚成右弓步，同时右拳（图 2-2-71 ）、左拳（图 2-2-72）做连续的中段直拳。

图 2-2-69

图 2-2-70

图 2-2-71

图 2-2-72

15. 右前行步下格挡

以左脚为轴身体向右后方转动，面向 D 方向成右前行步，同时右臂下格挡，左拳收于腰侧（图 2-2-73）。

16. 左前踢 + 左右直拳

左腿前踢，左拳、右拳前后放置胸前（图 2-2-74）。前踢腿向前落脚成左弓步，同时左拳（图 2-2-75 ）、右拳（图 2-2-76）做连续的中段直拳。

图 2-2-73

图 2-2-74

图 2-2-75

图 2-2-76

17. 左前行步下格挡 + 直拳

身体向左侧旋转，面向 A 方向成左前行步，同时左臂下格挡，右拳收于腰侧（图 2-2-77、图 2-2-77 侧视图）。右拳中段直拳，左拳收于腰侧（图 2-2-78、图 2-2-78 侧视图）。

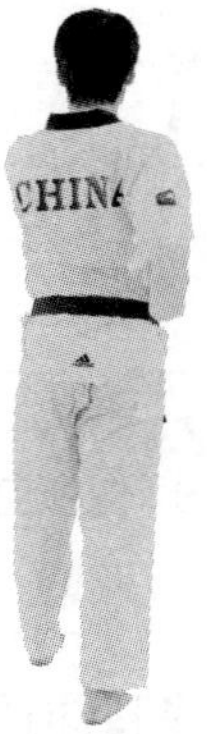

图 2-2-77

图 2-2-77 侧视图

图 2-2-78

图 2-2-78 侧视图

18. 右前行步下格挡 + 直拳

右脚向前成右前行步，同时右臂下格挡，左拳收于腰侧（图 2-2-79、图 2-2-79 侧视图）。左拳中段直拳，右拳收于腰侧（图 2-2-80、图 2-2-80 侧视图）。

图 2-2-79

图 2-2-79 侧视图

图 2-2-80

图 2-2-80 侧视图

19. 左前踢 + 下格挡 + 直拳

左腿前踢，左拳、右拳前后放置胸前（图 2-2-81、图 2-2-81 侧视图）。前踢腿向前落脚成左前行步，同时左臂下格挡，右拳收于腰侧（图 2-2-82、图 2-2-82 侧视图）。右拳做中段直拳，左拳收于腰侧（图 2-2-83、图 2-2-83 侧视图）。

图 2-2-81

图 2-2-81 侧视图

图 2-2-82

图 2-2-82 侧视图

图 2-2-83

图 2-2-83 侧视图

20. 右前踢 + 下格挡 + 直拳（发声）

右腿前踢，右拳、左拳前后放置胸前（图 2-2-84、图 2-2-84 侧视图）。前踢腿向前落脚成右前行步，同时右臂下格挡，左拳收于腰侧（图 2-2-85、图 2-2-85 侧视图）。左拳中段直拳，右拳收于腰侧（图 2-2-86、图 2-2-86 侧视图），配合发声。

结束式

身体向左后方转动，回到 A 位置，还原成准备式（图 2-2-87）。

图 2-2-84

图 2-2-84 侧视图

图 2-2-85

图 2-2-85 侧视图

图 2-2-86

图 2-2-86 侧视图

图 2-2-87

四、太极四章

太极四章对应八卦中的“震”卦，意味着雷，具有威风凛凛、令人望而生畏之意。太极四章共 20 个动作，动作难度增加，演练时应注意动作的准确性。其中运用了手刀攻击、侧踢、背拳等技法（图 2-2-88）。

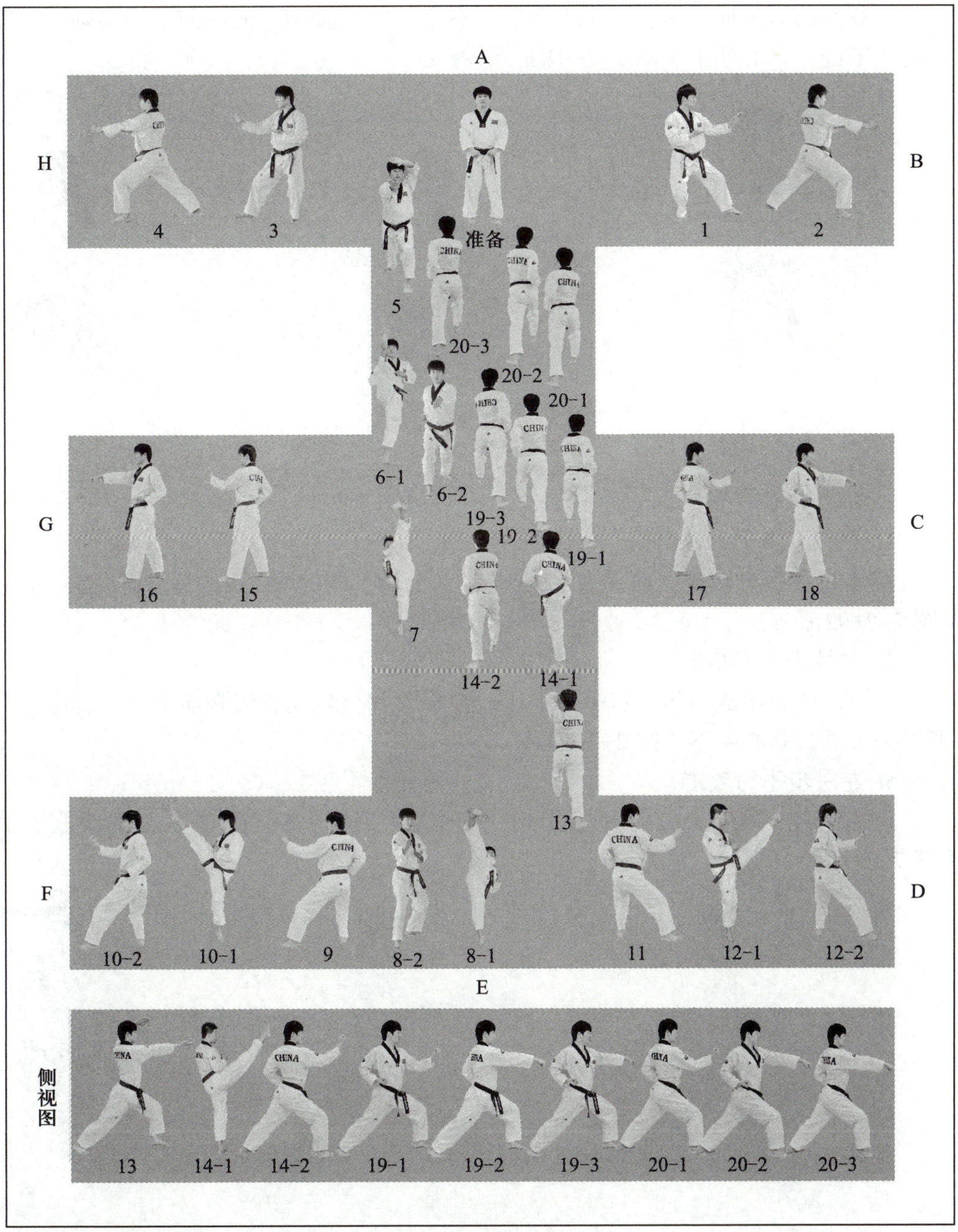

查看完整
动作视频

图 2-2-88

准备式

在 A 位置并步站立，左脚向左侧移动一脚距离成开立步，同时双手刀经腹前至胸口后下行握拳回至腹前成准备式（图 2-2-89）。

1. 左三七步手刀外格挡

身体左转，面向 B 方向成左三七步，同时左手刀中段外格挡，右手刀收至胸前（图 2-2-90）。

2. 右弓步手刀刺击

右脚向前迈出成弓步，左手刀下压，右手刀收至腰间后向胸前平手尖刺击，左手刀放置右臂肘关节处，掌心朝下（图 2-2-91）。

图 2-2-89

图 2-2-90

图 2-2-91

3. 右三七步手刀外格挡

身体向右后方转动，面向 H 方向成右三七步，同时右手刀中段外格挡，左手刀收至胸前（图 2-2-92）。

4. 左弓步手刀刺击

左脚向前迈出成弓步，右手刀下压，左手刀收至腰间后向胸前平手尖刺击，右手刀放置左臂肘关节处，掌心朝下（图 2-2-93）。

5. 左弓步手刀攻击

身体左转，面向 E 方向成左弓步，同时左手刀做上格挡，右手刀形成燕子手刀攻击颈部（图 2-2-94）。

图 2-2-92

图 2-2-93

图 2-2-94

6. 右前踢 + 弓步直拳

右腿前踢，右拳、左拳前后放置胸前（图 2-2-95）。前踢腿向前落脚成弓步，同时左拳中段直拳，右拳收于腰侧（图 2-2-96）。

7. 左侧踢

左腿侧踢，支撑腿伸直，两拳放置于身体两侧（图 2-2-97），落脚成左前行步。

8. 右侧踢 + 手刀外格挡

右腿做右侧踢动作（图 2-2-98）。右侧踢收腿落脚成三七步，同时右手刀中外格挡，左手刀放置胸前（图 2-2-99）。

图 2-2-95

图 2-2-96

图 2-2-97

图 2-2-98

图 2-2-99

9. 左三七步外格挡

以右脚为轴，身体向左后方转动，面向 F 方向成左三七步，同时左臂中外格挡，右拳收于腰侧（图 2-2-100）。

10. 右前踢 + 左三七步内格挡

右腿前踢，右拳、左拳前后放置胸前（图 2-2-101）。前踢收腿还原成左三七步，同时右臂中内格挡，左拳收于腰侧（图 2-2-102）。

11. 右三七步外格挡

身体右转，面向 D 方向成右三七步，同时右臂中外格挡，左拳收于腰侧（图 2-2-103）。

图 2-2-100

图 2-2-101

图 2-2-102

图 2-2-103

12. 左前踢 + 右三七步内格挡

左腿前踢，左拳、右拳前后放置胸前（图 2-2-104）。前踢收腿还原成右三七步，同时左拳中内格挡，右拳收于腰侧（图 2-2-105）。

13. 左弓步手刀攻击

身体左转，面向 A 方向成左弓步，同时左手刀做上格挡，右手刀形成燕子手刀攻击颈部（图 2-2-106、图 2-2-106 侧视图）。

图 2-2-104

图 2-2-105

图 2-2-106

图 2-2-106 侧视图

14. 右前踢 + 翻背拳

右腿前踢，右拳、左拳前后放置胸前（图 2-2-107、图 2-2-107 侧视图）。前踢收腿落脚成右弓步，同时右拳从腋下向前上方做翻背拳，左拳收于腰侧（图 2-2-108、图 2-2-108 侧视图）。

图 2-2-107

图 2-2-107 侧视图

图 2-2-108

图 2-2-108 侧视图

15. 左前行步内格挡

身体左转，面向 G 方向成左前行步，同时左臂中内格挡，右拳收于腰侧（图 2-2-109）。

16. 右直拳

步型保持不变，右拳中段直拳，左拳收于腰侧（图 2–2–110）。

17. 右前行步内格挡

以左脚掌为轴，身体向右后方转动，面向 C 方向成右前行步，同时右臂中内格挡，左拳收于腰侧（图 2–2–111）。

18. 左直拳

步型保持不变，左拳中段直拳，右拳收于腰侧（图 2–2–112）。

图 2–2–109

图 2–2–110

图 2–2–111

图 2–2–112

19. 左弓步内格挡 + 右左直拳

身体左转，面向 A 方向成左弓步，同时左臂中内格挡，右拳收于腰侧（图 2–2–113、图 2–2–113 侧视图）。步型不变，右拳（图 2–2–114、图 2–2–114 侧视图）、左拳（图 2–2–115、图 2–2–115 侧视图）做连续的中段直拳。

图 2–2–113

图 2–2–113 侧视图

图 2–2–114

图 2–2–114 侧视图

图 2-2-115

图 2-2-115 侧视图

20. 右弓步内格挡 + 左右直拳（发声）

右脚向前迈出成右弓步，同时右臂中内格挡，左拳收于腰侧（图 2-2-116、图 2-2-116 侧视图）。步型不变，左拳（图 2-2-117、图 2-2-117 侧视图）、右拳（图 2-2-118、图 2-2-118 侧视图）做连续的中段直拳，配合发声。

结束式

身体向左后方转动，回到 A 位置，还原至准备式（图 2-2-119）。

图 2-2-116

图 2-2-116 侧视图

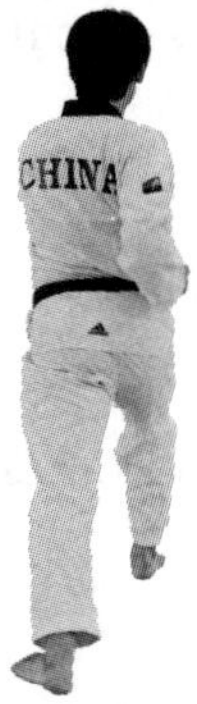

图 2-2-117

图 2-2-117 侧视图

图 2-2-118

图 2-2-118 侧视图

图 2-2-119

五、太极五章

太极五章对应八卦中的“巽”卦，意味着风。风可分为微风和强风，太极五章共 20 个动作，它的动作开始时简单舒缓，犹如微风，到了后半段，动作逐渐加快，变得强劲有力，犹如强风。新出现的动作有下锤拳、旋肘前击和掌肘对击等（图 2-2-120）。

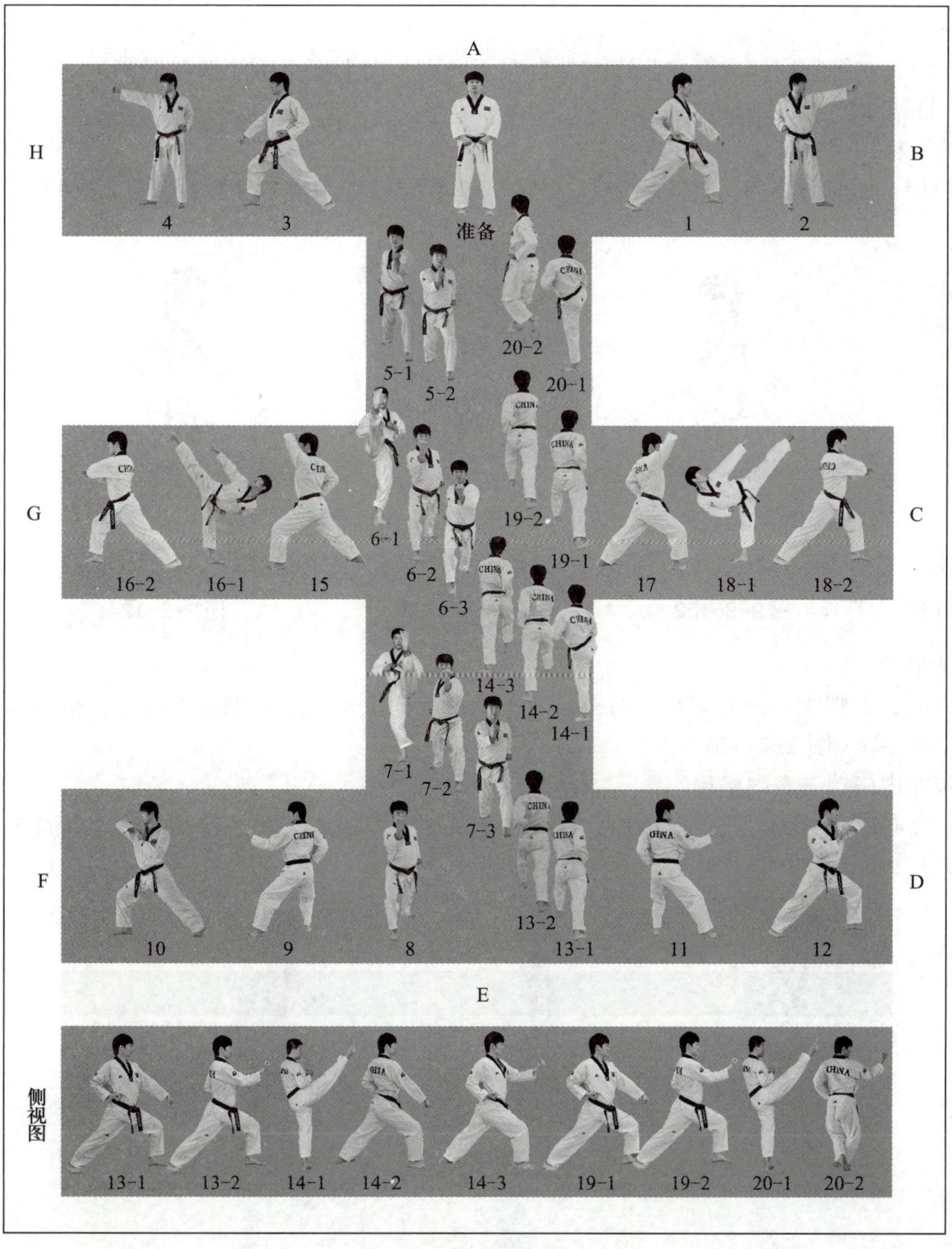

图 2-2-120

查看完整动作视频

准备式

在 A 位置并步站立，左脚向左侧移动一脚距离成开立步，同时双手刀经腹前至胸口后下行握拳回至腹前成准备式（图 2-2-121）。

1. 左弓步下格挡

身体左转 90°，面向 B 方向，左脚上步成左弓步，同时左臂下格挡，右拳收于腰侧（图 2-2-122）。

2. 左下锤拳

面向 B 方向，左脚收回，成开立步，左拳自左下向右、向上经由脸前做左下锤拳，至左侧平举位置，目视左拳（图 2-2-123）。

3. 右弓步下格挡

身体右转 90°，面向 H 方向，右脚上步成右弓步，右臂下格挡，左拳收于腰侧（图 2-2-124）。

图 2-2-121

图 2-2-122

图 2-2-123

图 2-2-124

4. 右下锤拳

面向 H 方向，右脚收回成开立步，右拳自右下向左、向上经由脸前做右下锤拳，至右侧平举位置，目视右拳（图 2-2-125）。

5. 左弓步左内格挡 + 右内格挡

左脚向 E 方向成左弓步，左臂内格挡，右拳收于腰侧（图 2-2-126）。步型不变，右臂内格挡，左拳收于腰侧（图 2-2-127）。

图 2-2-125

图 2-2-126

图 2-2-127

6. 右前踢 + 右背拳前击 + 左内格挡

右腿前踢（图 2–2–128），前落成右弓步，右背拳前击，左拳收于腰侧（图 2–2–129）。步型不变，左臂内格挡，右拳收于腰侧（图 2–2–130）。

7. 左前踢 + 左背拳前击 + 右内格挡

左腿前踢（图 2–2–131），前落成左弓步，左背拳前击，右拳收于腰侧（图 2–2–132）。步型不变，右臂内格挡，左拳收于腰侧（图 2–2–133）。

图 2–2–128

图 2–2–129

图 2–2–130

图 2–2–131

图 2–2–132

图 2–2–133

8. 右弓步背拳

右脚上步成右弓步，同时右背拳前击，左拳收于腰侧（图 2–2–134）。

9. 左手刀外格挡

以右脚掌为轴，左脚向后移步，身体向左旋转 270°，面向 F 方向成左三七步，左拳变手刀中段外格挡，右拳收于腰侧（图 2–2–135）。

10. 右弓步肘击

右脚上步成右弓步，同时右臂屈肘夹紧，旋肘前击，右拳面附于左掌面（图 2–2–136）。

11. 右手刀外格挡

以左脚掌为轴，右脚向后移步，身体向右后转 180°，面向 D 方向成右三七步，右拳变手刀中段外格挡，左拳收于腰侧（图 2–2–137）。

图 2–2–134

图 2–2–135

图 2–2–136

图 2–2–137

12. 左弓步肘击

左脚上步成左弓步，同时左臂屈肘夹紧，旋肘前击，左拳面附于右掌面（图 2-2-138）。

13. 左弓步下格挡 + 右内格挡

以右脚为轴，身体左转 90°，左脚向左移步，面向 A 方向成左弓步，左臂下格挡，右拳收于腰侧（图 2-2-139、图 2-2-139 侧视图），步型不变，右臂内格挡，左拳收于腰侧（图 2-2-140、图 2-2-140 侧视图）。

图 2-2-138

图 2-2-139

图 2-2-139 侧视图

图 2-2-140

图 2-2-140 侧视图

14. 右前踢 + 下格挡 + 左内格挡

右腿前踢（图 2-2-141、图 2-2-141 侧视图），前落成右弓步，右臂下段格挡，左拳收于腰侧（图 2-2-142、图 2-2-142 侧视图）。步型不变，左臂内格挡，右拳收于腰侧（图 2-2-143、图 2-2-143 侧视图）。

图 2-2-141

图 2-2-141 侧视图

图 2-2-142

图 2-2-142 侧视图

图 2-2-143

图 2-2-143 侧视图

15. 左弓步上格挡

以右脚掌为轴，左脚向左移步，身体左转 90°，面向 G 方向成左弓步，左臂上段格挡（图 2–2–144）。

16. 右侧踢 + 左肘击

面向 G 方向，右腿侧踢，右拳侧击（图 2–2–145）。右脚前落成右弓步，同时掌肘对击（图 2–2–146）。

17. 右弓步上格挡

以左脚掌为轴，右脚向后移步，身体向后转 180°，面向 C 方向成右弓步，右臂上段格挡，左拳收于腰间（图 2–2–147）。

图 2–2–144

图 2–2–145

图 2–2–146

图 2–2–147

18. 左侧踢 + 右肘击

面向 C 方向，左腿侧踢，左拳侧击（图 2–2–148）。左脚前落成左弓步，同时掌肘对击（图 2–2–149）。

图 2–2–148

图 2–2–149

19. 左弓步下格挡 + 内格挡

以右脚掌为轴，左脚向左侧移步，身体左转 90°，面向 A 方向，成左弓步，左拳下段格挡，右拳收于腰侧（图 2–2–150、图 2–2–150 侧视图）。步型不变，右臂内格挡，左拳收于腰侧（图 2–2–151、图 2–2–151 侧视图）。

图 2-2-150

图 2-2-150 侧视图

图 2-2-151

图 2-2-151 侧视图

20. 右前踢 + 交叉步背拳

右腿前踢（图 2-2-152、图 2-2-152 侧视图）。前踢腿向前落地成后交叉步，同时右背拳前击，并配合发声（图 2-2-153、图 2-2-153 侧视图）。

图 2-2-152

图 2-2-152 侧视图

图 2-2-153

图 2-2-153 侧视图

结束式

以右脚掌为轴身体左转，回到 A 位置，还原成准备式（图 2-2-154）。

图 2-2-154

六、太极六章

太极六章对应八卦中的“坎”卦。象征着水，指川流不息和柔韧。太极六章由柔和又激荡的连贯动作组成，共 19 个动作。新出现的动作有手刀上段斜外格挡、横踢、手刀中内格挡等（图 2-2-155）。

查看完整动作视频

图 2-2-155

准备式

在 A 位置并步站立，左脚向左侧移动一脚距离成开立步，同时双手刀经腹前至胸口后下行握拳回至腹前成准备式（图 2-2-156）。

1. 左下格挡

身体左转 90°，面向 B 方向，左脚上步成左弓步，同时左臂下格挡，右拳收于腰侧（图 2-2-157）。

2. 右前踢 + 外格挡

右脚前踢（图 2-2-158）。右脚向后回收成左三七步，同时左臂中段外格挡，右拳收于腰侧（图 2-2-159）。

图 2-2-156

图 2-2-157

图 2-2-158

图 2-2-159

3. 右下格挡

以左脚掌为轴，右脚向后移步，身体右转 180°，面向 H 方向成右弓步，右臂下格挡，左拳收于腰侧（图 2-2-160）。

4. 左前踢 + 外格挡

左腿前踢（图 2-2-161）。左脚向后回收成右三七步，右臂中段外格挡，左拳收于腰侧（图 2-2-162）。

图 2-2-160

图 2-2-161

图 2-2-162

5. 左弓步手刀外格挡

以右脚掌为轴，身体左转 90°，面向 E 方向，移左脚成左弓步，同时右拳变手刀上段斜外格挡，左拳收回腰侧（图 2–2–163）。

6. 右横踢 + 左外格挡 + 右直拳

右腿横踢（图 2–2–164），向前落地，左脚向 C 方向移步，身体左转 90° 成左弓步，同时左臂上段外格挡，拳心朝前，右拳收于腰侧（图 2–2–165）。步型不变，右直拳，左拳收于腰侧（图 2–2–166）。

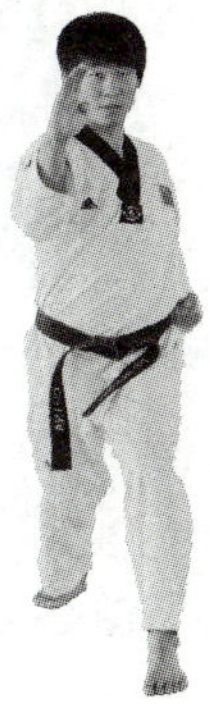
图 2–2–163

图 2–2–164

图 2–2–165

图 2–2–166

7. 右前踢 + 左直拳

右腿前踢（图 2–2–167），前落成右弓步，左直拳，右拳收于腰侧（图 2–2–168）。

8. 右外格挡 + 左直拳

以左脚掌为轴，右脚向后移步，身体向右旋转 180°，面向 G 方向成右弓步，右拳上段外格挡，拳心朝前，左拳收于腰侧（图 2–2–169）。步型不变，左直拳，右拳收于腰侧（图 2–2–170）。

图 2–2–167

图 2–2–168

图 2–2–169

图 2–2–170

9. 左前踢 + 右直拳

左腿前踢（图 2–2–171），前落成左弓步，右直拳，左拳收于腰侧（图 2–2–172）。

10. 分手下格挡

以右脚掌为轴，身体左转 90°，面向 E 方向，同时左脚向后移步成开立步站位，左臂在外，右臂在内（图 2-2-173）。步型不变，两拳同时由上向左右下格挡（图 2-2-174）。

11. 右弓步手刀外格挡

右脚向前上步成右弓步，同时左拳变手刀上段斜外格挡，右拳收于腰侧（图 2-2-175）。

图 2-2-171

图 2-2-172

图 2-2-173

图 2-2-174

图 2-2-175

12. 左横踢 + 右下格挡

左腿横踢（图 2-2-176），向前落地同时配合发声，身体向右旋转 270°，面向 D 方向成右弓步，同时右臂下格挡，左拳收于腰侧（图 2-2-177）。

13. 左前踢 + 右外格挡

左腿前踢（图 2-2-178）。左脚向后回收成右三七步，右臂中段外格挡，左拳收于腰侧（图 2-2-179）。

14. 左下格挡

以右脚掌为轴，左脚向后移步，身体向左旋转 180°，面向 F 方向成左弓步，同时左臂下格挡，右拳收于腰侧（图 2-2-180）。

图 2-2-176

图 2-2-177

图 2-2-178

图 2-2-179

图 2-2-180

15. 右前踢 + 左外格挡

右腿前踢（图 2–2–181）。右脚向后回收成左三七步，左臂中段外格挡，右拳收于腰侧（图 2–2–182）。

16. 左手刀格挡

以左脚掌为轴，身体左转 90°，面对 E 方向，移右脚成左三七步，同时左拳变手刀中段格挡，右拳变手刀置于胸前，掌心朝上（图 2–2–183）。

17. 右手刀格挡

以右脚为轴，左脚后移步成右三七步，同时右手刀中段格挡，左手刀置于胸前，掌心朝上（图 2–2–184）。

图 2–2–181

图 2–2–182

图 2–2–183

图 2–2–184

18. 左弓步左手刀内格挡 + 右直拳

右脚向后移步成左弓步，左手刀中段内格挡，右手刀变拳收于腰侧（图 2–2–185）。步型不变，右直拳，左手刀变拳收于腰侧（图 2–2–186）。

19. 右弓步手刀内格挡 + 左直拳

左脚后退成右弓步，同时右手刀中段内格挡，左拳收于腰间（图 2–2–187）。步型不变，左直拳，右手刀变拳收于腰侧（图 2–2–188）。

结束式

右脚后撤步与左脚平行成开立步，回到 A 位置，还原成准备式（图 2–2–189）。

图 2–2–185

图 2–2–186

图 2–2–187

图 2–2–188

图 2–2–189

七、太极七章

太极七章对应八卦中的“艮”卦。象征着山，含着沉稳与厚重之意。太极七章共 25 个动作，其中包含了较多复杂技法，如手刀下格挡、剪刀手格挡、膝击胸部、交叉拳下格挡、背拳外击等技术动作（图 2-2-190）。

查看完整动作视频

图 2-2-190

准备式

在 A 位置并步站立，左脚向左侧移动一脚距离成开立步，同时双手刀经腹前至胸口后下行握拳回至腹前成准备式（图 2-2-191）。

1. 右手刀内格挡

身体左转 90°，面对 B 方向成左虎步，右手刀中段内格挡，左拳收于腰侧（图 2-2-192）。

2. 右前踢 + 左臂内格挡

右腿前踢（图 2-2-193），右脚回收成左虎步，同时左臂内格挡，右拳收于腰侧（图 2-2-194）。

图 2-2-191

图 2-2-192

图 2-2-193

图 2-2-194

3. 左手刀内格挡

以左脚为轴，右脚向后移步，身体右旋转 180°，面向 H 方向成右虎步，同时左拳变手刀中段内格挡，右拳收于腰侧（图 2-2-195）。

4. 左前踢 + 右臂内格挡

左腿前踢（图 2-2-196），左脚回收成右虎步，同时右臂内格挡，左拳收于腰侧（图 2-2-197）。

5. 左手刀下格挡

以右脚掌为轴，左脚向左侧移步，身体左转 90°，面向 E 方向成左三七步，同时两拳变手刀，左手刀下格挡，右手刀屈肘置于胸前，掌心朝上（图 2-2-198）。

图 2-2-195

图 2-2-196

图 2-2-197

图 2-2-198

6. 右三七步手刀下格挡

以左脚掌为轴，右脚向前上步成右三七步，同时右手刀下格挡，左手刀屈肘置于胸前（图 2-2-199）。

7. 右手刀内格挡

以右脚掌为轴，身体左转 90°，面向 C 方向，移左脚成左虎步，同时右手刀内格挡，左拳置于右臂下，拳心朝下（图 2-2-200）。

8. 左虎步右背拳

左虎步不动，上体左转同时右手刀变拳，经身体左侧由下向上，由后向前成右背拳前击（图 2-2-201）。

9. 左手刀内格挡

以左脚掌为轴，身体向右旋转 180°，移右脚成右虎步，同时左手刀内格挡，右拳置于左臂下，拳心朝下（图 2-2-202）。

10. 右虎步左背拳

右虎步不动，上体右转，同时右手刀变拳，经身体右侧由下向上，由后向前成左背拳前击（图 2-2-203）。

图 2-2-199

图 2-2-200

图 2-2-201

图 2-2-202

图 2-2-203

11. 并步抱拳

以右脚掌为轴，身体直立向左旋转 90°，面向 E 方向收左脚并步，同时抱拳（形成并步，抱拳起始动作从丹田开始到人中高度，双肘放松下垂，图 2-2-204）。

12. 左弓步剪刀手格挡

左脚向前上步成左弓步，同时左臂中段外格挡，右臂下格挡，成剪刀手格挡（图 2-2-205）。步型不变，右臂中段外格挡，左臂下格挡，成剪刀手格挡（图 2-2-206）。

图 2-2-204

图 2-2-205

图 2-2-206

13. 右弓步剪刀手格挡

右脚向前上步成右弓步，同时右臂中段外格挡，左臂下格挡，成剪刀手格挡（图 2–2–207）。步型不变，左臂中段外格挡，右臂下格挡，成剪刀手格挡（图 2–2–208）。

14. 左弓步双臂外格挡

以右脚掌为轴，左脚向后移步，身体向左旋转 270°，面向 F 方向成左弓步，同时两拳自胸前交叉向前做中段外格挡（图 2–2–209）。

15. 右膝击 + 叉步双仰拳

两手做抓住对方双肩的衣襟用力下压的动作（图 2–2–210），右腿提膝上顶（图 2–2–211）。右脚向前落地成后交叉步，同时做中段双仰拳击打（图 2–2–212）。

16. 右弓步交叉拳下格挡

左脚后退一步成右弓步，两臂腕部交叉，左臂在上，右侧交叉下格挡（图 2–2–213）。

17. 右弓步双臂外格挡

以左脚掌为轴，右脚向后移步，身体右旋转 180°，面向 D 方向成右弓步，两拳交叉中段外格挡（图 2–2–214）。

图 2–2–207

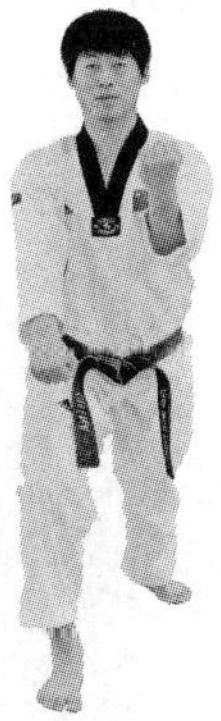
图 2–2–208

图 2–2–209

图 2–2–210

图 2–2–211

图 2–2–212

图 2–2–213

图 2–2–214

18. 左膝击 + 叉步双仰拳

两手做抓住对方双肩的衣襟用力向下压的动作（图 2-2-215），左腿提膝上顶（图 2-2-216）。左脚向前落地成后交叉步，同时做中段双仰拳击打（图 2-2-217）。

19. 步交叉下格挡

右脚后退一步成左弓步，两臂腕部交叉，右臂在上，左侧交叉下格挡（图 2-2-218）。

图 2-2-215

图 2-2-216

图 2-2-217

图 2-2-218

20. 拳外击

以右脚掌为轴，身体左转 90°，面向 A 方向移左脚成前行步，左背拳外击，右拳收于腰侧（图 2-2-219、图 2-2-219 侧视图）。

21. 摆 + 掌肘对击

右脚内摆，手掌与脚在头部高度时对击（图 2-2-220、图 2-2-220 侧视图）。右脚前落成马步，同时右臂屈肘夹紧，用肘尖顶击，左手掌附于右臂，掌肘对击（图 2-2-221、图 2-2-221 侧视图）。

图 2-2-219

图 2-2-219 侧视图

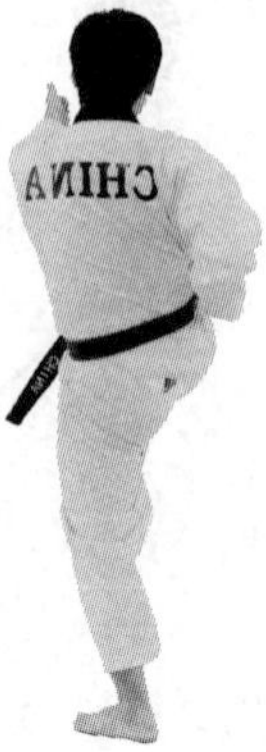
图 2-2-220

图 2-2-220 侧视图

图 2-2-221

图 2-2-221 侧视图

22. 前行步右背拳外击

身体直立，右转 90°，左脚跟步成右前行步，同时右背拳外击，左拳收于腰侧（图 2-2-222、图 2-2-222 侧视图）。

23. 摆 + 掌肘对击

左脚内摆，手掌与脚在头部高度时对击（图 2-2-223、图 2-2-223 侧视图）。左脚前落成马步，同时左臂屈肘夹紧，用肘尖顶击，右手掌附于左臂，掌肘对击（图 2-2-224、图 2-2-224 侧视图）。

图 2-2-222

图 2-2-222 侧视图

图 2-2-223

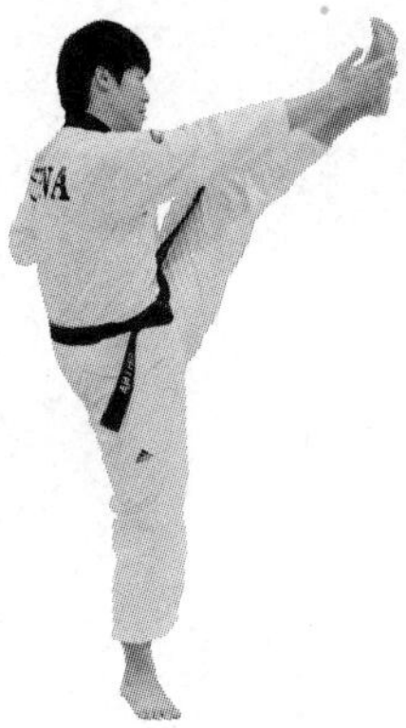

图 2-2-223 侧视图

图 2-2-224

图 2-2-224 侧视图

24. 马步手刀外格挡

两脚不动，左手刀中段外格挡，右拳收于腰侧（图 2-2-225、图 2-2-225 侧视图）。

25. 马步冲拳

以左脚掌为轴旋转 180°，右脚向 A 方向移步成马步，同时向 A 方向右直拳，并随冲拳配合发声，左拳收于腰侧（图 2-2-226、图 2-2-226 侧视图）。

结束式

以右脚掌为轴，身体向左旋转，回到 A 位置，还原成准备式（图 2-2-227）。

图 2-2-225

图 2-2-225 侧视图

图 2-2-226

图 2-2-226 侧视图

图 2-2-227

八、太极八章

太极八章对应着八卦中的“坤”卦，象征着大地，意味着稳定与根源之意。太极八章共27个动作，该品势动作较多，变化也多。新技术有双手中段外格挡、肘部旋击、腾空二段前踢等（图2–2–228）。

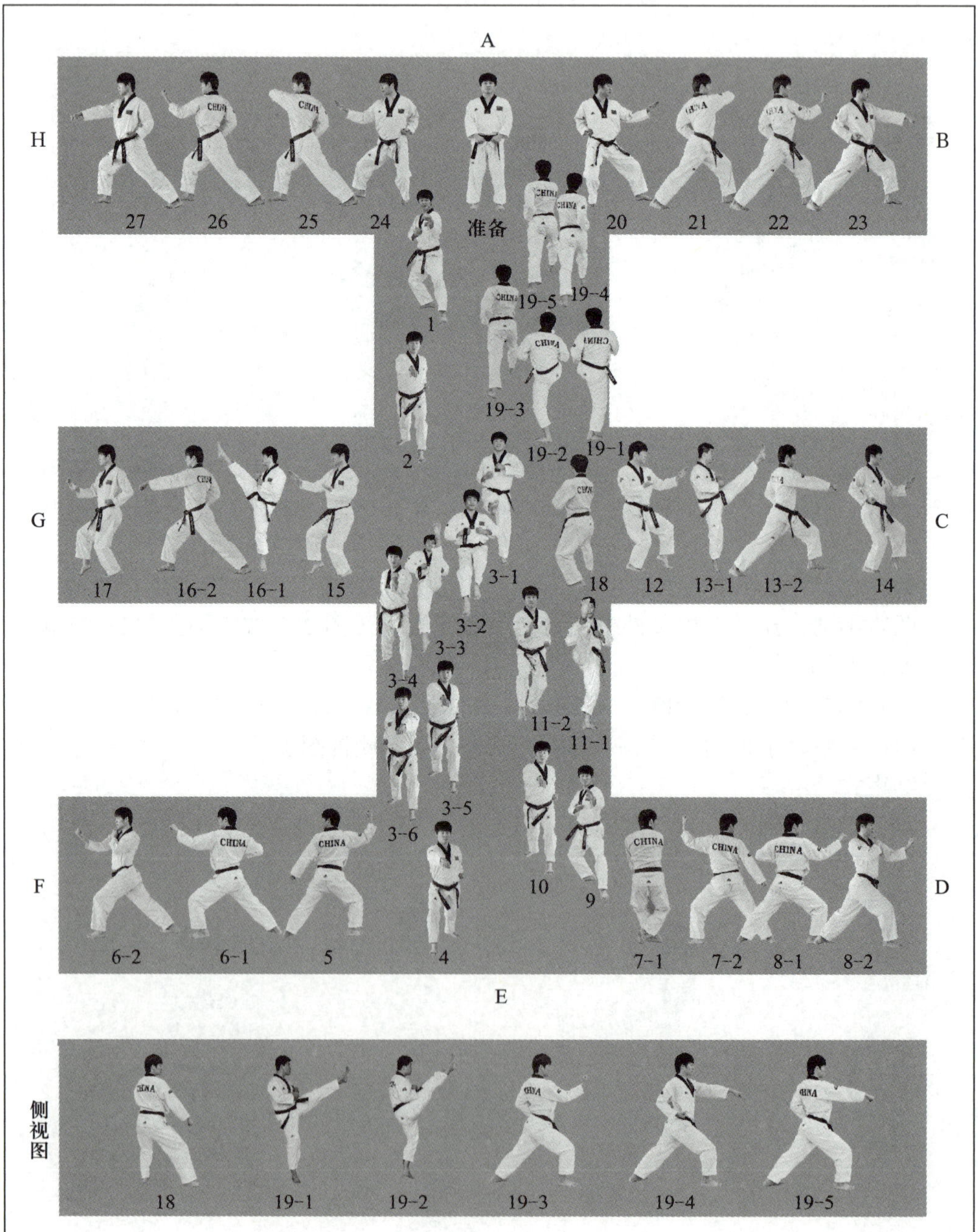

查看完整动作视频

图 2–2–228

准备式

在 A 位置并步站立，左脚向左侧移动一脚距离成开立步，双手刀经腹前至胸口后下行握拳回至腹前成准备式（图 2-2-229）。

1. 三七步左外格挡

左脚向 E 方向上步成左三七步，同时左臂中段外格挡，右拳置于胸前（图 2-2-230）。

2. 左弓步右直拳

身体重心前移，左脚向前移步成左弓步，同时右直拳，左拳收于腰侧（图 2-2-231）。

图 2-2-229

图 2-2-230

图 2-2-231

3. 腾空二段前踢 + 左弓步内格挡 + 右左直拳

右腿前踢（图 2-2-232），身体腾空在空中两腿交换（图 2-2-233），左腿踢击过头并配合发声（图 2-2-234）。左脚前落成左弓步，左臂内格挡，右拳收于腰侧（图 2-2-235）。步型不变，右直拳，左拳回收于腰侧（图 2-2-236）。步型不变，左直拳，右拳收于腰侧（图 2-2-237）。

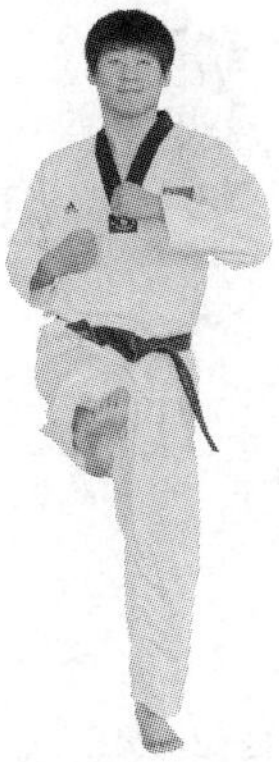
图 2-2-232

图 2-2-233

图 2-2-234

图 2-2-235

图 2-2-236

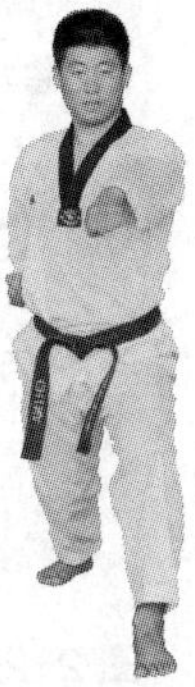
图 2-2-237

4. 右弓步直拳

右脚向前上步成右弓步，同时右直拳，左拳收于腰侧（图 2-2-238）。

5. 右外山势格挡

以右脚掌为轴，身体向左后转 270°，左脚向 F 方向落步成右弓步，右臂上段外格挡，腕部与耳部同高，左臂下格挡，与髋同高，目视左拳（图 2-2-239）。

6. 左弓步 + 右勾拳

以右脚掌为轴，身体左转 90°，面向 F 方向，重心前移成左弓步（图 2-2-240），同时右勾拳，左臂屈肘，左拳置于右肩前（图 2-2-241）。

图 2-2-238　图 2-2-239　图 2-2-240　图 2-2-241

7. 左外山势格挡

左脚向右脚右侧移步成前交叉步，同时右拳放在左肩部，拳心向脸部，左拳放在右髋部，拳心向上（图 2-2-242）。右脚向右上步成左弓步，同时左臂上段外格挡，腕部与耳部同高，右臂下格挡，与髋同高，目视右拳（图 2-2-243）。

8. 右弓步 + 左勾拳

以左脚掌为轴，身体右转 90°，面向 D 方向成右弓步（图 2-2-244），同时左勾拳，右拳屈臂横置于左肩前（图 2-2-245）。

图 2-2-242　图 2-2-243　图 2-2-244　图 2-2-245

9. 三七步手刀中段外格挡

以左脚掌为轴，身体向左后转 270°，面向 E 方向移右脚，左脚在前成左三七步，同时左手刀中段外格挡，右手刀置于胸前，掌心朝上（图 2-2-246）。

10. 左弓步直拳

左脚向前移步成左弓步，同时右直拳，左拳收于腰侧（图 2-2-247）。

11. 右前踢 + 虎步手刀内格挡

右腿前踢（图 2-2-248），面向 E 方向，右脚回收左脚后移一步成右虎步，同时右手刀做中段内格挡，左拳收于腰侧（图 2-2-249）。

12. 左虎步手刀外格挡

以右脚掌为轴，身体左转 90°，左脚向 C 方向移步成左虎步，同时左手刀中段外格挡，右手刀置于胸前，掌心朝上（图 2-2-250）。

图 2-2-246

图 2-2-247

图 2-2-248

图 2-2-249

图 2-2-250

13. 左前踢 + 弓步直拳

左腿前踢（图 2-2-251），前落成左弓步，右直拳，左拳收于腰侧（图 2-2-252）。

14. 左虎步手刀内格挡

左脚回收成左虎步，同时左手刀中段内格挡，右拳收于腰侧（图 2-2-253）。

15. 右虎步手刀外格挡

以左脚掌为轴，身体向右旋转 180°，面向 G 方向成右虎步，右手刀中段外格挡，左手刀置于胸前，掌心朝上（图 2-2-254）。

图 2-2-251

图 2-2-252

图 2-2-253

图 2-2-254

16. 右前踢 + 弓步直拳

右腿前踢（图 2-2-255），前落成右弓步，同时左直拳，右拳收于腰侧（图 2-2-256）。

17. 右虎步手刀内格挡

右脚回收成右虎步，同时右手刀中段内格挡，左拳收于腰侧（图 2-2-257）。

18. 右三七步下格挡

以左脚掌为轴，右脚向右移步，身体右转 90°，面向 A 方向成右三七步，右拳下格挡，左拳置于胸口，拳心向上（图 2-2-258、图 2-2-258 侧视图）。

图 2-2-255

图 2-2-256

图 2-2-257

图 2-2-258

图 2-2-258 侧视图

19. 左前踢 + 右跳前踢 + 右弓步内格挡 + 左右直拳

左腿前踢（图 2-2-259、图 2-2-259 侧视图）。左腿前踢收回同时，原地腾空右腿前踢并配合发声（图 2-2-260、图 2-2-260 侧视图）。右脚前落成右弓步，右臂内格挡，左拳收于腰侧（图 2-2-261、图 2-2-261 侧视图）。步型不变，左直拳接右直拳连续击打（图 2-2-262、图 2-2-262 侧视图、图 2-2-263、图 2-2-263 侧视图）。

图 2-2-259

图 2-2-259 侧视图

图 2-2-260

图 2-2-260 侧视图

图 2-2-261

图 2-2-261 侧视图

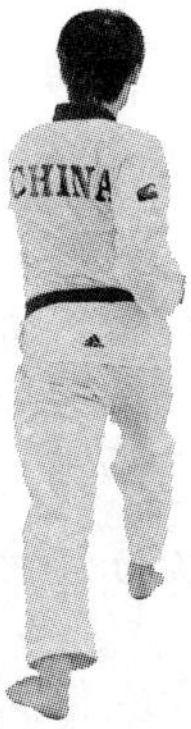
图 2-2-262

图 2-2-262 侧视图

图 2-2-263

图 2-2-263 侧视图

20. 三七步手刀外格挡

以右脚掌为轴，身体向左旋转 270°，面向 B 方向，左脚向左移步成左三七步，同时左拳变手刀做中段外格挡，右拳收于腰侧（图 2-2-264）。

21. 左弓步肘击

左脚向前移步，右脚向内侧旋转半脚成左弓步，右肘内击，左手刀变拳收于腰侧（图 2-2-265）。

22. 右背拳

左弓步不动，右背拳前击（图 2-2-266）。

图 2-2-264

图 2-2-265

图 2-2-266

23. 左直拳

步型不变，左直拳击打（图 2-2-267）。

24. 右三七步手刀外格挡

以左脚掌为轴，身体右后转 180°，面向 H 方向，移右脚成右三七步，右手刀中段外格挡，左拳收于腰侧（图 2-2-268）。

25. 右弓步肘击

右脚向前移步，左脚向内侧旋转半脚成右弓步，同时左肘内击，右手刀变拳收于腰侧（图 2-2-269）。

图 2-2-267

图 2-2-268

图 2-2-269

26. 左背拳

步型不变，左背拳前击（图 2-2-270）。

27. 右直拳

步型不变，右直拳击打（图 2-2-271）。

结束式

以左脚掌为轴旋转，右脚回收，回到 A 位置，还原成准备式（图 2-2-272）。

图 2-2-270

图 2-2-271

图 2-2-272

第三节　高丽、金刚、太白

一、高丽

高丽品势的含义为“士”，指尚武精神和绅士风度。该品势较太极品势而言，动作复杂多变、节奏较快。高丽品势共有 30 个动作，其中包括连续的中高段侧踢、虎口前击、拳掌对击、手刀连续上中段外格挡等动作（图 2-3-1）。

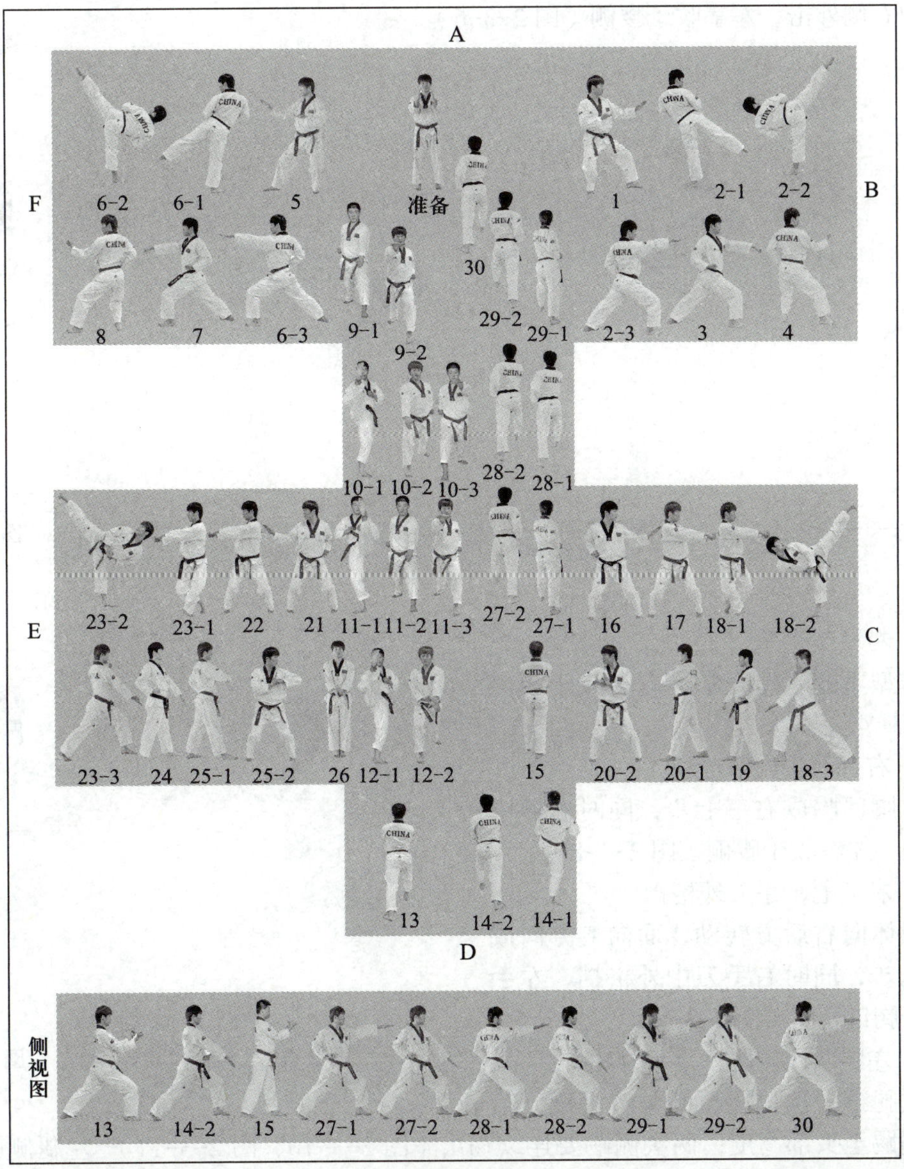

查看完整动作视频

图 2-3-1

准备式

在 A 位置并步姿势站立，左脚向左侧迈出，形成开立步，双手刀由腹前经胸前抬至面部，两掌心相对（图 2-3-2）。

图 2-3-2

1. 左三七步手刀外格挡

身体左转，面向 B 方向成左三七步，同时左手刀中外格挡，右手刀置于胸口高度（图 2-3-3）。

2. 右腿两次侧踢 + 手刀外击

右腿第一次侧踢至膝关节高度，第二次侧踢至头部高度，两次侧踢要连续踢出（图 2-3-4、图 2-3-5）。右腿侧踢前落成右弓步，同时右手刀由左肩向右侧外击，左拳收于腰侧（图 2-3-6）。

图 2-3-3

图 2-3-4

图 2-3-5

图 2-3-6

3. 右弓步直拳

步型不变，左直拳，右拳收于腰侧（图 2-3-7）。

4. 右三七步内格挡

右脚回收成右三七步，同时右臂中内格挡，左拳收于腰侧（图 2-3-8）。

5. 右三七步手刀外格挡

身体向右后方转动，面向 F 方向成右三七步，同时右手刀中外格挡，左手刀置于胸口高度（图 2-3-9）。

图 2-3-7

图 2-3-8

6. 左腿两次侧踢 + 手刀外击

左腿第一次侧踢至膝关节高度，第二次侧踢至头部高度，两次侧踢要连续踢出（图 2-3-10、图 2-3-11）。左腿侧踢前落成左弓步，同时左手刀由右肩向左侧外击，右拳收于腰侧（图 2-3-12）。

图 2-3-9

图 2-3-10

图 2-3-11

图 2-3-12

7. 左弓步直拳

步型不变，右直拳，左拳收于腰侧（图 2-3-13）。

8. 左三七步内格挡

左脚回收成左三七步，同时左臂中内格挡，右拳收于腰侧（图 2-3-14）。

9. 左弓步手刀下格挡 + 虎口前击

身体左转，面向 D 方向成左弓步，同时左手刀下格挡，右拳收于腰侧（图 2-3-15）。步型不变，右手向前上方颈部高度做虎口前击，左拳收于腰侧（图 2-3-16）。

图 2-3-13

图 2-3-14

图 2-3-15

图 2-3-16

10. 右前踢 + 手刀下格挡 + 虎口前击

右腿前踢，右拳、左拳前后放置胸前（图 2-3-17）。右脚前落成右弓步，同时右手刀下格挡，左拳收于腰侧（图 2-3-18）。步型不变，左手向前上方颈部高度做虎口前击，右拳收于腰侧（图 2-3-19）。

11. 左前踢 + 手刀下格挡 + 虎口前击（发声）

左腿前踢，左拳、右拳前后放置胸前（图 2-3-20）。左脚前落成左弓步，同时左手刀下格挡，右拳收于腰侧（图 2-3-21）。步型不变，右手向前上方颈部高度做虎口前击。配合发声“哈”（图 2-3-22）。

图 2-3-17

图 2-3-18

图 2-3-19

图 2-3-20

图 2-3-21

图 2-3-22

12. 右前踢 + 虎口下击

右腿前踢，右拳、左拳前后放置胸前（图 2-3-23）。右脚前落成右弓步，同时左手刀下击，右手掌心朝上放置于左肘关节下方两拳距离处（图 2-3-24）。

13. 右弓步双臂外格挡

左脚向前迈出，面向 A 方向，转身落脚成右弓步，同时两手握拳，左前臂与右前臂胸前交叉，拳心朝外，向两侧做中外格挡，两手臂与肩同宽，拳与肩同高，两拳心朝内（图 2-3-25、图 2-3-25 侧视图）。

图 2-3-23

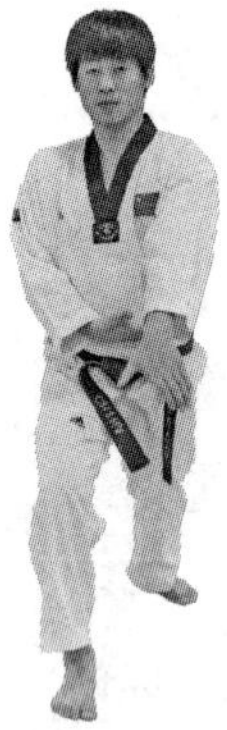
图 2-3-24

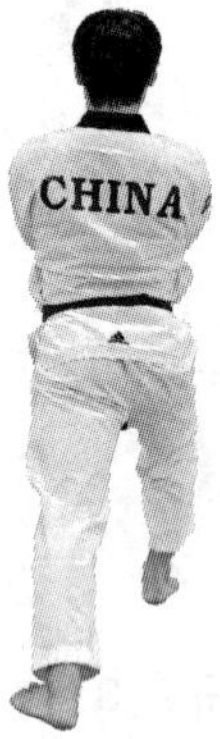

图 2-3-25

图 2-3-25 侧视图

14. 左前踢 + 虎口下击

左腿前踢，左拳、右拳前后放置胸前（图 2-3-26、图 2-3-26 侧视图）。左脚前落成左弓步，同时右手刀下击，左手掌心朝上放置于右肘关节下方两拳距离处（图 2-3-27、图 2-3-27 侧视图）。

图 2-3-26

图 2-3-26 侧视图

图 2-3-27

图 2-3-27 侧视图

15. 左前行步双臂外格挡

收左脚成左前行步，同时两手握拳，右前臂与左前臂胸前交叉，拳心朝外，向两侧做中外格挡，两手臂与肩同宽，两拳心朝内（图 2-3-28、图 2-3-28 侧视图）。

16. 马步手刀外格挡

身体向右后方转动，面向 C 方向成马步，同时左手刀中外格挡，右拳收于腰侧（图 2-3-29）。

图 2-3-28

图 2-3-28 侧视图

图 2-3-29

17. 拳掌对击

步型不变，右拳向左掌方向经胸前拳心向下直线击出，形成拳掌对击于胸口高度（图 2-3-30）。

18. 右交叉步左侧踢 + 弓步手刀下刺

保持拳掌对击，右脚经左脚向前落下，成右交叉步，手部位置不变（图 2-3-31）。左腿侧踢，左右拳放置于右腰侧（图 2-3-32）。左腿侧踢完成收腿，同时左臂弯曲，左手掌心向下放置于左肩下方一拳高度处，右臂自然伸直，掌心向下位于腰部高度，面向 E 方向。左脚下落成右弓步，面向 E 方向，同时左手刀向下刺击，右手掌心朝上，放置于左肩前上方（图 2-3-33）。

图 2-3-30

图 2-3-31

图 2-3-32

图 2-3-33

19. 右前行步下格挡

右脚回收成右前行步，同时右臂下格挡，左拳收于腰侧（图 2-3-34）。

20. 左前行步压掌 + 右肘侧击

左脚向前迈出成左前行步，同时左手刀体前下压，右拳收于腰侧（图 2-3-35）。身体左转右脚向前成马步，同时右肘侧击，左掌与右拳合于右肩侧（图 2-3-36）。

21. 马步手刀外格挡

步型不变，右手刀中外格挡，左拳收于腰侧（图 2-3-37）。

图 2-3-34

图 2-3-35

图 2-3-36

图 2-3-37

22. 拳掌对击

马步不变，左拳拳心向下，向右掌方向经胸前直线击出，形成拳掌对击（图 2-3-38）。

23. 左交叉步右侧踢 + 弓步手刀下刺

保持拳掌对击，左脚经右脚向前落下，成左交叉步，手部位置不变（图 2-3-39）。右腿侧踢，左右拳放置于左腰侧（图 2-3-40）。右脚侧踢完成收腿，同时左臂弯曲，右手掌心向下放置于左肩下方一拳高度处，左臂自然伸直，掌心向下位于腰部高度，面向 C 方向。右脚下落成左弓步，面向 C 方向，同时右手刀向下刺击，右手掌心朝上，左手刀掌心朝上，放置于右肩上方（图 2-3-41）。

图 2-3-38

图 2-3-39

图 2-3-40

图 2-3-41

24. 左前行步下格挡

左脚回收成左前行步，同时左臂下格挡，右拳收于腰侧（图 2-3-42）。

25. 右前行步压掌 + 左肘侧击

右脚向前迈出成右前行步，同时右手刀体前下压，左拳收于腰侧（图 2-3-43）。身体右转左脚向前成马步，同时左肘侧击，右掌与左拳合于左肩侧（图 2-3-44）。

图 2-3-42

图 2-3-43

26. 并步拳掌对击

右脚向左脚靠拢，面向 D 方向成并步，同时左右手上举至头上方，两手掌相叠，掌心朝前。两手掌分别向身体两侧分开至与肩同高时，左手握拳，两手继续向下合于小腹前，形成拳掌对击（图 2-3-45、图 2-3-46、图 2-3-47、图 2-3-48、图 2-3-49）。

图 2-3-44

图 2-3-45

图 2-3-46

图 2-3-47

图 2-3-48

图 2-3-49

27. 左弓步手刀外击 + 手刀下格挡

身体向左后方转动，面向 A 方向成左弓步，同时左手刀外击，掌心朝下至颈部高度，右拳收于腰侧（图 2-3-50、图 2-3-50 侧视图）。步型不变，左手刀下格挡，右拳收于腰侧（图 2-3-51、图 2-3-51 侧视图）。

图 2-3-50

图 2-3-50 侧视图

图 2-3-51

图 2-3-51 侧视图

28. 右弓步手刀内击 + 手刀下格挡

右脚向前成右弓步，同时右手刀掌心朝内击，至颈部高度，左拳收于腰侧（图 2-3-52、图 2-3-52 侧视图）。步型不变，右手刀下格挡，左拳收于腰侧（图 2-3-53、图 2-3-53 侧视图）。

29. 左弓步手刀内击 + 手刀下格挡

左脚向前成左弓步，同时左手刀掌心朝上内击，至颈部高度，右拳收于腰侧（图 2-3-54、图 2-3-54 侧视图）。步型不变，左手刀下格挡，右拳收于腰侧（图 2-3-55、图 2-3-55 侧视图）。

图 2-3-52

图 2-3-52 侧视图

图 2-3-53

图 2-3-53 侧视图

图 2-3-54

图 2-3-54 侧视图

图 2-3-55

图 2-3-55 侧视图

30. 右弓步虎口前击

右脚向前成右弓步，同时右手向前上方颈部高度做虎口前击，配合发声“哈”，左拳收于腰侧（图 2-3-56、图 2-3-56 侧视图）。

收式

身体向左后方转动，还原至 A 位置，成开立步手刀起势（图 2-3-57）。

图 2-3-56

图 2-3-56 侧视图

图 2-3-57

二、金刚

金刚象征着强劲与稳重。以“山”字形为演练路线。金刚品势共有 27 个动作，特点突出，其中有鹤立步金刚格挡、山形格挡、马步正拳侧击等（图 2-3-58）。

图 2-3-58

准备式

在 A 位置开立步站立，成准备式（图 2-3-59）。

1. 左弓步双臂外格挡

面向 D 方向，左脚向前成左弓步，同时两前臂交叉，拳心朝外，由胸前向前方做中段外格挡，拳心朝内，与肩同高，手臂间距同肩宽（图 2-3-60）。

2. 右弓步掌根前击

右脚向前成右弓步，同时右手掌根由右腰间向斜上方推出至下颌高度，左拳收于腰侧（图 2-3-61）。

3. 左弓步掌根前击

左脚向前成左弓步，同时左手掌根由左腰间向斜上方推出至下颌高度，右拳收于腰侧（图 2-3-62）。

4. 右弓步掌根前击

右脚向前成右弓步，同时右手掌根由右腰间向斜上方推出至下颌高度，左拳收于腰侧（图 2-3-63）。

图 2-3-59

图 2-3-60

图 2-3-61

图 2-3-62

图 2-3-63

5. 左三七步手刀内格挡

右脚回撤至左脚后方，面向 D 方向，向 A 方向回撤成左三七步，同时左手刀做中段内格挡，右拳收于腰侧（图 2-3-64）。

6. 右三七步手刀内格挡

左脚回撤至右脚后方，成右三七步，同时右手刀做中段内格挡，左拳收于腰侧（图 2-3-65）。

7. 左三七步手刀内格挡

右脚回撤至左脚后方，成左三七步，同时左手刀做中段内格挡，右拳收于腰侧（图 2-3-66）。

8. 右鹤立步金刚格挡

面向 D 方向，回收左脚至右腿膝部，左脚踝紧贴右膝成右鹤立步（图 2-3-67），同时右拳由左腰间经左臂向上做上格挡，左拳由右肩部经左膝部向左下方做下格挡，当左臂下格挡经过左膝部时，头部顺势向左侧转动，目视左侧，成金刚格挡（图 2-3-68）。

图 2-3-64

图 2-3-65

图 2-3-66

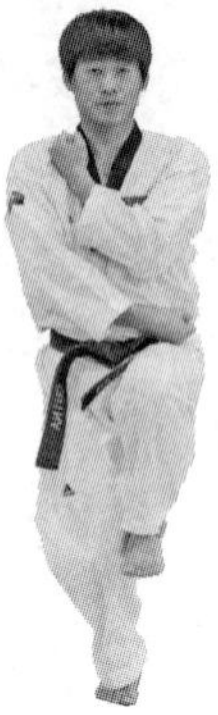
图 2-3-67

图 2-3-68

9. 马步正拳侧击

落左脚成马步，右拳从右腰间沿胸前向左侧击出，成正拳侧击，目视左侧，左拳收于腰侧（图 2-3-69）。

10. 右交叉步 + 马步正拳侧击

右脚经左脚前方向左侧迈出，成右交叉步，同时右拳收于右腰侧，左前臂横至胸前，目视左侧（图 2-3-70）。左旋 360° 落脚成马步，同时左拳回收至腰侧，右拳沿胸前向左侧击出，成正拳侧击，目视左侧（图 2-3-71）。

11. 马步山形格挡（发声）

右腿提膝，右脚尖微微勾起，右拳放置于头部右侧后方，拳心朝外，左拳放置于右腰侧，拳心朝下（图 2-3-72）。以左脚为轴右转 90° ，面向 C 方向，成马步同时右臂内格挡，左臂外格挡，腕关节与太阳穴同高，拳心相对，拳面朝上，形成山形格挡，发声“哈”，目视右拳（图 2-3-73）。

图 2-3-69

图 2-3-70

图 2-3-71

图 2-3-72

图 2-3-73

12. 马步双臂外格挡

左脚上步，身体向右前方内旋 180° ，面向 F 方向成马步，同时两前臂由胸前交叉，拳心朝外，做中段外格挡（图 2-3-74）。

13. 开立步下格挡

左脚向右侧回收，身体直立成开立步，同时两手臂由胸前交叉向下做下格挡（图 2-3-75）。

14. 马步山形格挡

左腿提膝，左脚尖微微勾起，同时左拳放置于头部左侧后方，拳心朝外，右拳放置于左腰侧，拳心朝下（图 2-3-76）。以右脚为轴左转 180°，面向 A 方向成马步，同时左臂向身体左侧做内格挡，右臂向身体右侧做外格挡，腕关节与太阳穴同高，形成山形格挡，目视左拳（图 2-3-77）。

图 2-3-74

图 2-3-75

15. 左鹤立步金刚格挡

以左脚为轴向右转动 90°，面向 F 方向，收右脚至左腿膝部，成左鹤立步（图 2-3-78），同时左拳上格挡，右拳下格挡，头部右转，目视右侧，成金刚格挡（图 2-3-79）。

16. 马步正拳侧击

落右脚成马步，左拳从左腰间沿胸前向右侧击出，成正拳侧击，目视右侧，右拳收于腰侧（图 2-3-80）。

图 2-3-76

图 2-3-77

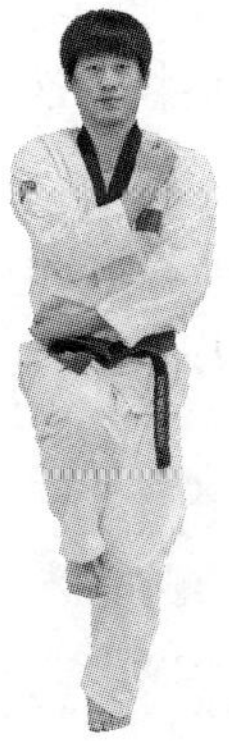
图 2-3-78

图 2-3-79

图 2-3-80

17. 左交叉步 + 马步正拳侧击

左脚经右脚前方向右侧迈出，成左交叉步，同时左拳收于左腰侧，右前臂横至胸前，目视右侧（图 2-3-81）。右旋 360° 落脚成马步，同时右拳收至腰侧，左拳沿胸前向右侧击出，成正拳侧击，目视右侧（图 2-3-82）。

18. 左独立鹤立步金刚格挡

面向 F 方向，收右脚至左腿膝部，成左鹤立步（图 2-3-83），同时左拳由右腰间经右臂向上做上格挡，右拳由左肩部经右膝部向右下方做下格挡，成金刚格挡，目视右侧（图 2-3-84）。

19. 马步正拳侧击

落右脚成马步，左拳从左腰间沿胸前向右侧击出，成正拳侧击，目视右侧，右拳收于腰侧（图 2-3-85）。

图 2-3-81

图 2-3-82

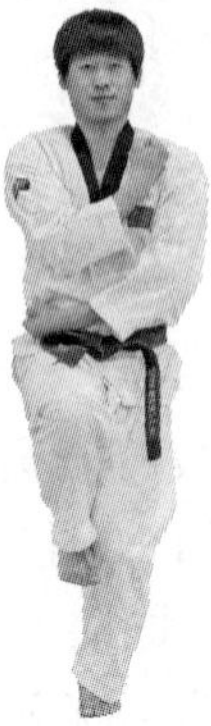

图 2-3-83

图 2-3-84

图 2-3-85

20. 左交叉步 + 马步正拳侧击

左脚经右脚前方向右侧迈出，成左交叉步，同时左拳收于左腰侧，右前臂横至胸前，目视右侧（图 2-3-86）。右旋 360° 落脚成马步，同时右拳收至腰侧，左拳沿胸前向右侧击出，成正拳侧击，目视右侧（图 2-3-87）。

21. 马步山形格挡（发声）

左腿提膝，左脚尖微微勾起，同时左拳放置于头部左侧后方，拳心朝外，右拳放置于左腰间，拳心朝下（图 2-3-88）。面向 E 方向，以右脚掌为轴左转 90° 成马步，同时左臂内格挡，右臂外格挡，腕关节与太阳穴同高，形成山形格挡，发声"哈"，目视左拳（图 2-3-89）。

22. 马步双臂外格挡

右脚上步，身体向左前方内旋 180°，面向 B 方向成马步，同时两手前臂由胸前交叉，拳心朝外，做中段外格挡，拳心朝内（图 2-3-90）。

图 2-3-86

图 2-3-87

图 2-3-88

图 2-3-89

图 2-3-90

23. 开立步下格挡

右脚向左侧回收，身体直立成开立步，同时两手臂由胸前交叉向下做双手交叉下格挡（图 2-3-91）。

24. 马步山形格挡

右腿提膝，右脚尖微微勾起，同时右拳放置于头部右侧后方，拳心朝外，左拳放置于右腰间，拳心朝下（图 2-3-92）。以左脚掌为轴左转 90°，面向 A 方向成马步，同时右臂向身体右侧做内格挡，左臂向身体左侧做外格挡，腕关节与太阳穴同高，形成山形格挡，目视右拳（图 2-3-93）。

25. 右鹤立步金刚格挡

身体左转，面向 A 方向，收左脚至右腿膝部成右鹤立步（图 2-3-94），同时右拳由左腰间经左臂向上做上格挡，左拳由右肩部经左膝部向左下方做下格挡，成金刚格挡，目视左侧（图 2-3-95）。

图 2-3-91

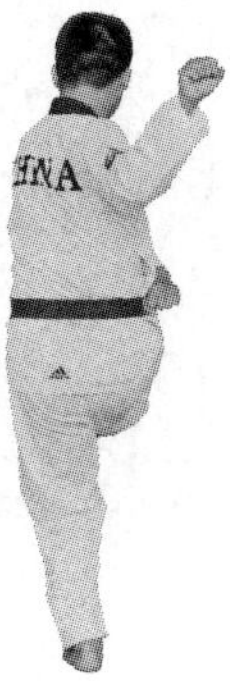
图 2-3-92

图 2-3-93

图 2-3-94

图 2-3-95

26. 马步右正拳侧击

落左脚成马步，右拳从右腰间沿胸前向左侧击出，成正拳侧击，目视左侧，左拳收于腰侧（图 2-3-96）。

27. 右交叉步 + 马步右正拳侧击

右脚经左脚前方向左侧迈出，成右交叉步，同时右拳收丁右腰侧，左前臂横至胸前，目视左侧（图 2-3-97）。左旋 360° 落脚成马步，同时左拳回收至腰侧，右拳沿胸前向左侧击出，成正拳侧击，目视左侧（图 2-3-98）。

结束式

收左脚，成开立步，至 A 位置，还原成准备式（图 2-3-99）。

图 2-3-96

图 2-3-97

图 2-3-98

图 2-3-99

三、太白

太白品势象征传统的开端。演武路线为“工”字形，“工”字暗示着天、地、人，表示天人合一的思想。太白品势共有 26 个动作，其中包括虎步双手刀下格挡、金刚中段格挡、背拳外击等动作（图 2-3-100）。

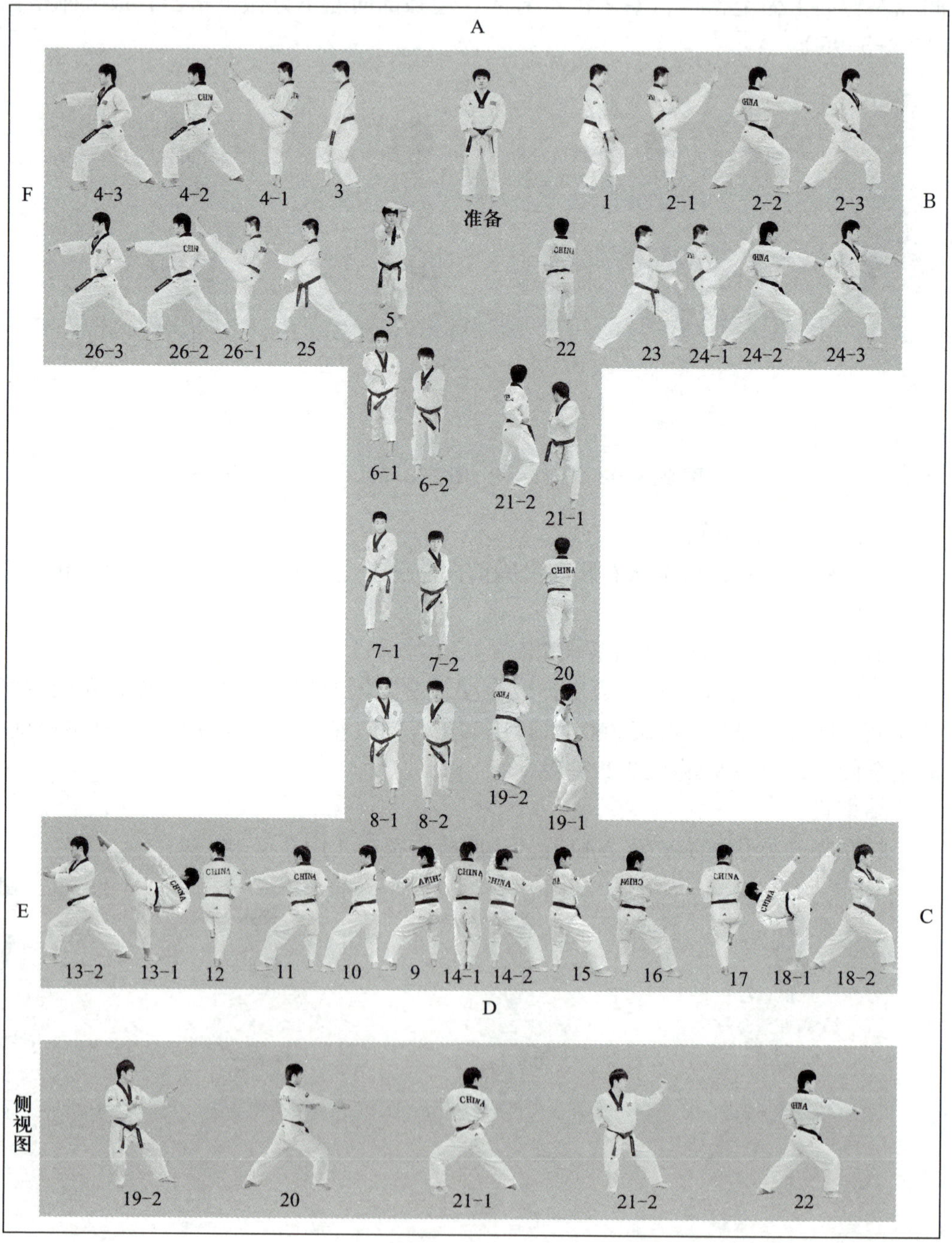

图 2-3-100

查看完整动作视频

准备式

在 A 位置开立步站立，成准备式（图 2-3-101）。

1. 左虎步双手刀下格挡

身体左转，面向 B 方向成左虎步，同时两前臂胸前交叉，两手刀向身体两侧下方做分手下格挡，两手臂在体前与左腿一线（图 2-3-102）。

2. 右前踢 + 弓步直拳

右腿前踢，右拳、左拳前后放置胸前（图 2-3-103）。右脚前落成右弓步，同时右拳、左拳做两次中段直拳（图 2-3-104、图 2-3-105）。

图 2-3-101

图 2-3-102

图 2-3-103

图 2-3-104

图 2-3-105

3. 右虎步双手刀下格挡

身体向右后方转动，面向 F 方向成右虎步，同时两前臂胸前交叉，两手刀向身体两侧下方做分手下格挡（图 2-3-106）。

4. 左前踢 + 弓步直拳

左腿前踢，左拳、右拳前后放置胸前（图 2-3-107）。左脚前落成左弓步，同时左拳、右拳做两次中段直拳（图 2-3-108、图 2-3-109）。

图 2-3-106

图 2-3-107

图 2-3-108

图 2-3-109

5. 左弓步手刀攻击

身体左转，面向 D 方向成左弓步，同时左手刀上格挡，右手刀形成燕子手刀颈部攻击（图 2–3–110）。

6. 右弓步直拳

步型不变，上体微微左转，右手刀以右肘关节为轴向内侧下方做拨挡动作，同时左手握拳收于左腰侧，右脚向前迈出成右弓步，同时左拳做中段直拳，右拳收于腰侧（图 2–3–111、图 2–3–112）。

7. 左弓步直拳

步型不变，上体微微右转，左拳变手刀以左肘关节为轴向内侧下方做拨挡动作，右拳于右腰侧保持不变，左脚向前迈出成左弓步，同时右拳做中段直拳，左拳收于腰侧（图 2–3–113、图 2–3–114）。

图 2–3–110

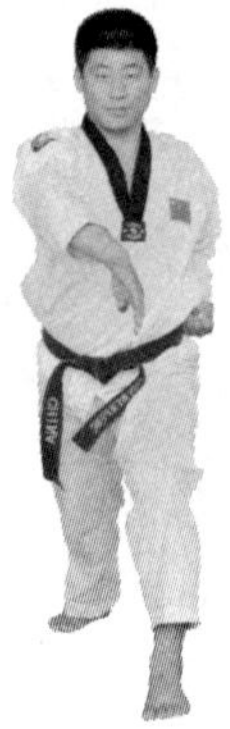
图 2–3–111

图 2–3–112

图 2–3–113

图 2–3–114

8. 右弓步直拳（发声）

步型不变，上体微微左转，右拳变手刀以右肘关节为轴向内侧下方做拨挡动作，左拳于左腰侧保持不变，右脚向前迈出成右弓步，同时左拳做中段直拳，右拳收于腰侧，发声“哈”（图 2–3–115、图 2–3–116）。

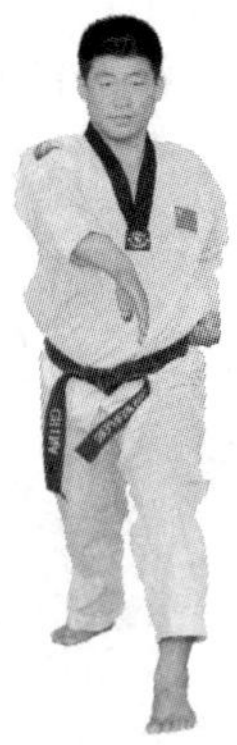
图 2–3–115

图 2–3–116

9. 左三七步金刚格挡

身体向左后方转动，面向 E 方向成左三七步，同时右拳由右腰间经左肘关节做上格挡，左拳拳心向下由右侧腰间向左前侧方做中段外格挡，形成金刚中段外格挡，目视左拳（图 2–3–117）。

10. 左三七步勾拳

步型不变，右拳经右胸向左侧上方做勾拳，至下颌高度，左拳收于右肩上方（图 2–3–118）。

11. 左三七步直拳

步型不变，右手臂前伸做引拳，左拳收至腰侧后做直拳（图 2–3–119），右拳收于腰侧。

图 2-3-117

图 2-3-118

图 2-3-119

12. 右鹤立步左脚提膝

右脚不动，左脚提膝成右鹤立步，双拳置于右侧腰部（图 2-3-120）。

13. 左侧踢 + 弓步掌肘对击

左腿侧踢，左拳向左侧横向击出（图 2-3-121）。左脚前落成左弓步，同时右肘向左掌心方向击出，形成掌肘对击，右肘尖朝前（拳心朝下）（图 2-3-122）。

图 2-3-120

图 2-3-121

图 2-3-122

14. 右三七步金刚格挡

左脚向右脚靠拢成并步后，面向 C 方向，右脚向右侧迈出成右三七步，同时左拳由左腰间经右肘关节做上格挡，右拳拳心向下由左侧腰间向右前方（侧方）做中段外格挡，形成金刚中段外格挡，目视右拳（图 2-3-123、图 2-3-124）。

15. 右三七步勾拳

步型不变，左拳由左胸向右侧上方做勾拳，至下颌高度，右拳收于左肩上方（图 2-3-125）。

16. 右三七步直拳

步型不变，左手臂前伸，右拳收至腰侧后做直拳（图 2-3-126），左拳收于腰侧。

17. 左鹤立步右脚提膝

左脚不变，右脚提膝成左鹤立步，双拳置于左侧腰部（图 2-3-127）。

图 2-3-123

图 2-3-124

图 2-3-125

图 2-3-126

图 2-3-127

18. 右侧踢 + 弓步掌肘对击

右腿侧踢，右拳向右侧横向击出（图 2-3-128）。右脚前落成右弓步，同时左手肘向右掌心方向击出，形成掌肘对击，左肘尖朝前拳心朝下（图 2-3-129）。

图 2-3-128

图 2-3-129

19. 左三七步手刀格挡

右脚向左脚靠拢成并步后，面向 A 方向，左脚向前迈出成左三七步，同时左手刀做中段格挡，右手刀放置于胸前（图 2-3-130、图 2-3-131、图 2-3-131 侧视图）。

20. 右三七步手刀刺击

右脚向前迈出成右弓步，同时左手刀下压，右手刀收至腰间后向胸前平手尖刺击，左手刀放置右臂肘关节处，掌心朝下（图 2-3-132、图 2-3-132 侧视图）。

图 2-3-130

图 2-3-131

图 2-3-131 侧视图

图 2-3-132

图 2-3-132 侧视图

21. 左弓步右掌内旋解脱 + 背拳外击

以右脚掌为轴身体向左后方旋转成左弓步，同时右掌向下内旋做解脱，右掌掌背贴于后腰部，左掌水平放置于右胸（图 2–3–133、图 2–3–133 侧视图）。身体以右脚掌为轴向左后方转动，成左三七步，同时左拳由右肩向左上方做背拳外击，右拳收于腰侧（图 2–3–134、图 2–3–134 侧视图）。

图 2–3–133

图 2–3–133 侧视图

图 2–3–134

图 2–3–134 侧视图

22. 右弓步直拳（发声）

右脚向前迈出成右弓步，同时右直拳，左拳收于腰侧，发声（图 2–3–135、图 2–3–135 侧视图）。

23. 左弓步剪刀格挡

身体向左后方转动，面向 B 方向成左弓步，同时右拳由左腰间经左肘关节做中段外格挡，左拳由右肩上方向下做下格挡，形成剪刀格挡（图 2–3–136）。

图 2–3–135

图 2–3–135 侧视图

图 2–3–136

24. 右前踢＋弓步直拳

右腿前踢，右拳、左拳前后放置胸前（图 2–3–137），右脚前落成右弓步，同时右拳、左拳做两次中段直拳（图 2–3–138、图 2–3–139）。

25. 右弓步剪刀格挡

身体向右后方转动，面向 F 方向成右弓步，同时左拳由右腰间经右肘关节做中段外格挡，右拳由左肩上方向下做下格挡，形成剪刀格挡（图 2–3–140）。

图 2–3–137

图 2–3–138

图 2–3–139

图 2–3–140

26. 左前踢＋弓步直拳

左腿前踢，左拳、右拳前后放置胸前（图 2–3–141）。左脚前落成左弓步，同时左拳、右拳做两次中段直拳（图 2–3–142、图 2–3–143）。

结束式

收左脚，成开立步，至 A 位置，还原成准备式（图 2–3–144）。

图 2–3–141

图 2–3–142

图 2–3–143

图 2–3–144

第四节　跆拳道击破与防身术

击破与防身术是跆拳道的两种表现形式，击破是用跆拳道技术击破硬物的练习形式，可以锻炼技术的攻击威力与技巧，还可用于表演。防身术是使用跆拳道技术打击侵犯者、保护自己的方法，主要体现跆拳道的攻防格斗作用。

一、跆拳道击破

跆拳道击破经常用于跆拳道表演和宣传，是跆拳道运动的一种重要表现形式。看过跆拳道击破表演的人，会被跆拳道击破所展现的强大威力和高超技巧所震撼。

在跆拳道击破的过程中，需要练习者注意力高度集中，身体和精神全面参与。击破练习的过程是一个循序渐进的过程。击破时还要掌握把持击破物方法、站位和搭人塔方法，掌握击破技术和技巧。跆拳道特技是指击破者在身体腾空、翻转、连击等情况下完成的击破动作。练习跆拳道击破和特技需要在专业教师的指导下进行，腾空、翻转、连击等难度技术有时还需要借助专门的场地和器械，在教练的保护帮助下学习完成。

完美的技术动作能够保证练习者在击破过程中获得最佳的击打力度、最好的击打角度以及最精确的击打位置。打击力的方向和击破物相垂直，作用点在击破物的正中央。硬物越厚、越坚硬、越小，则击破的难度越大。击破表演者要量力而行，预防和避免伤害事故发生。

（一）击破的持板方法

握持木板是成功击破木板的重要一环。要求握板放置位置要使身体避开击破者的打击路线，以防被击破的木板碎块划伤。在击破的瞬间要求持板者保持手臂、腕部和手指用力，站姿稳固，躯干有力，不能有丝毫放松。否则击破会因目标移动或缓冲而导致击破失败。

1. 单人持板

单人用单手或双手大拇指与四指分别握住木板的两面（或两端）（图 2-4-1、图 2-4-2、图 2-4-3、图 2-4-4、图 2-4-5、图 2-4-6）。

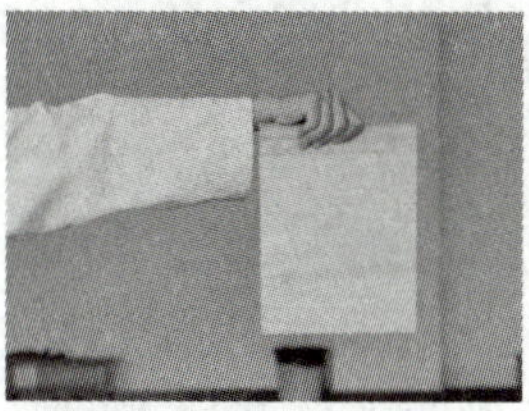
图 2-4-1

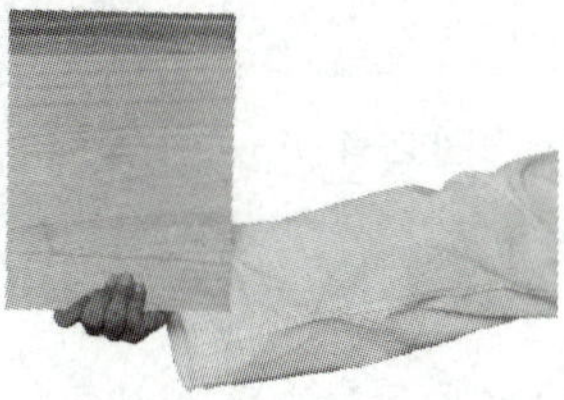
图 2-4-2

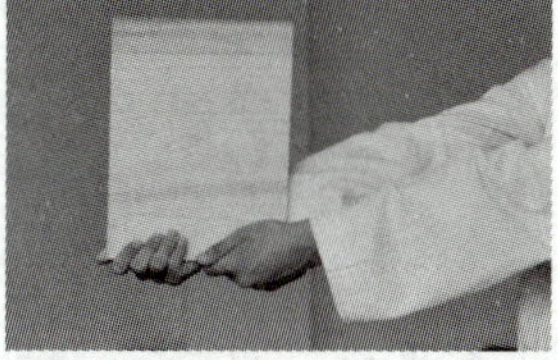
图 2-4-3

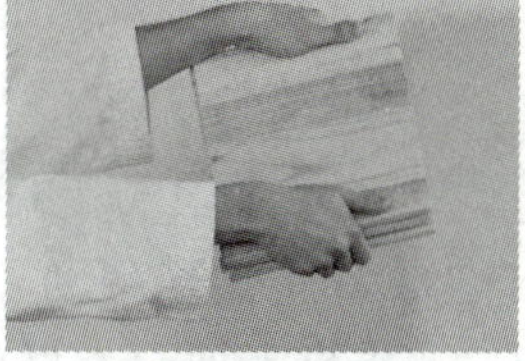
图 2-4-4

图 2-4-5

图 2-4-6

2. 双人或多人持板

双人或多人共同握持木板有多种形式，主要分为站立地面和搭人塔两类（图 2-4-7、图 2-4-8、图 2-4-9、图 2-4-10）。握持动作和位置的设计需要根据击破的技术进行设计，主要根据击破的次数选择木板数量，根据击破的路线确定木板位置和方向，根据动作行进的距离决定持板者的站位。跆拳道击破表演分为固定持板击破和移动持板击破。持板人和木板固定位置，击破者移动去击破为固定持板击破。击破者不动，拿板人移动去接近击破者形成的击破为移动持板击破。

图 2-4-7

图 2-4-8

图 2-4-9

图 2-4-10

（二）击破实例

击破者要事先做好准备活动，使身体和精神达到适宜的兴奋状态。击破时要按照技术的发力顺序，协调发挥全身的力量，击中目标时爆发式快速用力。腾空踢击大多数需要借助助跑，提高跳起高度或延长空中动作时间来完成击破动作。有时借助蹬踏同伴双臂胸前交叉位置，或者后背（事先站在相应位置，摆好姿势）等，跳向更高位置。

击破的硬物常用的有木板、砖、瓦等。下面以击破木板为例说明。

1. 拳击破

击破者与助手到指定位置相互敬礼，助手握好木板后，击破人用后手直拳击打木板中央位置，用拳锋接触木板（图 2–4–11），完成击破后，清理场地碎板，相互敬礼。

2. 手刀击破

击破者与助手到指定位置相互敬礼，助手握好木板，击破者用后手手刀击打木板中央位置，用小指掌侧接触木板（图 2–4–12），完成击破后，清理场地碎板，相互敬礼。

图 2–4–11

图 2–4–12

3. 前踢击破

击破者与助手到指定位置相互敬礼，助手握好木板，击破者用前踢技术踢击木板中央位置，脚趾翘起，用脚掌接触木板（图 2–4–13），完成击破后，清理场地碎板，相互敬礼。

4. 下劈踢击破

击破者与助手到指定位置相互敬礼，助手握好木板，击破者用下劈踢技术踢击木板中央位置，用脚底接触木板（图 2–4–14），完成击破后，清理场地碎板，相互敬礼。

图 2–4–13

图 2–4–14

5. 侧踢击破

击破者与助手到指定位置相互敬礼，助手握好木板，击破者用侧踢技术踢击木板中央位置，用脚掌或脚跟接触木板（图 2–4–15），完成击破后，清理场地碎板，相互敬礼。

6. 横踢击破

击破者与助手到指定位置相互敬礼，助手握好木板，击破者用横踢技术踢击木板中央位置，脚趾翘起，用脚背接触木板（图 2–4–16），完成击破后，清理场地碎板，相互敬礼。

图 2-4-15

图 2-4-16

7. 旋风踢击破

击破者与助手到指定位置相互敬礼，助手握好木板，击破者用旋风踢技术踢击木板中央位置，用脚背接触木板（图 2-4-17），完成击破后，清理场地碎板，相互敬礼。

8. 后旋踢击破

击破者与助手到指定位置相互敬礼，助手握好木板，击破者用后旋踢技术踢击木板中央位置，用脚跟或脚掌接触木板（图 2-4-18），完成击破后，清理场地碎板，相互敬礼。

图 2-4-17

图 2-4-18

9. 跳起分腿击破

击破者与助手到指定位置相互敬礼，两名助手分别骑坐在另两名助手的肩上，面对面站在合适位置并握持好木板，击破者通过助跑起跳用双脚向上踢击木板（图 2-4-19），完成击破后，清理场地碎板，相互敬礼。

10. 原地后空翻击破

击破者与助手到指定位置相互敬礼，两助手将凳子摆在合适位置，站在凳子上，或者搭好人塔握好木板或放置好苹果，击破者双脚起跳，单脚或双脚踢击木板或苹果（图 2-4-20、图 2-4-21）。完成击破后，清理场地，相互敬礼。

图 2-4-19

图 2-4-20

图 2-4-21

11. 助跑越过障碍击破目标

击破者与助手到指定位置相互敬礼，助手在合适位置持好木板，其余人并排站好或蹲好，击破者通过助跑越过助手排列的障碍，踢击木板（图 2-4-22、图 2-4-23）。完成击破后，清理场地，相互敬礼。

图 2-4-22

图 2-4-23

12. 横踢与后旋踢连续击破 3 个目标特技

击破者与助手到指定位置相互敬礼，3 名助手在合适位置持好 3 块木板，击破者在 360° 以上的腾空转身过程中，用横踢与后旋踢技术击破木板（图 2-4-24）。完成击破后，清理场地，相互敬礼。

13. 踏人塔逐渐升高腾空转身后踢 1 个目标特技

击破者与助手到指定位置相互敬礼，然后 3 名助手在合适位置搭好人塔持好木板，另 5 名助手分别站在距离人塔 3~6 米的位置摆好供击破者踩踏的支撑姿势，击破者助跑跳起，踩踏

3 个位置后转身后踢人塔上持好的木板（图 2-4-25）。完成击破后，清理场地，相互敬礼。

图 2-4-24

图 2-4-25

14. 后空翻踢击苹果特技

击破者站在场地合适位置准备，助手将苹果沿着预先设定的路线和高度抛出，击破者在苹果下落的过程中，用后空翻踢击（图 2-4-26）。完成击破后，清理场地，相互敬礼。

15. 连续旋风踢踢击多个目标特技

击破者与助手到指定位置相互敬礼，助手持木板排列好，击破者用连续旋风踢按顺序逐个击破木板（图 2-4-27）。完成击破后，清理场地，相互敬礼。

图 2-4-26

图 2-4-27

16. 踏人塔逐渐升高腾空连续踢击 3 个目标特技

击破者与助手到指定位置相互敬礼，然后 6 名助手在合适位置搭好人塔持好 3 块木板，另 4 名助手分别站在距离人塔 1~4 米的位置，摆好供击破者蹬踏的支撑姿势，击破者助跑踩踏 2 名助手后背迅速使用多个前踢技术击破助手持好的 3 块木板（图 2-4-28）。完成击破后，清理场地，相互敬礼。

17. 连续踢击 4 个目标特技

击破者与助手到指定位置相互敬礼，4 名助手持木板排列好，击破者通过助跑起跳使身体腾空，并使身体侧平位两腿迅速连续剪刀踢击击破目标（图 2-4-29）。完成击破后，清理场地，相互敬礼。

图 2-4-28

图 2-4-29

二、跆拳道防身术

跆拳道技术绝大部分具有攻防的作用。这里选举了部分简单实用的方法加以介绍。

在跆拳道防身术的教学中，一定要注意安全，防止不必要的伤害事故发生。同时要教育学生，这些自卫方法只有在面对危险，需要自我保卫或者见义勇为，维护社会秩序时才能够使用。

（一）腿法破解对方抓住肩部或胸部

对方抓我左肩或胸部，我迅速用右脚向前上踢击对方裆部（图 2-4-30、图 2-4-31、图 2-4-32）。

图 2-4-30

图 2-4-31

图 2-4-32

（二）手掌破解对方抓住肩部或胸部

对手抓我左肩或胸部，我迅速用右手掌击打对手面部，使其因受到攻击而放手（图 2-4-33、图 2-4-34）

图 2-4-33

图 2-4-34

（三）顶膝破解对方抓住双肩

对方双手抓我肩部，我迅速双手从其双臂内侧上穿，随即双手抱住对方后颈部下按，同时右膝关节上提攻击对方面部（图 2-4-35、图 2-4-36、图 2-4-37、图 2-4-38）。

图 2-4-35

图 2-4-36

图 2-4-37

图 2-4-38

（四）腿法破解对方抓住手臂

对方抓住我右手臂，我迅速回拉手臂，同时用右脚侧踢攻击对方肋部（图 2-4-39、图 2-4-40）。

图 2-4-39

图 2-4-40

（五）腿法破解对方抓住头发

对方用右手抓住我头发，我迅速用双手抓住对方手掌固定，同时用右脚踢击对方裆部（图 2-4-41、图 2-4-42）。

图 2-4-41

图 2-4-42

（六）顶膝破解对方从体前抱住身体

对方从体前抱住我身体和两臂，我迅速提膝攻击其裆部，当对方因疼痛放开手臂下蹲时，用横踢攻击其头部（图 2-4-43、图 2-4-44、图 2-4-45）。

图 2-4-43

图 2-4-44

图 2-4-45

（七）砸肘破解对方从体前抱住腰部

对方从体前抱住我腰部，我迅速用左肘下砸其后背（图 2-4-46、图 2-4-47、图 2-4-48）。

图 2-4-46

图 2-4-47

图 2-4-48

（八）撩腿破解对方从身后抱住身体

对方从身后抱住我身体，我迅速收小腿后撩，用脚跟攻击对方裆部（图 2-4-49、图 2-4-50）。

图 2-4-49　　图 2-4-50

（九）手刀破解对方拳击头部

对方用拳攻击我头部，我迅速用左手刀格挡，随之迅速上步用右手刀砍击对方颈部（图 2-4-51、图 2-4-52、图 2-4-53）。

图 2-4-51　　图 2-4-52　　图 2-4-53

（十）侧踢破解对方拳法攻击

对方用拳法攻击我头部，我上体微后仰，同时用侧踢攻击对方膝关节（图 2-4-54、图 2-4-55）。

图 2-4-54　　图 2-4-55

（十一）腿法破解对方拳法进攻

对方用拳攻击我头部，我迅速后转身用后旋踢攻击对方头部（图 2-4-56、图 2-4-57、图 2-4-58）。

图 2-4-56

图 2-4-57

图 2-4-58

（十二）反击破解对手腿法进攻

对方用后横踢攻击我躯干部位，我迅速后滑步闪开其攻击，随即迅速用后横踢攻击其头部（图 2-4-59、图 2-4-60、图 2-4-61）。

图 2-4-59

图 2-4-60

图 2-4-61

（十三）肘法与腿法破解双人抓抱

对方双人一个抓我胸部，另一个抱住我腰部，我迅速转身，同时用左前臂向反关节方向横击抓我胸部者的右臂，用右肘横击抱我腰者的头部，随之用侧踢攻击抓胸者，转身用腾空侧踢攻击抱腰者（图 2-4-62、图 2-4-63、图 2-4-64、图 2-4-65、图 2-4-66）。

图 2-4-62

图 2-4-63

图 2-4-64

图 2-4-65

图 2-4-66

思考与作业

1. 跆拳道不同站立姿势的动作要求是什么？
2. 格挡的方法有哪些？
3. 太极一章至八章、高丽、金刚、太白各个品势的含义是什么？
4. 本章所介绍品势的动作数量分别是多少？
5. 跆拳道击破应该注意的问题有哪些？

3

第三章 跆拳道实战技术与战术

跆拳道实战比赛是跆拳道的核心组成部分。实战比赛形式的确立，使跆拳道成功地由防卫格斗实战改造为体育比赛形式的实战。随着推广普及的不断深入，最终纳入奥运会项目体系中。跆拳道实战比赛技术包括实战式、步法、防守法、拳法、腿法、组合技术等内容。跆拳道战术主要包括技术战术、心理战术、体能分配战术、规则战术、克制战术等。

通过本章内容的学习和训练，可以逐步掌握跆拳道实战技术和战术，为参加比赛和指导教学与比赛奠定基础。

第一节　跆拳道实战技术

跆拳道实战技术包括实战姿势、步法、格挡、闪躲、拳法和腿法。其中拳法和腿法为得分技术。得分技术可以通过直接攻击对手而得到分数。实战姿势、步法、格挡和闪躲为非得分技术。非得分技术不但可以为得分技术的使用创造条件，还可以限制对手得分技术的使用。跆拳道实战要求攻防兼备，两类技术在跆拳道比赛中同等重要。

一、实战姿势

（一）实战式

实战式是运动员准备攻击和防守时身体各部位的姿势。正确合理的实战式有利于攻防，有利于身体协调运动，能够做到快速反应和迅速起动。左脚在前的实战式称为左实战式，右脚在前的实战式称为右实战式。

1. 技术方法

（1）动作过程。两脚前后开立，距离略宽于肩。前脚内扣约 45°，后脚外展约 60°，前脚掌着地，脚跟提起，膝关节微屈内扣。身体重心垂线保持在两脚连线的中部位置。上体直立，含胸收腹，面部正对对手，眼睛注视对方头部，用余光观察其全身。肘部弯曲 90° 左右，双手握拳置于体前（图 3-1-1、图 3-1-2）。

（2）动作要点。注意力集中，全身肌肉松紧适度，膝关节与踝关节保持弹性，随时能够迅速起动完成技术动作。实战式结合各种步法应用于实战对峙或移动变化中。

2. 比赛实例

基本实战式是基础和核心，在实际的比赛实战中，运动员的实战式有时会根据比赛情境和战术需要进行适当变化。这些变化主要通过适度改变身体倾斜角度、手臂的放置位置、两脚间距离、身体重心高低等体现出来（图 3-1-3、图 3-1-4）。

图 3-1-1

图 3-1-2

图 3-1-3

图 3-1-4

（二）站位

站位是实战双方的对峙形式。站位包括开式站位和闭式站位两种。选择站位形式主要取决于运动员的最优实战式和战术需要两个因素。不同的站位将导致不同的技术使用策略，形成不同的实战感觉。由于站位是双方采用不同实战姿势对峙的结果，一个人只能选择和决定实战式，但不能决定站位，因此，运动员必须同时提高两种站位形式的实战能力。

1. 开式站位

双方异侧脚在前的站位为开式站位。实战双方一个用左式，另一个用右式进行对峙（图 3–1–5、图 3–1–6）。

图 3–1–5

图 3–1–6

2. 闭式站位

双方同侧脚在前的站位为闭式站位。两个选手一个用左式（或右式），另一个也用左式（或右式），进行对峙（图 3–1–7、图 3–1–8）。

图 3–1–7

图 3–1–8

二、步法

跆拳道步法是实战中根据对手的位置以及运动状态，通过两脚及身体的协调配合，有目的地调整同对方的距离、方位的移动方法。熟练掌握跆拳道步法是跆拳道运动员比赛取胜的重要基础。

跆拳道的基本步法包括前进步、后退步、前滑步、后滑步、前交叉步、后交叉步、前垫步、后垫步、单跳步、上步、撤步、左弧形步、右弧形步、换跳步、后转身步、跳动步、并步等，不同步法可以使运动员实现向前后左右、四面八方的移动（图 3-1-9）。

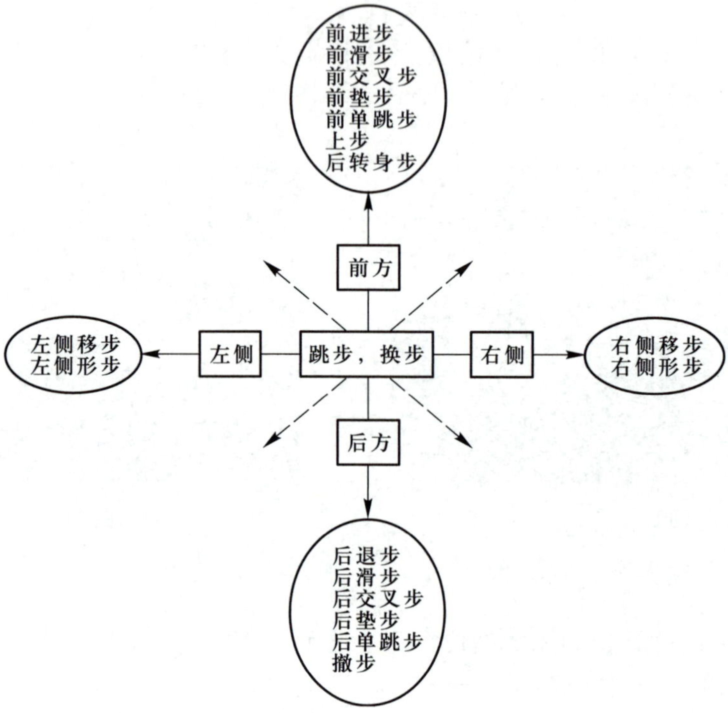

图 3-1-9 跆拳道步法移动方位图

跆拳道步法具有以下四个作用：

（1）控制距离与位置。通过前后、左右、弧线移动，获得有利的攻击位置或防守位置。

（2）连接技术。移动的连续攻击之间有时需要调整与对方的距离和角度，这时步法起到了连接技术的作用。

（3）防守。可以通过移动身体位置改变得分点与对方的距离或角度，使对方的攻击落空或不能准确击中。

（4）干扰对方。比赛中进攻和反击往往要与步法相配合，可以采用远近和角度的变化制造进攻或反击的假象，实施对对方的干扰和控制。

实战应用中，有时需要使用单个步法，有时要把两个或多个步法联结起来。良好的步法使运动员更容易控制移动和攻击等战术行动。迅速敏捷、灵活精准、进退自如的步法，能够有效地控制实战距离，创造出更多的得分机会。

（一）前进步

1. 动作过程

以左实战式开始为例，双脚蹬地腾起前移一定距离，落地后保持左实战式（图 3-1-10、图 3-1-11、图 3-1-12）。

图 3-1-10

图 3-1-11

图 3-1-12

2. 动作要点

双脚迅速蹬地，同时向前移动，脚掌微离地面。移动过程中两脚的距离不变，重心保持平稳。

（二）后退步

1. 动作过程

以右实战式开始为例，双脚蹬地腾起后移一定距离，落地后保持右实战式（图 3-1-13、图 3-1-14、图 3-1-15）。

图 3-1-13

图 3-1-14

图 3-1-15

2. 动作要点

双脚迅速蹬地，同时向后移动，脚掌微离地面。移动过程中两脚的距离不变，重心保持平稳。

（三）前滑步

1. 动作过程

以左实战式开始为例，右脚蹬地，左脚向前滑动约一脚长距离后着地，右脚随即跟进相同的距离，成左实战式（图 3-1-16、图 3-1-17、图 3-1-18）。

图 3-1-16

图 3-1-17

图 3-1-18

2. 动作要点

前脚前滑与后脚跟进要贴地而行，两脚的移动距离相同。两脚移动必须连贯、迅速，前滑距离要适宜，保持重心平稳。

（四）后滑步

1. 动作过程

以右实战式开始为例，右脚蹬地，左脚向后滑动约一脚长距离后着地，右脚随即向后滑动同样距离，成右实战式（图 3-1-19、图 3-1-20、图 3-1-21）。

图 3-1-19

图 3-1-20

图 3-1-21

2. 动作要点

后脚后滑与前脚后移要贴地而行，两脚的移动距离相同。两脚移动必须连贯、迅速，后滑距离要适宜，保持重心平稳。

（五）上步

1. 动作过程

以左实战式开始为例，重心前移，以左脚掌为轴，右脚向前迈出一步，身体左转约 180°，成右实战式（图 3-1-22、图 3-1-23、图 3-1-24）。

图 3-1-22

图 3-1-23

图 3-1-24

2. 动作要点

上步幅度大小适中，动作轻快。上体与支撑脚的转动同时进行，右脚靠近左腿内侧迈出。目光始终注视目标，重心保持平稳。

（六）撤步

1. 动作过程

以右实战式开始为例，重心后移，以左脚掌为轴，右脚后撤一步，同时身体向右转动约180°，成左实战式（图 3-1-25、图 3-1-26、图 3-1-27）。

图 3-1-25

图 3-1-26

图 3-1-27

2. 动作要点

撤步幅度大小适中，动作轻快。上体与支撑脚同时转动，右脚靠近左腿内侧后撤。目光始终注视目标，重心保持平稳。

（七）前垫步

1. 动作过程

以左实战式开始为例，身体重心前移，双脚依次蹬地，身体腾空向前，右脚向左脚并拢，右脚落地同时，左脚向前一步距离落地成左实战式（图 3-1-28、图 3-1-29、图 3-1-30）。

图 3-1-28

图 3-1-29

图 3-1-30

2. 动作要点

右脚要快速前移，加速左脚向前移动。身体腾空不宜过高，整个动作要迅速连贯。移动距离要适当，距离的控制取决于双脚蹬地的力量、速度。

（八）后垫步

1. 动作过程

以右实战式开始为例，身体重心后移，两脚蹬地，右脚向左脚并拢，身体腾空向后，右脚落地时，左脚向后一步距离落地成右实战式（图 3-1-31、图 3-1-32、图 3-1-33）。

图 3-1-31

图 3-1-32

图 3-1-33

2. 动作要点

右脚要快速后移，身体腾空不宜过高，整个动作要迅速连贯。移动距离要适当，距离的控制取决于双脚蹬地的力量、速度。

（九）单跳步

1. 动作过程

以左实战式开始为例，左腿提膝，同时右脚蹬地向前跳出约半步距离，两脚落地成左实战式（图 3-1-34、图 3-1-35、图 3-1-36）。

2. 动作要点

左腿提膝同时，右脚要迅速蹬地并向前跳动。

图 3-1-34

图 3-1-35

图 3-1-36

查看步法
1-9 动作
视频

（十）左侧移步

1. 动作过程

以左实战式开始为例，重心左移，同时左脚左移约一脚距离，随即右脚左移相同距离成左实战式（图 3-1-37、图 3-1-38、图 3-1-39）。

图 3-1-37

图 3-1-38

图 3-1-39

2. 动作要点

重心与脚步的移动要协调一致，两脚移动要贴近地面，迅速完成。

（十一）右侧移步

1. 动作过程

以左实战式开始为例，重心右移，同时右脚右移约一脚距离，随即左脚右移相同距离成左实战式（图 3-1-40、图 3-1-41、图 3-1-42）。

2. 动作要点

重心与脚步的移动要协调一致，两脚移动要贴近地面，迅速完成。

图 3-1-40

图 3-1-41

图 3-1-42

（十二）前交叉步

1. 动作过程

以左实战式开始为例，身体重心前移，右脚经左腿前面向前交叉跨出一步落地，随即左脚向前迈出一步，成左实战式（图 3-1-43、图 3-1-44、图 3-1-45、图 3-1-46）。

图 3-1-43

图 3-1-44

图 3-1-45

图 3-1-46

2. 动作要点

两脚交叉移动要快速连贯，重心保持平稳，两眼注视目标。完成时控制好身体前冲的惯性。

（十三）后交叉步

1. 动作过程

以右实战式开始为例，身体重心后移，右脚经左腿后面向后交叉跨出落地，随即左脚向后退一步，成右实战式（图 3-1-47、图 3-1-48、图 3-1-49、图 3-1-50）。

2. 动作要点

两脚交叉移动要快速连贯，重心保持平稳，两眼注视目标。完成时控制好身体后冲的惯性。

图 3-1-47

图 3-1-48

图 3-1-49

图 3-1-50

（十四）跳换步

1. 动作过程

以左实战式开始为例，两脚蹬离地面，两脚在空中前后交换后落地，同时身体右转约 180° 成右实战式（图 3-1-51、图 3-1-52、图 3-1-53）。

图 3-1-51

图 3-1-52

图 3-1-53

2. 动作要点

两脚蹬地、前后交换和转身协调完成。重心起伏不宜过大，两眼注视目标。

（十五）并步

1. 动作过程

以左实战式开始为例，身体重心前移，右脚向前与左脚并拢（图 3-1-54、图 3-1-55）。或者身体重心后移，前脚收回与后脚并拢（图 3-1-56、图 3-1-55）。

2. 动作要点

两脚迅速靠近并拢，重心平稳。

图 3-1-54

图 3-1-55

图 3-1-56

（十六）左弧形步

1. 动作过程

以左实战式开始为例，以左脚掌为轴，右脚向右前方弧形移动一步，同时身体左转 90° 左右，右脚落地成左实战式（图 3-1-57、图 3-1-58、图 3-1-59）。

图 3-1-57

图 3-1-58

图 3-1-59

2. 动作要点

右脚移动与转体要协调配合，上体沿纵轴转动，目光随身体转动。

（十七）右弧形步

1. 动作过程

以左实战式开始为例，以左脚掌为轴，右脚向右后方弧形移动一步，同时身体右转 90° 左右，右脚落地成左实战式（图 3-1-60、图 3-1-61、图 3-1-62）。

2. 动作要点

右脚移动与转体协调配合，上体沿纵轴转动，目光随身体转动。

图 3-1-60

图 3-1-61

图 3-1-62

（十八）后转身步

1. 动作过程

以左实战式开始为例，以左脚掌为轴，右脚沿着左腿内侧向后摆动，同时身体右后转 180° 左右，右脚落地成右实战式（图 3-1-63、图 3-1-64、图 3-1-65）。

图 3-1-63

图 3-1-64

图 3-1-65

2. 动作要点

右腿后摆、头部后转与身体后转要协调配合，身体沿纵轴转动，整个转动要迅速连贯。

（十九）跳动步

1. 动作过程

以左实战式开始为例，保持实战式不变，通过踝关节和膝关节的屈伸使身体重心上下运动，双脚前脚掌不离开地面或稍离地面，在原地上下跳动（图 3-1-66、图 3-1-67）。

2. 动作要点

上下跳动幅度和频率适当，保持对身体重心的控制，动作富有弹性，两眼注视对方。

图 3-1-66

图 3-1-67

查看步法
10-19 动
作视频

三、格挡

格挡为跆拳道防守技术。是把手臂主动拦阻在对手的攻击路线上，使其脚或拳无法接触到得分部位的方法。跆拳道比赛中常用的格挡有上格挡、侧上格挡、侧下格挡、前上格挡、前下格挡、侧平格挡（见格挡防守位置正视图、侧视图）。格挡包括单臂格挡和双臂格挡。

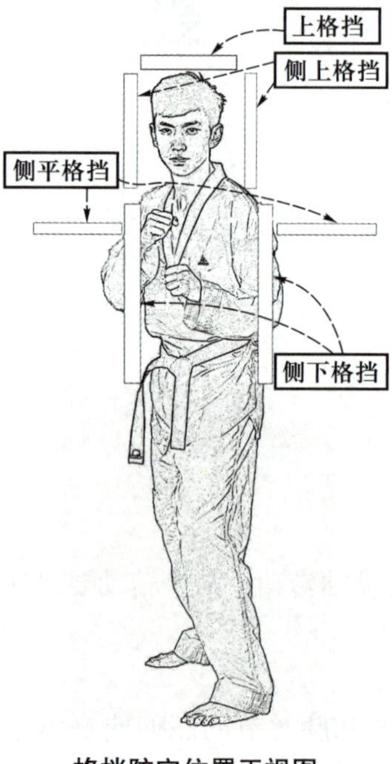

格挡防守位置正视图

格挡防守位置侧视图

（一）上格挡

1. 技术方法

（1）动作过程。以左实战式开始为例，左臂（或右臂、或双臂交叉）握拳（或手指张开）上举，置于头部前上方。左上格挡（图 3-1-68），右上格挡（图 3-1-69），交叉上格挡（图 3-1-70）。

图 3-1-68

图 3-1-69

图 3-1-70

（2）动作要点。格挡时手臂肌肉主动紧张，上臂与头部形成一定间隔，手臂位置恰当，目视对手。

2. 比赛实例

（1）左上格挡，防守由左上向下对头部的攻击（图 3-1-71）。

（2）右上格挡，防守由右上向下对头部的攻击（图 3-1-72）。

（3）交叉上格挡，防守由正面或侧面上方向下对头部的攻击（图 3-1-73）。

图 3-1-71

图 3-1-72

图 3-1-73

（二）侧上格挡

1. 技术方法

（1）动作过程。以左实战式开始为例，手握拳，左臂（或右臂）向上在头部侧面伸出，手臂微屈。左臂在头部左侧为左侧上格挡（图 3-1-74），右臂在头部右侧为右侧上格挡（图 3-1-75）。

（2）动作要点。格挡时手臂肌肉主动紧张，拳握紧或手指保持紧张度张开，手臂置于头部侧面，与头部形成一定间隔。位置适当，目视对手。

2. 比赛实例

（1）左侧上格挡，防守对头部左侧的攻击（图 3-1-76）。

（2）右侧上格挡，防守对头部右侧的攻击（图 3-1-77）。

图 3-1-74

图 3-1-75

图 3-1-76

图 3-1-77

（三）侧下格挡

1. 技术方法

（1）动作过程。以左实战式开始为例，手握拳，左臂（或右臂）主动用力向下在体侧格挡。左臂在躯干左侧的格挡为左侧下格挡（图 3-1-78），右臂在躯干右侧的格挡为右侧下格挡（图 3-1-79）。

（2）动作要点。手臂肌肉主动用力，拳握紧，手臂与身体形成一定间隔，手臂置于体侧，位置适当，目视对手。

2. 比赛实例

（1）左侧下格挡（图 3-1-80）。

（2）右侧下格挡（图 3-1-81）。

图 3-1-78

图 3-1-79

图 3-1-80

图 3-1-81

（四）前上格挡

1. 技术方法

（1）动作过程。以左实战式开始为例，手握拳，左臂（或右臂、或双臂）主动格置于脸前。单臂前上格挡（图 3–1–82、图 3–1–83），双臂交叉前上格挡（图 3–1–84）。

图 3–1–82

图 3–1–83

图 3–1–84

（2）动作要点。手臂肌肉和拳紧张用力，护住脸部与颈部，目视对方。

2. 比赛实例

（1）单臂前上格挡，防守对前面部的攻击（图 3–1–85）。

（2）双臂交叉前上格挡，防守对面部的攻击（图 3–1–86）。

图 3–1–85

图 3–1–86

（五）前下格挡

1. 技术方法

（1）动作过程。以左实战式开始为例，手握拳，左臂（或右臂、或双臂）主动格置于体前的胸腹部位。左臂前下格挡（图 3–1–87），右臂前下格挡（图 3–1–88），双臂交叉前下格挡（图 3–1–89、图 3–1–90）。

（2）动作要点。手臂肌肉紧张用力，拳握紧，用手臂护住被对方欲攻击的部位，目视对方。

图 3-1-87

图 3-1-88

图 3-1-89

图 3-1-90

2. 比赛实例

（1）左臂、右臂前下格挡，防守对躯干的直线攻击（图 3-1-91、图 3-1-92）。

（2）双臂交叉前下格挡，防守对躯干的直线攻击（图 3-1-93）。

（3）双臂交叉前下格挡，防守对躯干的攻击（图 3-1-94）。

图 3-1-91

图 3-1-92

图 3-1-93

图 3-1-94

（六）侧平格挡

1. 技术方法

（1）动作过程。以左实战式开始为例，手握拳，左臂（或右臂）横向主动格置于体侧（图 3-1-95、图 3-1-96）。

（2）动作要点。手臂肌肉紧张用力，拳握紧，手臂在体侧近水平，主要用于近距离实战时挡住对方由下向上的腿法攻击。

2. 比赛实例

（1）左臂侧平格挡，挡住对手由下向上对头部的攻击（图 3-1-97）。

（2）右臂侧平格挡，挡住对手由下向上对头部的攻击（图 3-1-98）。

图 3-1-95

图 3-1-96

图 3-1-97

图 3-1-98

四、闪躲

闪躲属于跆拳道防守技术。在对方实施进攻时，通过身体的整体或局部移动改变与对方的有效攻击距离，变化得分点的位置，使对方攻击落空或无效的方法。闪躲包括步法闪躲与身形闪躲。

（一）步法闪躲

步法闪躲特点是上体姿势不变，通过各种步法移动，躲避对手的攻击。包括向后移动、向前移动、侧向移动和向上跳起。

1. 向后移动

（1）技术方法。

① 动作过程：在对方实施进攻时，使用向后移动步法与对手拉开距离，使得分点后移，让对方攻击技术落空。配合向后移动的步法有后退步、后撤步、后垫步、后交叉步、后滑步等。

② 动作要点：向后移动时要根据对手攻击的距离长短，选择好移动时机，及时移动，撤出对手的攻击范围。闪躲的距离要恰当，远了不能及时反击，近了不易闪躲成功。处于边角位置时，向后移动要谨慎，防止不必要的出界犯规。

（2）比赛实例。

① 向后移动闪开对躯干的攻击（图 3-1-99）。

② 向后移动闪开对头部的攻击（图 3-1-100）。

图 3-1-99

图 3-1-100

2. 向前移动

（1）技术方法。

① 动作过程：使用向前移动的步法主动靠近对方，使得分部位前移，让对方不能有效击中得分部位。配合向前移动的步法有前进步、上步、前垫步、前交叉步、前滑步、单跳步等。

② 动作要点：在向后闪躲空间不足，或来不及后撤时使用。向前闪躲是主动贴近对手，使得分点不受攻击，避免失分。向前贴靠对手要快速、及时，但要避免撞击对方。

（2）比赛实例。

① 向前移动靠近对手闪开对躯干部位的攻击（图 3–1–101）。

② 向前移动靠近对手躲避对头部的攻击（图 3–1–102）。

图 3–1–101

图 3–1–102

3. 侧向移动

（1）技术方法。

① 动作过程：使用侧向移动的步法变换位置，形成与对手的角度改变，使其攻击落空。配合侧向移动的步法有左侧移步、右侧移步、弧形步等。

② 动作要点：侧向移动闪躲主要防守对手的直线或垂直方向攻击。移动要及时、快速完成。

（2）应用实例。

① 向左侧移动闪开对手对右侧的攻击（图 3–1–103）。

② 向右侧移动闪开对手对左侧的攻击（图 3–1–104）。

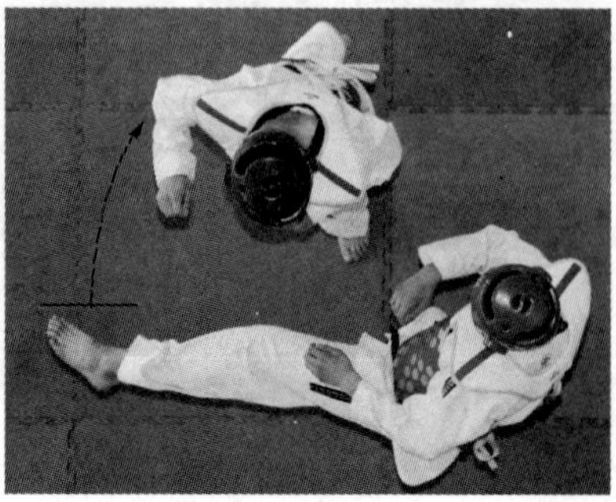

图 3–1–103

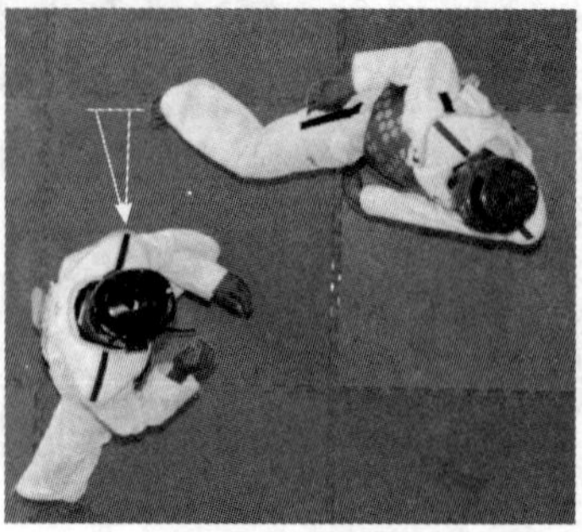

图 3–1–104

4. 向上跳起

（1）技术方法。

① 动作过程：原地向上跳起，使得分部位上移，使其攻击技术无效。

② 动作要点：跳起及时，高度恰当，快速完成。这种闪躲的不足是下肢容易受到攻击。

（2）比赛实例。

① 跳起闪开对手对躯干的攻击（图 3–1–105）。

② 跳起闪开对手对头部的攻击（图 3–1–106）。

图 3–1–105

图 3–1–106

（二）身形闪躲

身形闪躲是通过身体姿势的变化，避开对手攻击的防守方法。跆拳道比赛中，身形闪躲主要是利用身体的倾斜或下潜进行闪躲防守。

1. 向后闪躲

（1）技术方法。

① 动作过程：从实战式开始，上体主动后仰，随即恢复成实战姿势（图 3–1–107）。

② 动作要点：两腿做好支撑，身形闪避及时，幅度适当，目视对手。有时也结合身体以及头部的动作协调完成。

（2）比赛实例。

① 闪开对躯干的攻击（图 3–1–108）。

② 闪开对头部的攻击（图 3–1–109）。

图 3–1–107

图 3–1–108

图 3–1–109

2. 左右侧闪

（1）技术方法。

① 动作方法：从实战式开始，上体向左（或右）主动倾斜，然后恢复成实战姿势（图 3-1-110、图 3-1-111）。

② 动作要点：两腿做好支撑，身形倾斜避让及时，幅度适当，目视对手。有时也结合身体及头部的动作协调完成。

（2）比赛实例。

① 向左倾斜上体闪开对头部的攻击（图 3-1-112）。

② 向右倾斜上体闪开对躯干的攻击（图 3-1-113）。

图 3-1-110

图 3-1-111

图 3-1-112

图 3-1-113

五、拳法

跆拳道拳法是跆拳道竞技比赛的攻击技法之一，包括前手直拳和后手直拳，适合在近距离使用。《跆拳道竞赛规则》规定，拳法只能攻击对手躯干被护具包裹的得分部位，得分分值为 1 分。无论使用普通护具还是电子护具，拳的攻击是否得分，由边裁判根据规则规定的得分准确与力度标准进行判定。

（一）前手直拳

1. 技术方法

（1）动作过程。以左实战式开始为例，右脚蹬地，腰部右转发力，左肩部主动前送，左手拳由胸部高度内旋向前冲拳。发力后原路收回成左实战式（图 3-1-114、图 3-1-115、图 3-1-116、图 3-1-117）。

图 3-1-114

图 3-1-115

图 3-1-116

图 3-1-117

（2）动作要点。蹬地、转腰、送肩、冲拳协调一致，快打快收还原成实战式。目视对手，冲拳时手腕挺直，力达拳峰。右手做好防守与配合。

2. 应用范例

双方闭式对峙，对手使用左腿前横踢进攻躯干得分点，我左臂下格挡，同时用前手直拳反击对手躯干部位（图 3-1-118、图 3-1-119、图 3-1-120）。

3. 比赛实例

使用前手拳攻击对手躯干部位，同时异侧手臂格挡配合（图 3-1-121、图 3-1-122）。

图 3-1-118

图 3-1-119

图 3-1-120

图 3-1-121

图 3-1-122

（二）后手直拳

1. 技术方法

（1）动作过程。以右实战式开始为例，左脚蹬地，腰部右转，左肩前送，同时左手由胸部高度内旋向前冲拳，发力后原路收回成右实战式（图 3-1-123、图 3-1-124、图 3-1-125、图 3-1-126）。

（2）动作要点。蹬地、转腰、送肩、冲拳协调一致，快打快收还原成实战式。目视对手，冲拳时手腕挺直，力达拳峰。右手做好防守与配合。

图 3-1-123

图 3-1-124

图 3-1-125

图 3-1-126

查看拳法 1-2 动作视频

2. 应用范例

双方开式对峙，使用后手拳攻击对手胸前得分部位（图 3-1-127、图 3-1-128、图 3-1-129）。

图 3-1-127

图 3-1-128

图 3-1-129

3. 比赛实例

（1）后手拳反击对手躯干（图 3-1-130）。

（2）后手拳直接进攻对手躯干（图 3-1-131）。

图 3-1-130

图 3-1-131

六、基本腿法

跆拳道腿法是跆拳道竞技比赛的主要攻击技法。常用的基本腿法包括前踢、侧踢、后踢、下劈踢、横踢、勾踢、后旋踢、双飞踢、旋风踢等，按照腿法动作攻击方位可分为纵向腿法、横向腿法和竖向腿法（见表 3-1-1）。比赛中腿法可以攻击躯干和头部。一般攻击躯干得分分值为 1 分，旋转踢躯干得分分值为 2 分。一般攻击头部得分分值为 3 分，旋转踢攻击头部得分分值为 4 分。使用普通护具时腿法攻击得分与否由边裁判判定，使用电子护具时，腿法攻击头部得分由边裁判判定。

表 3-1-1 跆拳道实战比赛基本腿法技术表

分类	名称	上体方向	使用部位	攻击目标	加分因素
纵向腿法	前踢	面向	脚掌	正面	
	侧踢	侧向	脚掌	正面	
	后踢	背向	脚掌	正面	旋转

续表

分类	名称	上体方向	使用部位	攻击目标	加分因素
横向腿法	横踢	侧向	脚背	侧面	
	勾踢	侧向	脚掌或脚跟	侧面	
	后旋踢	侧向	脚掌或脚跟	侧面	旋转
	旋风踢	侧向	脚掌	侧面	旋转
	双飞踢	面向	脚掌	侧面	
竖向腿法	下劈踢	面向	脚跟或脚掌	上面、正面	

（一）前踢

前踢是向身体前方攻击的腿法，也称推踢。在品势练习中需脚趾翘起，用前脚掌向身体前方踢击目标。实战比赛中使用整个脚掌接触目标。

1. 技术方法

（1）动作过程。以右实战式开始，左脚蹬地，身体重心前移，面向攻击目标，右腿以前脚掌着地蹬直，左腿向胸腹前方提膝，左脚尖勾起，大小腿折叠，紧接着髋关节前送，左膝关节伸开，脚尖向上向前踢出。随即收脚落地成左实战式（图 3–1–132、图 3–1–133、图 3–1–134、图 3–1–135、图 3–1–136）。

图 3–1–132

图 3–1–133

图 3–1–134

图 3–1–135

图 3–1–136

（2）动作要点。快速蹬地起动，膝关节迅速向前上提起，踢击、回收动作要连贯协调、力达脚掌，双臂协调配合，眼睛注视目标。

2. 应用范例

（1）闭式进攻。双方闭式对峙，使用前踢进攻对手（图 3–1–137、图 3–1–138、图 3–1–139）。

（2）开式进攻。双方开式对峙，使用后腿前踢进攻对手（图 3–1–140、图 3–1–141、图 3–1–142）。

图 3-1-137

图 3-1-138

图 3-1-139

图 3-1-140

图 3-1-141

图 3-1-142

3. 比赛实例

（1）前踢攻击对手躯干（图 3-1-143）。

（2）前踢攻击对手头部（图 3-1-144）。

图 3-1-143

图 3-1-144

（二）侧踢

侧踢是身体侧对对手的直线攻击腿法，使用脚掌接触目标。

1. 技术方法

（1）动作过程。以右实战式开始为例，身体重心前移，以右前脚掌为轴右转 180°，同时左腿屈膝勾脚向体前上提，紧接着左脚内侧向下，向身体侧方踢出，然后屈膝收回成左实战式（图 3-1-145、图 3-1-146、图 3-1-147、图 3-1-148、图 3-1-149）。

图 3-1-145

图 3-1-146

图 3-1-147

图 3-1-148

图 3-1-149

（2）动作要点。蹬地、转体、提膝、踢击、收脚整个过程要连贯协调，快速顺畅。前脚掌支撑身体转动，展髋收臀，直线攻击，力达脚掌。双臂协调配合，眼睛注视目标。

2. 应用范例

（1）双方闭式对峙，使用前腿侧踢进攻对手（图 3-1-150、图 3-1-151、图 3-1-152）。

图 3-1-150

图 3-1-151

图 3-1-152

（2）双方闭式对峙，使用前腿侧踢迎击对手（图 3-1-153、图 3-1-154、图 3-1-155）。

图 3-1-153

图 3-1-154

图 3-1-155

3. 比赛实例

（1）侧踢攻击对手躯干（图 3-1-156）。

（2）侧踢攻击对手头部（图 3-1-157）。

图 3-1-156

图 3-1-157

（三）后踢

后踢是背向对手直线攻击的腿法，使用脚掌接触目标。

1. 技术方法

（1）动作过程。以右实战式开始为例，重心前移，同时以右前脚掌为轴内扣，头部与身体向左后转约 90°，上体制动。左腿沿右腿内侧折叠，勾左脚向后提起直线踢出。随即收左脚落地成左实战式（图 3-1-158、图 3-1-159、图 3-1-160、图 3-1-161、图 3-1-162）。

图 3-1-158

图 3-1-159

图 3-1-160

图 3-1-161

图 3-1-162

（2）动作要点。右脚跟对准目标方向，沿纵轴快速转体，及时制动，眼睛注视目标。发力时含胸收腹，两臂收拢。收腿、折叠、踢击要锁定目标，保证直线，快速连贯、力达脚掌。

2. 应用范例

（1）双方闭式对峙，使用后踢进攻对手躯干（图 3-1-163、图 3-1-164、图 3-1-165）。

（2）双方开式对峙，使用腾空后踢反击对手躯干（图 3-1-166、图 3-1-167、图 3-1-168）。

图 3-1-163

图 3-1-164

图 3-1-165

图 3-1-166

图 3-1-167

图 3-1-168

3. 比赛实例

（1）攻击对手躯干（图 3-1-169）。

（2）攻击对手头部（图 3-1-170）。

图 3-1-169

图 3-1-170

（四）下劈踢

下劈踢是由上向下攻击的腿法，攻击路线呈弧线，用脚掌或脚跟接触目标。

1. 技术方法

（1）动作过程。以右实战式开始为例，身体重心前移，右脚提踵右腿撑直，同时左腿经右腿内侧向前上屈膝提起，随即伸直将左脚摆至头部上方，紧接着左大腿带动小腿，向前下方踢击。随之左腿下落成左实战式（图 3-1-171、图 3-1-172、图 3-1-173、图 3-1-174、图 3-1-175）。

图 3-1-171

图 3-1-172

图 3-1-173

图 3-1-174

图 3-1-175

（2）动作要点。右腿屈膝折叠快速上摆，上体正直，目视前方。右腿至头部高度向下时速度最快。动作过程中要求全身协调用力。

2. 应用范例

（1）双方闭式对峙，使用前脚下劈踢攻击对手头部（图 3-1-176、图 3-1-177、图 3-1-178）。

（2）双方开式对峙，使用后脚下劈踢攻击对手头部（图 3-1-179、图 3-1-180、图 3-1-181）。

图 3-1-176

图 3-1-177

图 3-1-178

图 3-1-179

图 3-1-180

图 3-1-181

3. 比赛实例

攻击对手头部（图 3-1-182、图 3-1-183）。

图 3-1-182

图 3-1-183

（五）横踢

横踢是从侧面攻击目标的腿法，攻击路线成一定弧形的曲线，使用脚背接触目标。

1. 技术方法

（1）动作过程。以右实战式开始为例，左脚蹬地，身体重心前移，上体以右脚前脚掌为轴右转，同时左腿屈膝提起，大小腿折叠，随之左脚面绷直，由左向右水平踢击，随即左腿屈膝收回落地成左实战式（图 3-1-184、图 3-1-185、图 3-1-186、图 3-1-187、图 3-1-188）。

图 3-1-184

图 3-1-185

图 3-1-186

图 3-1-187

图 3-1-188

（2）动作要点。蹬地、转体、提膝、踢击、收脚整个过程要连贯协调，快速顺畅。支撑脚转动要与身体的转动协调一致。踢击时力达脚背。双臂协调配合，眼睛注视目标。

2. 应用范例

（1）双方闭式对峙，使用后横踢反击对手的躯干（图 3-1-189、图 3-1-190、图 3-1-191）。

图 3-1-189

图 3-1-190

图 3-1-191

（2）双方开式对峙，使用后横踢直接进攻对手躯干（图 3-1-192、图 3-1-193、图 3-1--194）。

图 3-1-192

图 3-1-193

图 3-1-194

3. 比赛实例

（1）攻击对手躯干（图 3-1-195）。

（2）攻击对手头部（图 3-1-196）。

图 3-1-195

图 3-1-196

（六）勾踢

勾踢是从侧面攻击目标的腿法，攻击路线成一定弧形的曲线，使用脚掌接触目标。

1. 技术方法

（1）动作过程。以左实战式开始为例，右脚蹬地，身体重心前移，以左脚前脚掌为轴左转 180°，同时右腿屈膝提起，大小腿折叠向身体左前方上摆，随之右腿伸直，由左向右水平勾回，随即右腿落地成右实战式（图 3-1-197、图 3-1-198、图 3-1-199、图 3-1-200、图 3-1-201）。

图 3-1-197

图 3-1-198

图 3-1-199

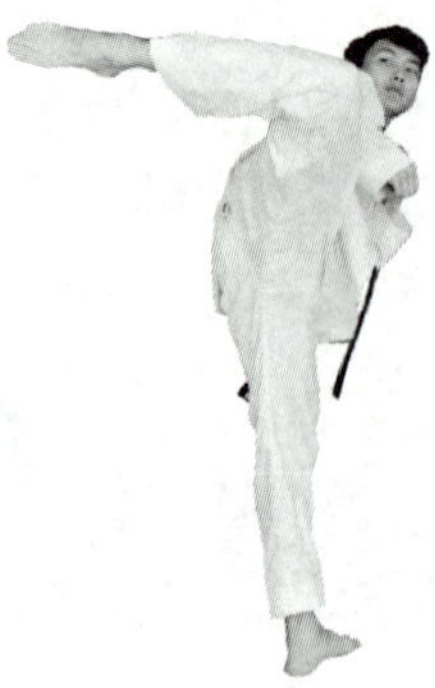
图 3-1-200

图 3-1-201

（2）动作要点。控制好身体转动角度。大腿带动小腿回勾发力，力达脚掌。双臂协调配合，眼睛注视目标。

2. 应用范例

双方闭式对峙，使用后脚勾踢攻击对手头部（图 3-1-202、图 3-1-203、图 3-1-204）。

3. 比赛实例

攻击对手头部（图 3-1-205）。

图 3-1-202

图 3-1-203

图 3-1-204

图 3-1-205

（七）后旋踢

后旋踢属于后转身攻击目标侧面的腿法，攻击路线成弧形，使用脚掌或脚跟接触目标。

1. 技术方法

（1）动作过程。以右实战式开始为例，左脚蹬地，重心稍前移，以右前脚掌为轴，头部与上体向左后转动，两眼注视目标。紧接着屈左膝向侧后方摆动，至接近目标时，左膝伸直，腰部和左腿主动用力水平摆动，随即左腿收回，身体继续转动至开始方向，左腿落地成右实战式（图 3-1-206、图 3-1-207、图 3-1-208、图 3-1-209、图 3-1-210）。

图 3-1-206

图 3-1-207

图 3-1-208

图 3-1-209

图 3-1-210

（2）动作要点。转头带动身体沿纵轴转动，转头后注视对手。蹬地、转身、摆腿、踢击要协调连贯，快速完成，腰部带动大腿，大腿带动小腿，使右腿踢击目标时形成水平方向的鞭打力。摆腿发力后迅速成实战姿势。

2. 应用范例

双方开式对峙，使用后旋踢反击对手的头部（图 3-1-211、图 3-1-212、图 3-1-213）。

图 3-1-211

图 3-1-212

图 3-1-213

3. 比赛实例

反击对手头部（图 3-1-214、图 3-1-215）。

图 3-1-214

图 3-1-215

（八）双飞踢

双飞踢是在腾空状态下完成两个左右横踢的腿法，分别攻击目标的左右两侧，用脚背接触目标。

1. 技术方法

（1）动作过程。以左实战式开始为例，身体重心前移，右腿向前横踢，紧接着左脚蹬地跳起，右腿屈膝下落，左腿在空中完成横踢，随即右脚落地，左腿收回落地成左实战式（图 3-1-216、图 3-1-217、图 3-1-218、图 3-1-219、图 3-1-220、图 3-1-221、图 3-1-222）。

图 3-1-216

图 3-1-217

图 3-1-218

图 3-1-219

图 3-1-220

图 3-1-221

图 3-1-222

（2）动作要点。跳起不宜过高，通过蹬地和腰部快速转动，带动两腿迅速完成两次横踢。眼睛注视目标，两臂协调配合，上体可适当倾斜。

2. 应用范例

（1）双方闭式对峙，使用双飞踢攻击对手躯干（图 3-1-223、图 3-1-224、图 3-1-225、图 3-1-226）。

（2）双方开式对峙，使用双飞踢攻击对手头部（图 3-1-227、图 3-1-228、图 3-1-229、图 3-1-230）。

图 3-1-223

图 3-1-224

图 3-1-225

图 3-1-226

图 3-1-227

图 3-1-228

图 3-1-229

图 3-1-230

3. 比赛实例

（1）攻击对手躯干（图 3-1-231）。

（2）攻击对手头部（图 3-1-232）。

图 3-1-231

图 3-1-232

（九）旋风踢

旋风踢即转身 360° 横踢，在身体旋转腾空的状态下完成横踢。用于攻击目标侧面，脚背接触目标。

1. 技术方法

（1）动作过程。以左实战式开始为例，右脚蹬地重心前移，以左前脚掌为轴身体右转，右腿后摆，当身体腾空面向攻击目标瞬间，左腿向目标横踢，紧接着右、左脚依次落地，恢复成左实战式（图 3-1-233、图 3-1-234、图 3-1-235、图 3-1-236、图 3-1-237、图 3-1-238、图 3-1-239）。

图 3-1-233

图 3-1-234

图 3-1-235

图 3-1-236

图 3-1-237

图 3-1-238

图 3-1-239

查看腿法 1-9 动作视频

（2）动作要点。“转体”与“换踢”两个环节要连贯顺畅。沿身体纵轴转体，当身体面向目标时右、左腿迅速在空中交换，右腿落地前左腿完成横踢。头部快转注视目标，上体正直，全身动作协调连贯。

2. 应用范例

双方闭式对峙，使用旋风踢攻击对手躯干（图 3-1-240、图 3-1-241、图 3-1-242）。

图 3-1-240

图 3-1-241

图 3-1-242

3. 比赛实例

攻击对手躯干（图 3-1-243、图 3-1-244）。

图 3-1-243

图 3-1-244

七、组合技术

跆拳道比赛实战中，运动员需要根据自己和对手的情况采用恰当的技术去赢得优势。这种优势的获得往往要把跆拳道基本技术组合起来使用，这就形成了跆拳道的组合技术。跆拳道技术组合的素材内容为跆拳道的基本技术，它们包括实战式、步法、拳法、腿法、格挡、闪躲等。跆拳道大多数基本技术都可以进行相互组合。由数学的排列组合知识可知，跆拳道基本技术的不同组合与排列可以衍生出成千上万个不同的技术组合。但在跆拳道教学、训练和比赛中，一些基本的、成功率高的组合技术受到重视并有着较多的应用。组合技术动作质量越高、越熟练，掌握的组合技术越多，越有利于实战的应用以及新组合技术的学习。

实战中的技术组合要根据运动员比赛的具体情况加以运用，往往具有不确定性和随机变化的性质。实战中往往需要几个技术的同时协同才能化解复杂的局面，这就产生了多个技术的叠加效应，如我方腿法攻击的同时还要格挡对手的攻击、步法移动加上身形闪躲才能彻底进行防守等等。实战比赛中的连击策略的实施基础就是运动员需掌握良好的组合技术。

跆拳道组合技术可分为顺接式组合技术和叠加式组合技术（见表 3-1-2）。顺接式组合技术为两个或两个以上的技术在相连的两个或两个以上的瞬间分别连续完成，技术的完成存在先后顺序，依次进行。叠加式组合技术为两个或两个以上技术在一个瞬间同时进行，无先后顺序。叠加式组合同样可以作为顺接式组合的构成技术。

表 3-1-2 组合技术分类及特点

组合技术分类	概念	实例	包含的技术数量
顺接式	几个技术在不同瞬间连续完成	前进步 + 后横踢 + 格挡 + 后滑步 + 双飞踢……	技术数量不受限制
叠加式	几个技术在同一瞬间同时完成	后横踢同时进行格挡	技术数量受到一定限制

（一）组合技术的构成

跆拳道组合技术的构成成分为跆拳道的基本技术，在比赛中和平时的练习中表现形式多样，可以是单个种类的技术构成的组合，如步法组合、拳法组合、腿法组合、格挡组合等等，也可以是多类技术构成的组合，如拳法腿法组合、步法腿法格挡组合、多种技术的随机组合等等。

跆拳道以腿法得分为主，腿法组合是跆拳道的特色之一。两个或两个以上腿法依次完成就形成了组合腿法。组合腿法是跆拳道教学训练的重要内容之一。下面列举常用的 15 个组合腿法供练习者学习和训练参考选用。

1. 横踢 + 后踢
2. 横踢 + 下劈踢
3. 横踢 + 横踢
4. 横踢 + 后旋踢
5. 横踢 + 旋风踢
6. 横踢 + 双飞踢
7. 前踢 + 横踢
8. 腾空后踢 + 下劈踢
9. 前踢 + 下劈踢
10. 腾空后旋踢 + 腾空后旋踢
11. 双飞踢 + 横踢 + 双飞踢
12. 横踢 + 双飞踢 + 侧踢 + 下劈踢 + 旋风踢
13. 前踢 + 横踢 + 双飞踢
14. 横踢 + 旋风踢 + 后踢（或后旋踢）
15. 前踢 + 双飞踢 + 后旋踢

（二）组合技术的应用

跆拳道实战比赛的组合技术以腿法为核心要素，但腿法并不是跆拳道组合技术的全部内容，对此练习者要有清醒的认识。下面通过比赛实例分析组合技术的应用情况。

1. 实战组合一

格挡 + 后手拳 + 横踢（图 3-1-245、图 3-1-246、图 3-1-247、图 3-1-248）。该组合为防守反击组合。

图 3-1-245

图 3-1-246

图 3-1-247

图 3-1-248

2. 实战组合二

格挡 + 后手拳 + 横踢击头（图 3-1-249、图 3-1-250、图 3-1-251、图 3-1-252）。该组合为防守反击组合。

图 3-1-249

图 3-1-250

图 3-1-251

图 3-1-252

3. 实战组合三

左手侧平格挡同时内摆踢击头（叠加组合）+ 跳起防守（图 3-1-253、图 3-1-254、图 3-1-255、图 3-1-256、图 3-1-257、图 3-1-258）。该组合为迎击性组合。

图 3-1-253

图 3-1-254

图 3-1-255

图 3-1-256

图 3-1-257

图 3-1-258

4. 实战组合四

横踢进攻＋下劈踢击头迎击（图 3–1–259、图 3–1–260、图 3–1–261、图 3–1–262）。该组合为进攻迎击性组合。

图 3–1–259

图 3–1–260

图 3–1–261

图 3–1–262

5. 实战组合五

横踢攻击＋格挡防守＋步法＋下劈踢（图 3–1–263、图 3–1–264、图 3–1–265、图 3–1–266、图 3–1–267、图 3–1–268）。该组合为转换性组合。

图 3–1–263

图 3–1–264

图 3–1–265

图 3–1–266

图 3–1–267

图 3–1–268

6. 实战组合六

双方进攻＋旋风踢＋后旋踢（图 3–1–269、图 3–1–270、图 3–1–271、图 3–1–272、图 3–1–273、图 3–1–274、图 3–1–275、图 3–1–276、图 3–1–277、图 3–1–278）。该组合为进攻性组合。

图 3-1-269

图 3-1-270

图 3-1-271

图 3-1-272

图 3-1-273

图 3-1-274

图 3-1-275

图 3-1-276

图 3-1-277

图 3-1-278

7. 实战组合七

内摆下劈踢+跳步靠近防守+右侧平格挡+横踢攻击（图 3-1-279、图 3-1-280、图 3-1-281、图 3-1-282、图 3-1-283、图 3-1-284、图 3-1-285、图 3-1-286）。该组合为攻防转换性组合。

图 3-1-279

图 3-1-280

图 3-1-281

图 3-1-282

图 3-1-283

图 3-1-284

图 3-1-285

图 3-1-286

8. 实战组合八

横踢攻击 + 后滑步防守 + 横踢击头 + 靠近防守（图 3-1-287、图 3-1-288、图 3-1-289、图 3-1-290、图 3-1-291、图 3-1-292、图 3-1-293、图 3-1-294）。该组合为攻防转换性组合。

图 3-1-287

图 3-1-288

图 3-1-289

图 3-1-290

图 3-1-291

图 3-1-292

图 3-1-293

图 3-1-294

第二节 跆拳道战术

跆拳道是格斗对抗体育项目，比赛获胜不但需要和对手斗勇，更需要斗智。这种斗勇与斗智就是跆拳道战术运用的过程。跆拳道战术是根据我方和对方的具体情况，为取得比赛胜利而采取的计策和行动。跆拳道战术包括技术战术、心理战术、体能分配战术、规则战术、克制战术和场地区域战术。针对对手的不同特点，合理地选择和使用战术，可以在比赛中更加有效地显现自己的竞技实力。战术运用恰当，可以更有效地控制比赛局面，实现多得分少失分，最终获得比赛胜利。

一、技术战术

跆拳道技术战术是指比赛中有效运用跆拳道技术的策略和行动方法。技术战术包括进攻战术、反击战术和防守战术（图 3-2-1）。

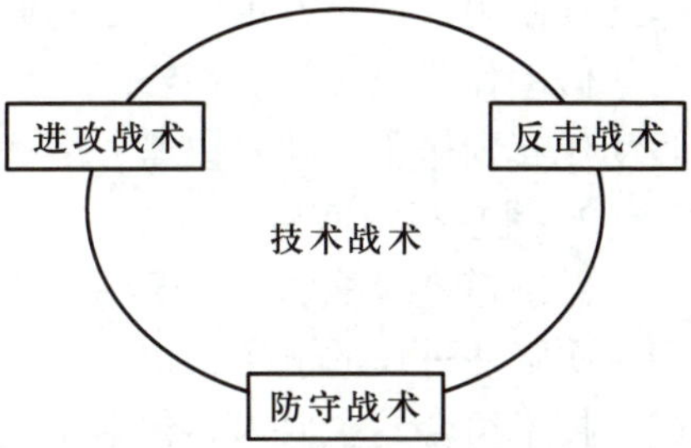

图 3-2-1　技术战术构成图

技术是基础，跆拳道技术质量决定技术战术的质量。由于存在多个跆拳道技术，因此决定了这类战术的多样性和复杂性。在比赛实践中，有时使用一种单一战术，有时是两种或多种战术综合交替使用。运动员比赛的核心战术，往往是围绕自己的特长技术而设计的。比赛中，要根据对方的实力情况、比赛时间和具体比分，灵活使用进攻战术、反击战术和防守战术，确保竞技能力的最佳发挥。

（一）进攻

进攻是以我为主、先发制人的攻击。跆拳道的进攻战术包括：直接攻击和间接攻击。一次完整的进攻由准备、攻击和结束三个环节构成（图 3-2-2）。一次进攻可能是单次击打的攻击，也可能是多次击打的攻击。进攻战术的主要目的是得分，使用的手段是步法、拳法和腿法。

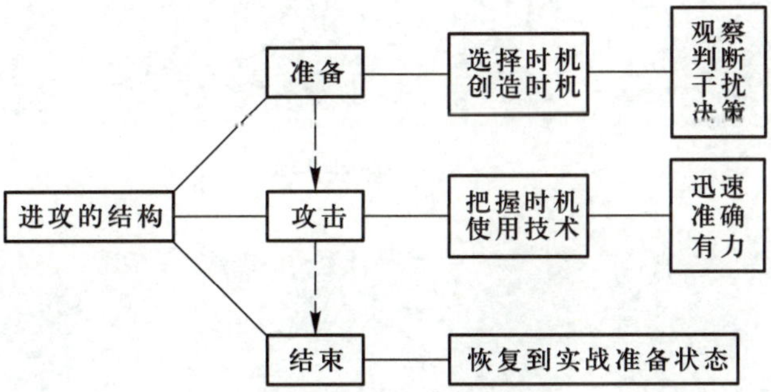

图 3-2-2　进攻的结构

1. 进攻战术的分类与要求

（1）直接攻击。直接攻击战术，是指在了解对手技术、战术、体能、心理等特点的基础上，选择适当的时机和技术直接攻击对手。直接攻击可分为抢攻和强攻两种形式。抢攻是创造机会抢先攻击，特点为“快”，表现为“偷袭式”攻击。强攻是强行突破对手的防线进行攻击，特点为“猛”，表现为“拼打式”攻击。

直接攻击是有计划有准备的战术行动，并不是不顾一切的死拼乱打，只有发现或制造出使用直接攻击的条件时，才应该使用。

（2）间接攻击。间接攻击是指在跆拳道的实战比赛中，运用虚假动作，分散其注意力或诱使对手产生错觉，在对方判断不准、犹豫不决时，进行真正的进攻。随着跆拳道运动技术水平的不断提高，特别是当对方反应快、防守能力和反击能力较强时，直接进攻容易遭到对手的反击。这时使用一定的手段和方法，转移、分散对方的注意力，使对手产生错觉，为自己创造更多的进攻条件。

使对方上当产生错觉的方法是使用假动作。假动作是表现给对手的假相，主要内容为真正技术动作的一小部分，如腿法动作开始的手臂动作、起动时的身体转动等等。假动作要与真动作结合使用，让对方难以判断真假和虚实。

假动作只是手段，“攻击”才是目的。做假动作的同时要做好攻击对手破绽的准备，一旦假动作起到作用，就要快速、准确地实施攻击。

2. 进攻战术实例

跆拳道进攻战术在比赛中有着广泛的应用，下面列举比较常用的进攻战术方法，其中有使用一次腿法进攻的例子，也有包含多次腿法进攻的例子。进攻战术一般需要依靠技术组合来完成，技术组合的主要内容包括步法和腿法。进攻战术的变化，由腿法和步法、排列顺序、攻击节奏以及腿法的攻击目标的局部变化或整体变化来实现。

（1）垫步前横踢进攻。双方闭式对峙，我方使用垫步前脚横踢进攻对方腹部（图 3-2-3、图 3-2-4、图 3-2-5、图 3-2-6、图 3-2-7、图 3-2-8）。

图 3-2-3

图 3-2-4

图 3-2-5

图 3-2-6

图 3-2-7

图 3-2-8

（2）上步横踢进攻。双方闭式对峙，我方上步接近对手，随后迅速后横踢攻击对方腹部（图 3-2-9、图 3-2-10、图 3-2-11）。

（3）跳换步后横踢进攻。双方闭式对峙，我方做跳换步，紧接着迅速用后横踢攻击对方（图 3-2-12、图 3-2-13、图 3-2-14、图 3-2-15、图 3-2-16）。

图 3-2-9

图 3-2-10

图 3-2-11

图 3-2-12

图 3-2-13

图 3-2-14

图 3-2-15

图 3-2-16

（4）前交叉步腾空侧踢进攻。双方闭式对峙，我方用前交叉步快速向前，紧接着迅速蹬地跳起用右腿侧踢攻击对方躯干（图 3-2-17、图 3-2-18、图 3-2-19、图 3-2-20、图 3-2-21）。

图 3-2-17

图 3-2-18

图 3-2-19

图 3-2-20

图 3-2-21

（5）垫步双飞踢进攻。双方开式对峙，我方垫步向前，随即用双飞快速攻击对方躯干两侧（图 3-2-22、图 3-2-23、图 3-2-24、图 3-2-25、图 3-2-26）。

图 3-2-22

图 3-2-23

图 3-2-24

图 3-2-25

图 3-2-26

（6）前交叉步横踢攻击。双方闭式对峙，我方用前交叉步接近对方，用右腿横踢攻击对方躯干（图 3-2-27、图 3-2-28、图 3-2-29）。

图 3-2-27

图 3-2-28

图 3-2-29

（7）上步后踢攻击。双方开式对峙，我方上步紧接着用后踢攻击对方（图 3-2-30、图 3-2-31、图 3-2-32、图 3-2-33）。

（8）前进步后横踢进攻。双方开式对峙，我方用前进步快速接近对方，随后迅速用后横踢攻击对方腹部（图 3-2-34、图 3-2-35、图 3-2-36、图 3-2-37）

图 3-2-30

图 3-2-31

图 3-2-32

图 3-2-33

图 3-2-34

图 3-2-35

图 3-2-36

图 3-2-37

（9）跳下劈踢进攻。双方开式对峙，我方左腿前摆，右脚蹬地跳起，用右腿下劈踢攻击对方头部（图 3-2-38、图 3-2-39、图 3-2-40、图 3-2-41）。

（10）单跳步横踢进攻。双方开式对峙，我方用单跳步接近对方，随后迅速用后腿横踢攻击对方腹部（图 3-2-42、图 3-2-43、图 3-2-44、图 3-2-45、图 3-2-46）。

（11）中高变换击头。双方闭式对峙，我方用后腿攻击对方躯干，当对方注意力集中在左侧躯干时，我方右腿迅速改变攻击路线攻击对方头部空当（图 3-2-47、图 3-2-48、图 3-2-49、图 3-2-50、图 3-2-51、图 3-2-52）。

图 3-2-38

图 3-2-39

图 3-2-40

图 3-2-41

图 3-2-42

图 3-2-43

图 3-2-44

图 3-2-45

图 3-2-46

图 3-2-47

图 3-2-48

图 3-2-49

图 3-2-50

图 3-2-51

图 3-2-52

（12）左右横踢连击。双方闭式对峙，我方用垫步前横踢进攻对方腹部，紧接着左腿快速落地后迅速用右腿攻击对方头部（图 3-2-53、图 3-2-54、图 3-2-55、图 3-2-56、图 3-2-57、图 3-2-58）。

图 3-2-53

图 3-2-54

图 3-2-55

图 3-2-56

图 3-2-57

图 3-2-58

（13）推踢与横踢连续进攻。双方开式对峙，我方突然起动使用右腿推踢进攻对方躯干，随即迅速用左右横踢进攻失去重心的对方（图 3-2-59、图 3-2-60、图 3-2-61、图 3-2-62、图 3-2-63、图 3-2-64、图 3-2-65）。

图 3-2-59

图 3-2-60

图 3-2-61

图 3-2-62

图 3-2-63

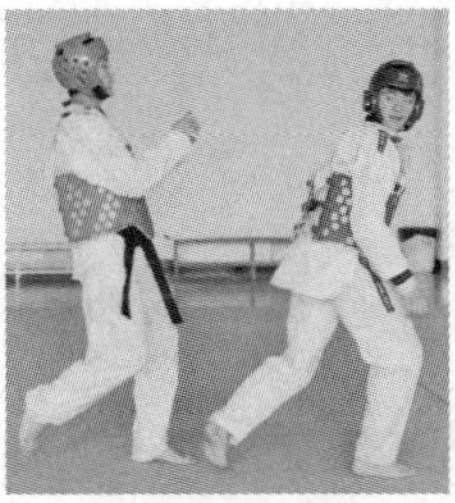

图 3-2-64

图 3-2-65

（14）左腿两次横踢连击。双方开式对峙，我方迅速起动，用左脚横踢攻击对方躯干，然后迅速收脚落地，随即右脚上步再次用左脚横踢进攻对方（图 3–2–66、图 3–2–67、图 3–2–68、图 3–2–69、图 3–2–70、图 3–2–71、图 3–2–72）。

图 3–2–66

图 3–2–67

图 3–2–68

图 3–2–69

图 3–2–70

图 3–2–71

图 3–2–72

（15）横踢与旋风踢连击。双方开式对峙，我方迅速用后脚横踢进攻，发力后迅速收腿落地，紧接着用旋风踢继续攻击后退的对方（图 3–2–73、图 3–2–74、图 3–2–75、图 3–2–76、图 3–2–77、图 3–2–78）。

图 3–2–73

图 3–2–74

图 3–2–75

图 3–2–76

图 3–2–77

图 3–2–78

（二）反击

在对方进攻发起之后我方进行的攻击称为反击。反击是后发制人的攻击，一次反击行动由准备、防守、攻击、结束四个环节构成（图 3-2-79）。跆拳道反击战术包括抢先反击（迎击）、同时反击、防后反击和引诱反击。一次反击可能采用单次击打的攻击，也可能采用多次击打的攻击。反击战术的目的是瓦解对手的进攻，同时去攻击对手的空当而得分，使用的技术手段是防守法、拳法和腿法。无准备的反击是被动的，针对利用“圈套”与“陷阱”引诱和调动出来的进攻而实施的反击就是主动运用反击战术。

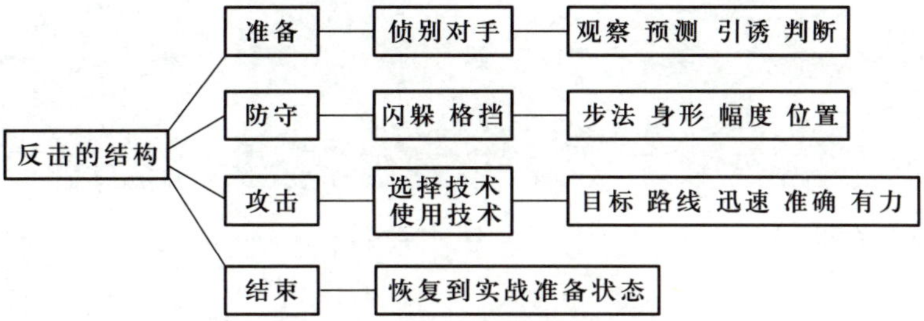

图 3-2-79　反击结构图

1. 反击战术的分类与要求

（1）抢先反击（迎击）。抢先反击亦称迎击，是在对方进攻起动的瞬间我方迅速进行的攻击。抢先反击是在对手向我方进攻靠近的过程中，进攻的攻击还没有形成或将要形成的瞬间完成的。它具有后发先至的特点。抢先反击一般是原地使用攻击技术。这种反击方式的主要结构是：准备、攻击、结束。

使用抢先反击需要迅速准确的反应和干净利落的技术动作。对方真正攻击刚一发动，我方攻击就要开始，否则就失去了时机。相对其他战术方式，抢先反击成功需要选手具有快速反应能力。抢先反击能够抑制对方的进攻，使对方难以形成完整的进攻，其一旦成功，往往会取得较好的打击效果。

（2）同时反击。就是边防守对方进攻边进行反击，我方的防守和攻击同时完成。特点是防守环节和攻击环节叠加起来，弱点是要承受对方的攻击。这种方式具有后发同至的特点。因为对方在攻击时往往防守能力较弱，同时反击容易奏效。

（3）防后反击。防后反击指的是先防守对方的攻击然后再反击对方，在对方进攻结束瞬间我方开始进行攻击。防后反击具有后发后至的特点，它包括了准备、防守、攻击、结束四个环节，是最典型的反击。采用这种反击方法应注意：防守和反击要紧密相连，快速及时完成反击，避免对方逃跑或连击。

（4）调动反击。调动反击是指使用佯攻手段把对方的攻击动作引诱出来，然后进行反击，俗称调打。其属于折返式打法，先原地或向前移动，随之向后移动，最后向前攻击。它包括了准备（引诱）、防守、攻击、结束四个环节。这种反击主要用于克制反击型选手。

2. 反击战术实例

跆拳道反击战术在比赛中有着广泛的应用，下面列举比较常用的反击方法，其中有使用一次腿法反击的例子，也有包含多次腿法的例子。反击组合的主要内容包括假动作、步法、格挡、闪躲、拳法和腿法。反击战术的变化取决于构成反击组合的内容等的变化。

（1）后滑步后横踢击头。双方闭式对峙，对方使用后横踢攻击我方躯干，我方迅速用后滑步闪开，随即后横踢攻击对方头部（图 3–2–80、图 3–2–81、图 3–2–82、图 3–2–83、图 3–2–84、图 3–2–85）。

图 3–2–80

图 3–2–81

图 3–2–82

图 3–2–83

图 3–2–84

图 3–2–85

（2）前横踢迎击。双方闭式对峙，对方用交叉步向我方接近，在对方起动瞬间，我方迅速用前脚攻击对方头部（图 3–2–86、图 3–2–87、图 3–2–88）。

图 3–2–86

图 3–2–87

图 3–2–88

（3）后滑步双飞反击。双方闭式对峙，对方使用垫步前横踢向我方进攻，我方迅速后滑步闪开，随即用双飞攻击对方躯干（图 3–2–89、图 3–2–90、图 3–2–91、图 3–2–92、图 3–2–93、图 3–2–94）。

图 3-2-89

图 3-2-90

图 3-2-91

图 3-2-92

图 3-2-93

图 3-2-94

（4）后滑步两次横踢反击。双方开式对峙，对方使用后横踢攻击，我方迅速用后滑步闪开，随即用右脚横踢和左脚横踢连续攻击对方躯干（图 3-2-95、图 3-2-96、图 3-2-97、图 3-2-98、图 3-2-99、图 3-2-100、图 3-2-101）。

图 3-2-95

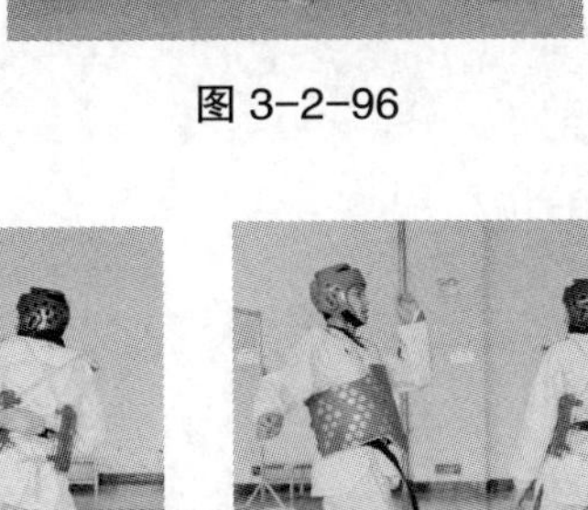

图 3-2-96

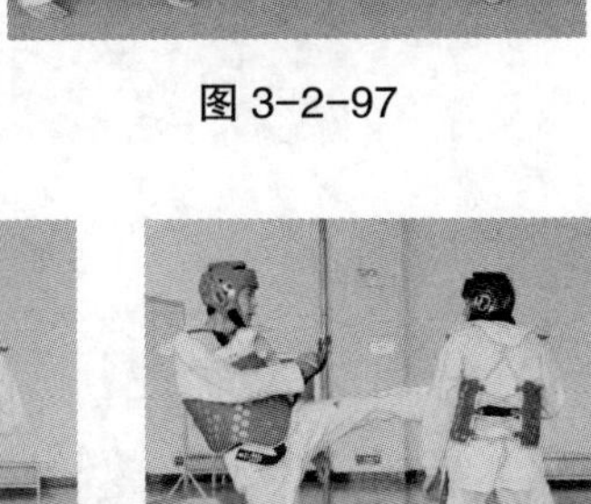

图 3-2-97

图 3-2-98

图 3-2-99

图 3-2-100

图 3-2-101

（5）假动作调动后横踢反击。双方开式对峙，我方使用原地跳换步造成后横踢攻击的假相，对方用后踢应对，我方闪开对方后踢攻击，随即迅速用后横踢攻击对方腹部（图 3-2-102、图 3-2-103、图 3-2-104、图 3-2-105、图 3-2-106）。

图 3-2-102

图 3-2-103

图 3-2-104

图 3-2-105

图 3-2-106

（6）后退步后旋踢反击。双方开式对峙，对方用垫步前横踢进攻，我方后退步闪开，当对方用后横踢继续进攻时，我方迅速使用后旋踢攻击对方头部（图 3-2-107、图 3-2-108、图 3-2-109、图 3-2-110、图 3-2-111）。

图 3-2-107

图 3-2-108

图 3-2-109

图 3-2-110

图 3-2-111

（7）前脚调动后横踢反击。双方闭式对峙，我方用原地垫步抬前脚，制造前脚攻击的假相，当对方用后横踢攻击时，我方迅速向后闪开，随即用后横踢攻击对方腹部（图 3–2–112、图 3–2–113、图 3–2–114、图 3–2–115、图 3–2–116）。

图 3–2–112

图 3–2–113

图 3–2–114

图 3–2–115

图 3–2–116

（8）后滑步后手拳接后横踢反击。双方闭式对峙，对方用前横踢进攻，我方后滑步闪开，当对方用后横踢继续攻击时，我方左手格挡，用手直拳攻击对方胸部，随即用后横踢攻击对方躯干（图 3–2–117、图 3–2–118、图 3–2–119、图 3–2–120、图 3–2–121、图 3–2–122）。

图 3–2–117

图 3–2–118

图 3–2–119

图 3–2–120

图 3–2–121

图 3–2–122

（9）后手拳迎击后腿下劈击头反击。双方闭式对峙，对方用后横踢进攻，我方迅速用左手格挡，同时用右手直拳攻击对方胸部，随即右腿上摆下劈踢击对方头部（图 3–2–123、图 3–2–124、图 3–2–125、图 3–2–126、图 3–2–127）。

图 3–2–123

图 3–2–124

图 3–2–125

图 3–2–126

图 3–2–127

（10）两次后滑步横踢反击。双方闭式对峙，对方用后横踢进攻，我方后滑步闪开，随即用后横踢反击对方腹部，对方用后脚横踢继续进攻，我方迅速后退，紧接着迅速用后横踢反击对方躯干（图 3–2–128、图 3–2–129、图 3–2–130、图 3–2–131、图 3–2–132、图 3–2–133）。

图 3–2–128

图 3–2–129

图 3–2–130

图 3–2–131

图 3–2–132

图 3–2–133

（11）撤步后横踢反击。双方开式对峙，对方后横踢攻击，我方右脚后撤同时转身闪开攻击，随即右脚迅速横踢攻击对方躯干（图 3-2-134、图 3-2-135、图 3-2-136）。

图 3-2-134

图 3-2-135

图 3-2-136

（12）贴靠后攻击。双方贴靠在一起，我方主动向后移动一步，紧接着迅速用右脚横踢攻击对方躯干部位（图 3-2-137、图 3-2-138、图 3-2-139）。

图 3-2-137

图 3-2-138

图 3-2-139

（三）防守战术

防守是为了避免自己得分部位受到攻击，防守战术是限制或瓦解对手进攻，保护自己得分，控制比赛节奏，消耗对手体力的计策与方法。防守战术包括相持、压制、迂回。其表现形式是守而不打。

防守战术的目的有三个：第一是使对方的进攻或反击失效，自己不失分，维持比赛分差；第二是消耗对方体能，节省自己体能；第三是控制比赛节奏与时间。

防守战术的使用前提有两个：一个是考虑比赛时间和分差，另一个是权衡自己的防守能力和对手的进攻能力是否允许。一般情况下，第三局在比分领先较大的情况下可以适当使用。有经验的运动员也经常在比赛的第一局和第二局使用。防守战术需要高超的防守技术和运用能力做支撑。防守使用的手段主要是假动作、格挡和闪躲。防守战术必须服从整场比赛的战术计划，必须适时与进攻战术和反击战术相搭配。

1. 相持

相持是指站好实战姿势和对手对峙，自己无论有没有机会进攻都不发动攻击，并通过假进攻、假反击和身体前后小范围移动等手段，干扰和抑制对手的战术思路和行动，保持和对手的对峙状态。这种策略一般在试探对手时，或比分领先并且对方比赛经验不足时使用。使用相持策略时要考虑和处理好裁判对消极比赛的警告判罚问题。

2. 压制

双方对峙中，我方通过短距离移动，不断向前压制对手，但要做到压而不打。如果对方向我方发动进攻，我方则迅速向前移动贴靠对方，破坏对方的攻击距离，使其进攻不能完成。如果对方企图近距离攻击，我方则在对方即将发动攻击时，提前微微后撤，迫使对方重新组织攻势。压制战术主要通过移动和格挡完成对对手的压制。这种策略一般在领先时，面对反击能力相对较弱的对手时使用。

3. 迂回

对方进攻时，我方通过灵活的步法，格挡和身形闪躲，向后面或侧面移动，避开对方的攻击，并与对方保持安全距离。如果对方不进攻，我方则与对方保持相持。这种策略一般在领先对手，并且其连击能力相对较弱时使用。使用时要注意避免消极比赛和背逃犯规。

二、心理战术

心理战术是指利用各种方法和手段对对手施加刺激和影响，扰乱对手正常的比赛心理，造成其判断失准、注意力分散、自信心削弱，干扰和阻碍其竞技能力发挥，从而为自己的技战术发挥创造更好的条件。心理战术的主要目的是确立自己的心理优势，鼓舞士气、增强信心、提高斗志，同时削弱对方心理优势，使其或盲目自信，或丧失信心，或因压力过重而烦躁不安等。

（一）显示或夸大自己实力，给对方造成心理压力，让其产生惧怕心理

常用的方法有：

（1）采取舆论战，显示自己的强大和不可战胜。

（2）利用赛前热身表现自己的激昂斗志和必胜信念。

（3）利用自己的特长技术，在比赛开始时猛攻猛打，给对手造成强大的心理压力，使其丧失信心与斗志。

（二）在赛前发布假情报，让对方真假难辨，虚实难测

使对手产生错觉，误认为有机可乘，导致其采取错误的战术行动。情报内容包括体力、伤病、训练时间、比赛经验、思想动态等。如：面对以往成绩好的对手，传递自己实力平平，抱着学习的态度来比赛，无望取胜等信息，容易使对手放松警惕，产生轻敌心理，削弱其战斗意识。待真正比赛时判若两人，达到令对手措手不及的效果。而面对比赛经验不足的新手或成绩一般的选手，通过表达自己具备超强实力，具有强大的竞争力等信息，则往往会加重对方的心理负担。

（三）根据对手性格弱点采用有效方法克制，使自己有机可乘

对于有勇无谋、一味死拼的对手，可以引其猛攻，耗其体力，同时根据其出招规律寻找漏洞给予准确攻击；对于胆小谨慎的对手，就要猛打猛冲，以声音、气势和技术，给对手施加压力，使其产生畏惧心理，不能正常发挥技战术；对于情绪起伏较大的对手，可以有意制造比赛困难，使其畏难而丧失取胜信心；对于急躁易怒的对手，应有意识地将其激怒，使其情绪失控，形成犯规或无章法的乱打；对于个性倔强、主观而固执的对手，与其斗智，让他经常犯同样的错误；对于骄傲自大的对手，则应有意示弱，使其傲慢轻敌，放松警惕。

三、体能战术

体能战术是指在跆拳道比赛中，合理地分配和使用自己的体力，获得比赛优胜的方法。跆拳道比赛绝大多数场次都要打满3局，每局2分钟，局间休息1分钟。并且大型的比赛往往一天结束，要取得冠军需要取得5~8场的胜利。紧张激烈的比赛会导致大量的体能消耗，体力分配得合理与否是比赛取胜不可忽视的一个因素。

（一）体能使用原则

1. 均衡分配原则

一般情况下，要把体能平均分配在三个回合当中，避免出现不均衡现象，最大限度地保证技术在三个回合的比赛中均能理想地发挥出来。跆拳道比赛不是三局两胜制，而是根据三个回合的最后得分和优势情况判定胜负，所以既要避免比赛前半部分猛打猛冲而后面体能不支的"前紧后松"现象，也要避免比赛开始时缩手缩脚，结果比赛结束而体能没有完全发挥出来的"前松后紧"现象。

2. 区别对待原则

在跆拳道比赛中，要根据对手的不同情况灵活使用体能，这就需要在赛前和比赛中观察对手，获得准确的有关对手的体能信息与技术信息，从而制定相应的体能使用方法，有的放矢、区别对待。

3. 以我为主原则

跆拳道比赛中应根据自己的体能情况和比赛情况发挥体能，根据整个比赛需要来分配每一场比赛的体能，着眼于整个比赛，不能局限于一场比赛。如果一天要参加两场以上的比赛，在面对较弱的对手时，要适当地保存自己的体能，只要确保获胜即可，以保证下一场或下几场比赛有充沛的体能。但是在没有领先优势和获胜的把握时，则必须全力以赴，毫不保留。

4. 最佳效益原则

节省体能就是用最少的体能消耗来达到最大的实战效果，减少不必要的浪费。节省体能要注意比赛前、比赛期间和比赛回合间的放松休息。在整个比赛期间，运动员单纯用来打比赛的时间并不是太多，休息和准备的时间占了很大一部分，因此比赛中运动员要避免过度兴奋，保存体力，比赛时全身协调用力，消除多余紧张。在比赛的回合之间，有一分钟的休息时间，运动员应该尽量放松全身。在裁判暂停比赛时也要放松身体等待比赛开始。总之要充分利用一切可以放松调整的机会，养精蓄锐。另外要尽力避免无用动作，盲目乱打。

（二）体能分配方法

在充分了解对手体能情况的基础上，制定体能分配方法。

（1）当对方体能较差时，在第一局、第二局要进行积极的进攻和反击，消耗对方体能，不给对方喘息机会，使对方体能迅速下降，从而产生体能不支，技术动作走形，反应迟钝，速度降低等现象，这时要发挥体能优势，积极发挥技术取得比赛主动权。

（2）当我方体能相对较差时，要利用各种方法控制比赛节奏，节省体能以保证技术和战术发挥。自己要做到有耐心有章法，攻防有序，不急不躁。当对手与自己拼体能时，可找准机会应用有效技术重击对手，挫其锐气，或使用贴身、换角度、过渡和破坏等手段，巧妙化解对手的攻势。

（3）当我方与对方体能相当时，在充分发挥自己体能潜力的基础上，以发挥其他战术为主与对手作战。

（4）比赛经验差的选手可以发挥体能优势，弥补自己技战术不足的弱点。

四、规则战术

规则战术是指在比赛中充分利用规则范围允许的手段和方法，获得无形得分，取得比赛优势的战术。熟悉和利用裁判规则，可以增加比赛的获胜技巧。

（一）KO 取胜

用跆拳道攻击技术重击对手头部或躯干，使对手因重伤退出比赛。KO 战术是在大比分落后时赢得比赛胜利的一个方法，也是提前结束比赛的途径。

（二）利用给对手造成多次犯规而战胜对手或追平比分

使用有效手段和方法，使对手多次犯规，在三局时间内达到累计扣 4 分而犯规败。即使不能达到使对手犯规败，也可以利用迫使对手犯规被警告或扣分，而增加自己的分数。如常用推踢或猛攻迫使对手后退出界，迫使对手倒地而被裁判警告。

（三）根据比赛时间和比分选择攻击技术和部位

如落后 3 分，剩余时间不多，则选择 3 分技术或 4 分技术，采用击头战术，才能有较大获胜的可能性。如果自己比分领先较多，剩余时间较少时，则可以采用防守头部策略，只要不让对手击头成功，则对手的得分就很难反超。

（四）分差获胜

跆拳道规则规定，在第二局结束或第三局进行的任何时刻，只要一方领先对手 12 分，则比赛结束，领先 12 分的选手获胜。如果实力超过对手较多，或者对手意外地不在比赛状态，则可以利用这个获胜方式，提前取得胜利。如果取得分差获胜，不但可以大大增强运动员信心，还可以节省体能投入接下来的比赛中。

五、克制战术

克制战术是限制对手的长处，发挥自己长处，攻击对手弱点的比赛方法。每个运动员都有自己擅长的技术和打法，同时也必然存在薄弱之处。在比赛时可以运用适当的战术方法，限制对手的特长，取得比赛胜利。

（一）针对矮个或善于近距离攻击的对手

与对手拉开距离作战，防止其突然靠近。在对方向前接近时，我方迅速直接用横踢、侧踢、下劈等腿法，直接进行迎击或抢攻。没有机会就迅速撤离到对手攻击范围之外。

（二）针对高个或善于远距离的对手

身高腿长的选手占有控制范围大的优势，遇到这样的选手时可用下面方法应对：

（1）采用灵活步法，在对手进攻（反击）失效或注意力分散时迅速接近并连击对手。攻击结束后，要迅速靠近对手或与其拉开较大距离。

（2）利用假动作调动对手，然后迅速接近并展开攻击。

（3）如对方反应较快难以接近时，则可采取强攻战术：快速接近对手并做好防守准备，不管对手是否攻击，在自己获得距离后，连续猛攻对手。

（4）同一级别中身高特别突出的选手，一般体能都比较差，再加上动作幅度大，每次动作消耗的能量都较一般人多。所以比赛开始就要加快动作节奏和攻防节奏，先消耗对方体能，然后利用适合的战术去战胜对手。

（5）身高腿长的选手大多擅长下劈、推踢与横踢技术。防守时应多使用步法进行左右闪躲。

（三）针对善于主动进攻的对手

善于主动进攻的运动员往往反击能力较弱，与这类对手比赛，常常使用下面的战术：

（1）以攻代守。采取抢先进攻的方法，限制对手发动进攻。

（2）灵活移动和偷袭式抢攻相结合。通过灵活的步法破坏对手的进攻距离，不给对手合适的攻击条件。当对手精力分散或转换位置时采用抢攻偷袭的方法攻击对手。

（3）采用连续的反击应对对手的进攻。

（四）针对善于防守反击的对手

善于运用这种战术的对手，一般反应快且判断准，他们善于观察对手进攻方法并能迅速找出对方的漏洞，他们的防守能力强，闪躲技巧和还击技术都比较突出。对付这类选手可用以下方法：

（1）可用假进攻的方法，诱使其做出反击动作，然后快速攻击对手。

（2）使自己的真正攻击和假攻击结合起来，让对手难以判断真假虚实。

（3）抢攻后迅速移开或靠近，使其反击落空。

（4）用连击进攻获得更多的得分。如丢一分换两分打法，丢一分换多分打法等。保证在一个攻防单元中，比对手使用的腿法次数多而得分多，或者通过击头使一次得分分值比对手多。

（五）针对善于连击的对手

（1）防守时尽量避免直线后退。可向两侧移动，使对手连击动作落空，然后寻机攻击对手。

（2）向前与对手靠近，不给对手距离，破坏对手的连击。

（3）使用迎击与对攻的方法限制对手的连击。

六、场地区域战术

场地区域战术是根据自己和对手所处的区域和位置，选择和运用技术的方法。跆拳道场地可以划分为边区域和中央区域。距离边界线1米左右的区域称为边区域。处于边区域时对运动员左右移动形成一定的限制，前后移动受到对手和边界的限制。而处在中央区域运动员受到的移动限制很少。

（一）处在内边位置经常使用的方法

内边位置是指我方在场地中央区域，对手在边区域。处在这种位置的战术思路一般为逼迫对手出界和利用有利位置攻击对手得分。

（1）采用长距离进攻。

（2）使用连续进攻。

（3）使用前脚纵向腿法进攻或迎击来压制对手。

（4）对手向中央区域移动时，使用迎击或反击得分。

（二）处在外边位置经常使用的方法

外边位置是指对手在场地中央区域，我方处于边区域。处于这种位置时，要机智冷静，寻机向中央区域转移，或者进攻对手得分。当距离比赛结束时间较短，自己比分领先时，也可以利用相持耗费时间来保持优势。

（1）抓住时机抢攻。

（2）对手进攻时迅速利用转身、侧闪等方法前靠，当身体贴近对手时快速转换位置。

（3）随时准备迎击或反击，同时寻找机会主动进攻。

（4）比分领先时，采用对峙相持、格挡、身形闪躲等方法消耗时间。

思考与作业

1. 跆拳道实战式的要求有哪些？
2. 跆拳道实战步法有哪些？
3. 简述跆拳道的防守技术。
4. 跆拳道基本腿法有哪些？各腿法的动作要领是什么？
5. 组合技术的概念是什么？
6. 跆拳道战术的概念是什么？
7. 跆拳道技术战术包括哪些内容？
8. 跆拳道克制战术包括哪些内容？

4

第四章 跆拳道教学

跆拳道教学是学生在教师的指导下，通过学习和应用跆拳道技术和技能，提高身体活动能力，增进身心健康，促进个性发展的教育过程。本章介绍了跆拳道教学的相关知识，并结合现代教育思想介绍了跆拳道教学的相关理论。主要包括跆拳道教学原则与要求、现代教学理念在跆拳道教学中的应用、跆拳道教学方法、跆拳道教学文件等。通过本章内容的学习，可以获得跆拳道教学方面的知识，掌握跆拳道教学的基本规律与方法。

第一节 跆拳道教学原则与要求

跆拳道教学，是教师和学生共同参与完成的学习活动，目的是传播学习跆拳道理论知识、技术和战术方法，使学生形成跆拳道专项运动能力，提高学生身心综合素质。

一、礼仪为先原则

（一）礼仪为先原则的内容

礼仪为先原则是指跆拳道教学中注重礼仪和精神教育，首先进行跆拳道礼仪的教学，其次进行其他内容的教学，也就是说技术教学应该在礼仪教学的基础上进行。跆拳道的本质是一种格斗术，具有较强的攻击和防守作用。练习者如果没有良好的道德品质，没有社会公德意识，很容易对社会造成不良影响。因此跆拳道教学首先必须注重其教育功能，其次才是动作技术和战术。注重教育功能是该项目被社会认可，被大多数人接受和喜爱的重要原因。遵守礼仪是培养高尚人格和品质，形成良好道德情操的重要措施和方法。无论学校中的跆拳道课程还是道馆中的跆拳道教学，都必须以礼仪为先，在教学中始终贯彻该项原则。

（二）跆拳道教学中贯彻礼仪为先原则的要求

1. 教师作为遵守礼仪的表率

教师必须熟知跆拳道礼仪的内容和形式，深刻理解礼仪的内涵和精神，在平时生活和教学过程中做遵守礼仪的榜样，言传身教，潜移默化地培养学生自觉遵守跆拳道礼仪。

2. 使礼仪成为习惯

教学中教师要严格按照跆拳道礼仪的要求教导学生，逐渐使遵守礼仪成为习惯，成为学生的自觉行为。防止时松时紧，要求松懈。礼仪习惯养成并长时间遵守，礼仪的内涵会逐渐得到内化。

3. 加深对礼仪的理解，避免流于形式

跆拳道的礼仪，其中包含着文明、尊重、谦虚、诚实、努力、秩序、公正、勇敢等内涵。教师要使学生获得对跆拳道礼仪更深层次的理解，使礼仪成为学生发自内心的行为，这才是跆拳道礼仪真正的目的。发自内心的礼仪行为才能够起到更大的教育作用。

4. 避免卖弄和炫耀跆拳道技艺

跆拳道练习者要保持谦虚内敛的品格，不能因为掌握了一些跆拳道的技术就傲慢自大和不尊重别人，更不能不分场合地点卖弄和炫耀，要时刻铭记练习跆拳道技艺的正确目的。

二、安全为上原则

（一）安全原则的内容

跆拳道教学的安全原则是指在跆拳道教学中，教师和学生要有效控制技术练习、攻防实战、击破表演等内容练习的致伤因素，提高跆拳道教学的安全意识，预防不必要的伤害发生。跆拳道教学中的攻防练习、防身术练习、实战比赛练习都是身体强烈接触和快速活动的内容。

这些练习内容控制不好容易造成身体的伤害。无论教师还是学生，都要时刻保持安全意识。

（二）跆拳道教学中贯彻安全原则的要求

1. 课前认真检查场地器材，排除不安全因素

垫子是否平整，接口是否松动，脚靶和护具等是否完好，体能练习器材是否稳定合格等，都是教师和教练课前必须认真检查的内容，对不合乎要求的情况，要及时处理。有效预防和控制不安全因素。

2. 实战练习、实战比赛必须按照要求佩戴相应护具

实战对练和比赛时，练习者必须佩戴头盔、护身、护腿、护臂、护裆和护齿。在教学训练进行条件实战练习时，教师或教练要限制好条件，对以上护具可以根据情况选择佩戴。

3. 实战和攻防练习要循序渐进地进行

实战技术和攻防技法的应用必须循序渐进地进行，首先学会动作，有了一定的技术基础后，两人再进行固定动作的慢速感觉和适应，然后逐渐加快速度和力量，还要对力量和速度有所控制，最后过渡到自由使用技术的练习阶段。教师和教练要有效控制实战和比赛的时机。

4. 按相应水平配对练习

在实战训练时，一定要按照相应的体重级别和同等技战术水平安排配对，体重和水平选手配对一定要谨慎。如果水平和体重不同的学生练习，一定要求水平高的学生控制力量和速度，避免失手造成伤害事故。

5. 击破和特技练习中预防损伤发生

击破练习是跆拳道练习的内容之一。击破练习时要选择适合学生水平的击破物品。开始特技训练时要降低难度，然后逐渐增加难度。击破和特技都不要逞强，有了基础后才可以挑战可能达到的难度。击破与击破物的放置和把持必须考虑安全因素。

三、学生主体性原则

（一）学生主体性原则内容

学生主体性教学原则是指在体育教学过程中，学生始终是学习的主体，教师的一切活动应根据学生主体的需要和特点来安排，学生应在教师的指导下积极主动地参与教学活动，充分发挥自身主体的主动性和创造性。在跆拳道教学过程中，学生是认识的主体，教师则是这一活动过程的组织者和指导者。学生应是跆拳道教学活动的中心，教师、教材、教学和训练手段都应为学生的“学”服务。跆拳道教学过程是教师和学生的共同活动过程，教师是教学的主导，学生是教学的主体。教学中应体现出学生的主体地位，从学生的心理特点和实际需要出发，精心设计跆拳道教学目标和教学过程。

（二）跆拳道教学中贯彻学生主体性原则的要求

1. 明确学习跆拳道的目的，端正学习态度

教学中教师要鼓励学生全面了解跆拳道知识、特点和作用，使其明确学习目的，进而产生强烈的学习动机和学习训练兴趣，提高学习热情。跆拳道的防身、健身、礼仪和精神教育等作用吸引了众多的学习者，他们通过对跆拳道项目的了解产生了强烈的学习动机。学习目的明确，就能够促进良好学习态度的形成。学生主动学习和积极参与教学活动的自觉性是获得理想

教学效果和学习态度的基本要求。“渴望学习”“我要学习”“认真学习”等良好学习态度的形成，有利于学生产生持久的学习和训练动力。

2. 制定切实可行的教学目标

教学目标是一种预想的学习结果。明确的教学目标能够避免教师教学的随意性，同时也能克服学生学习的盲目性，有效调动其学习的积极性。教学目标过低和过高，均会导致学生学习积极性降低。合适的目标能够让学生体验到更多“成功”的喜悦，可以对学生的学习积极性和自信心产生很好的强化作用。因此教师要详细了解所教学生的实际情况，有针对性地制定与学生学习能力相适应，通过努力能够达到的教学目标。

3. 应用各种恰当的教学方法激发学生的学习积极性

比如探究法、讨论法、分组学习法、评比法、比赛法、游戏法、观摩表演等。通过科学使用教学和练习的方式方法，使枯燥无味的学习变得丰富多彩。

四、直观性原则

（一）直观性原则的内容

直观性原则是在跆拳道的教学中充分利用各种直观的手段，使学生通过各种感官和已有的经验，去感知跆拳道技术动作和战术方法，对所学的内容获得生动的动作表象和感性认识，形成正确的思维，从而掌握所学的内容。在跆拳道教学中要最大限度发挥学生的视觉、听觉来感知动作过程，通过触觉和肌肉的本体感觉来体会动作要领，善于运用直观性原则能够有效促进学生正确动作表象的建立和技术概念的形成，对提高跆拳道的教学效率和教学质量十分重要。

观察和模仿是人类学习新事物的一个重要方法和途径。通常情况下，再完美的叙述讲解，也往往难以替代一个正确的示范。跆拳道技术的动作规格、运动速度、用力方式等都可以通过直观的方式使学习者快速建立清晰的概念。因此充分利用直观方式进行教学是跆拳道教学的一个重要原则。

（二）跆拳道教学中贯彻直观性教学原则的要求

1. 广泛运用各种直观方式，综合调动各种感觉器官的参与

跆拳道教学中，获得正确技术和战术等概念的重要方法就是观察动作示范，学生通过视觉获得形象直观的动作信息，建立动作概念和表象。示范可以通过教师示范、优秀学生示范、图片、视频等实现。优秀的示范可以激发学生的学习热情，产生和增强学生的学习动力。

通过听觉、触觉、本体感觉等参与可以多方位感知动作技术，对动作整体概念的感知、形成和深化具有促进作用。各种感觉器官的综合运用还可以促进学生的思维能力，在学习实践中形成积极的反馈和强化。

2. 充分发挥教师本身的直观作用

“身教胜于言教”，教师的行为举止对学生有着潜移默化的作用。教师的一切活动都是学生观察的目标，都具有很强的直观作用。因此优秀的教师能够时刻检查和约束自己的行为，把最优秀和美好的表现展示给学生，在教学中表现出优秀的综合素质，积极向上、谦虚智慧、行为得体以及对跆拳道理论和实践的全面把握和深刻认识等。

教师的示范、语言表达、教学行为都是学生最重要的信息来源。学生的模仿能力很强，教

师的整体表现会对学生行为产生重要和深远的影响。因此，教师应不断提高自身修养，不断提高教学能力，不断完善自我。

3. 选择和使用直观效果好的教材和素材

优秀的跆拳道教材特点之一就是具有很强的直观性。其中教材中的示范图片必须达到动作标准规范、图片清晰大小适中、动作细节表达完整等要求。文字叙述要求内容正确、简明扼要、重点突出。教师要在众多的跆拳道教材中进行认真筛选，一定要选择质量上乘，适合学生学习的教材来使用，不能草率从事。

选择质量好的视听素材呈现给学生，会起到良好的直观效果。教师对视听教材要进行认真的选择，然后在教学中使用。学生搜集视听素材自主学习时，同样要进行仔细的筛选。

4. 示范和讲解相结合

学生通过观察示范可以获得动作的初步印象，对学生初步学习动作技术起到主要作用。讲解能够使学生对学习的内容有一个细致深入的认识，能够启发学生的思维和想象能力。示范和讲解合理搭配使用，十分有利于教学效果的提升。

跆拳道教学中可采用先示范后讲解、边示范边讲解等方法，将示范和讲解密切地结合起来。

五、循序渐进原则

（一）循序渐进原则的内容

跆拳道教学的循序渐进原则，是指教学的内容、方法和组织的安排，要由易到难，由简到繁，逐步深化，不断提高。技术动作的掌握过程要经历从不会到会，从不熟练到熟练，从不巩固到巩固的逐渐变化的过程。跆拳道技术动作的学习要从简单动作开始，在一定的基础上逐渐提高教学的难度。违背这一原则就会给学生的学习带来困难，影响教学效果，甚至损害学生的身体健康。所以在跆拳道教学中应贯彻这一原则。比如，在品势技术的教学中，首先学习各种单个技法，然后再学习组合技法，最后学习整个品势的动作。在竞技跆拳道腿法技术的教学中，首先教那些容易掌握的腿法动作，比如先教前踢，然后再进行横踢的教学，横踢技术熟练掌握后，再进行双飞踢、旋风踢等难度较高的技术的教学。在某个技术的教学中，首先学会动作技术，然后熟练掌握动作，最后达到在实战中熟练应用。在柔韧性练习时，应该逐渐使动作幅度增大，不能急于求成。

（二）跆拳道教学中贯彻循序渐进原则的要求

1. 合理编写教学文件，保证跆拳道教学的循序渐进性

跆拳道教学文件主要包括教学大纲、教学进度和教案。循序渐进是编写这些教学文件的一个重要要求。在制定教学文件时，每个学期、单元、课的教学内容、教学组织方法应做到前后衔接，逐步提高，系统连贯。要充分考虑长期计划、中期计划和短期计划的不同目标要求，合理安排教学内容的先后顺序，在学生学习的不同阶段合理选择和使用练习的方式和方法。跆拳道段位制的考核内容和要求符合循序渐进的原则，在制订跆拳道教学计划时可作为参考。

2. 有节奏地逐步提高运动负荷

人体对外界刺激产生适应需要一个过程，对运动负荷的适应需要一定的时间阶段，因此运

动负荷要由小到大逐步提高。跆拳道技术学习和训练，体能水平和实战能力的提高，都需要学生完成一定的练习数量，达到一定的强度，承担相应的负荷。这种负荷的施加要渐进地有节奏地增加。施加负荷时，要避免负荷过小效果欠佳和负荷过大导致过度疲劳。增加负荷的方式可以是直线式、阶梯式渐进增加，也可以是波浪式渐进增加。无论哪种方式都要处理好负荷量和负荷强度以及疲劳和恢复的关系，使这些构成负荷的因素以合理的比例进行搭配，给学生施加良性教学负荷，使他们处于一个良好的学习状态中。

3. 在巩固的基础上提高

巩固是指牢固熟练地掌握已学过的知识和技战术，提高是指在巩固的基础上达到更高层次的要求。只有牢固地掌握已学过的内容，才能为顺利地掌握新内容奠定有利的基础，巩固和提高是高质量渐进学习的两个必要条件。学生学习和教师的组织教学不能贪多求快，应该在学生充分理解学会的基础上，通过足够的练习和复习使学生熟练掌握教学内容，通过测验、考查、考试等措施巩固学习成果，了解学生对课程的掌握情况，为实施新内容教学奠定基础。

六、从实际出发原则

（一）从实际出发原则的内容

从实际出发原则是指跆拳道教学任务、内容、组织教法和运动负荷的安排都要符合学生身心发展水平、身体素质基础、专项技术基础、场地器材条件和季节气候等实际情况。

跆拳道教学的对象绝大多数是处在生长发育阶段的青少年和儿童，在不同的年龄和性别阶段，他们的生理和心理发育水平存在差别，再加上生长环境的差别，他们的体育基础差别会更大。我国各省市区县的教育基础不同，学校的场地器材等硬件设施也是有所差别。社会上经营性道馆的场地、器材、环境、学生情况等情况则可能更为复杂。这些情况要求在组织跆拳道教学时，必须充分考虑学生、环境和条件等实际情况，有的放矢地进行教学设计和实施教学。

（二）跆拳道教学中贯彻从实际出发原则的要求

1. 根据学生的具体情况实施教学

教学开始前要进行充分的教学准备，其中了解掌握学生的具体情况是一项重要内容。其中主要包括学生的年龄、性别和身体发展水平、跆拳道基础、对跆拳道的兴趣、接受能力等相关情况。通过各种途径的全面深入了解，更多地掌握班级的整体情况和学生的个体情况。教师要根据掌握的情况有针对性地进行教学，提高教学的有效性和教学效果，出色地完成教学任务。教师还要随时根据教学过程中学生的发展情况和出现的问题进行及时解决。

2. 考虑教学的环境条件

跆拳道教学理想的场地在室内，但不同的地区、不同的学校条件不同。一部分学校没有室内场地，要在室外上课。有的学校即使有室内场地但面积不够，或场地没有铺设跆拳道专业垫子，还有的学校器材数量不足等。季节、气候、场地、器材对教学会产生一定影响，教师一定要保持教学热情、信心和积极性，根据学校的特殊情况和一般规律，克服困难，扬长避短，合理有效地安排跆拳道教学。环境条件只是外因，教学效果如何的关键是教师和学生的内因起作用。

3. 一般要求与区别对待相结合

教学的分班一般是根据综合素质比较接近的人群来划分。跆拳道的分班一般有男生班、女生班、儿童班、成年班、初级班、中级班、高级班、级位班、段位班等。这样有利于对不同年龄、不同性别、不同基础的学生群，采用切合实际的相应的教学手段和教学方法。但在一个班集体内，也存在有少部分同学与大多数同学存在显著差异的情况。教师要承认学生的个体差异，重视学生个性的发展。这就要求教师不但要照顾到大多数学生的情况，还必须要照顾到少数“特殊”同学的情况，做到根据学生的实际情况，因材施教。

对大多数学生要按照大纲的要求实施正常教学。对少数基础较好、接受能力较强的学生，教师可以对他们提出更高的要求，同时可以发挥他们的榜样和骨干作用带动整个班级或者小组集体。对体育基础较差、接受能力较弱、兴趣不足、学习动力不强或者受到其他问题困扰的学生，教师要给予更多的针对性指导和有效的帮助，使之排除困难、增进自信，充分发挥他们的自身智能特点，提高跆拳道学习效果，也可以采用一些特殊的教法和措施，使他们达到教学目标和要求。

第二节　现代教学理念与方法在跆拳道教学中的应用

一、现代教学理念

现代教学理念是人们对教学活动内在规律认识的集中体现，同时也是人们对教学活动的看法和持有的基本态度和观念。为了满足现代发展的需要，教学中必须重视对学习者能力的培养，自主、合作、探究等学习方式受到广泛重视。21 世纪的教学理念集中体现在从过去的以教师的教为中心的教学向以学生的学为中心的转变，现代跆拳道的教学要把以“教”为重心逐渐转移到以“学”为重心，把以“研究教法”为重心逐渐转移到以“研究学法”为重心，由“关注教师的成功感”转到同时“关注学生的成功感”，使学生的“苦学”变“乐学”，“要我学”变成“我要学”。教学中最终要以“授之以渔”代替“授之以鱼”，注重学生的全面发展和能力培养。

教师要不断更新跆拳道教学观念。首先要转变教师的认识，打破跆拳道机械训练的实践模式，建立起主动的、探究性的自主学习模式，变被动、消极参与型的学习方式为主动参与型的学习方式；其次要确立跆拳道“为学而教”的指导思想；三是在跆拳道教学中，要为学生终身练习跆拳道打下良好基础。

跆拳道的教学过程不仅仅是体能、技能教育，也是一种情感教育和人文教育。教学中应体现出学生的主体地位，从学生的心理特点和实际需要出发，精心设计跆拳道教学目标和教学过程，采取不同的教学措施，为每个学生创造、提供成功的机会，帮助每一个学生获得成功的体验，感受乐趣。注重技能、知识、情感协调发展，确保每一位学生受益。

通过现代教学理念深化的跆拳道课程，可以使学生更好地在理论上、技能上深入了解、领会体育及跆拳道的文化内涵，让学生系统掌握跆拳道的基础理论和基本技能。跆拳道的教学内容丰富，既适合中小学生学习锻炼，也适合在大中专院校中普及。因此，跆拳道的教学与训练，不但要使学生掌握扎实的跆拳道技术，掌握如何学、如何教的理论与方法，而且更要懂得用优秀的文化去健全学生的人生观、价值观与世界观。

二、教学模式在跆拳道教学中的应用

体育教学模式是在一定的教学思想指导下，为完成规定的教学目标而形成的规范化程序，包括相对稳定的教学结构过程和教学方法体系。教学模式的选择和运用最终目的是为了提高教学效果和质量。每个教学模式都有其优点和不足，跆拳道教学中教师要根据不同的教学内容、教学目标、教学进程、学生的准备情况、实际的教学条件等选择适合的教学模式实施教学。下面简要说明 10 个教学模式在跆拳道教学中的应用。

（一）情境式

情境式是充分利用形象，创设典型场景，激起学生的学习情绪，把认知活动和情感活动结合起来的一种教学模式。

教学中教师要根据学生的心理特点和跆拳道的技术特点，采取恰当的方法创设情境，引发学生的求知欲，从而积极探索研究新知识。在跆拳道教学中，为了不断提高学生的技战术动作在实战中的运用能力和心理承受能力，需要有针对性地模拟实战中所表现出来的技战术状况和场景气氛等进行练习，要求该方法具有针对性和真实性。

（二）主题式

主题式是指提供一个良好的学习情境，学生在这样具有高度机动的环境中，可以接触和该主题相关的各种领域的学习内容，教师的教材有时可以像联络教学的方式，横向编选和该主题相关的教学材料，有时更可直接打破学科之间的限制，在教学中整合不同领域的内容和策略。

在跆拳道教学中，可定期组织一些讨论交流会，让学生发表自己的观点和看法，让学生在高度机动的环境中接触到相同年龄段不同对象的想法，学会从不同角度思考问题，根据不同时期的教学内容，侧重点也不同。要求主题具有目的性，重视学生主体性，注重师生平等性，内容具有激发性，关注不同学生的特殊性。主题式教学法可以打破单一的集体教学的组织形式，允许学生分组讨论学习，这有利于培养学生的团队精神和沟通能力。

（三）接受式

接受式是指学生通过教师呈现的教学内容来掌握现成知识、形成技能的一种教学形式。

跆拳道主要是通过老师的讲解和示范来传授基本技术的，在接受式的教学中，是教师运用语言向学生讲解说明教学任务、动作名称和作用及完成动作的要领、方法、要求等。在教学过程中通过语言指导学生，使学生获得跆拳道的有关知识，并进行学习和掌握跆拳道技术技能等。它可以使学生在较短的时间内掌握大量系统的跆拳道技术知识，使学生对跆拳道有初步的认识。

（四）集体式

集体式是指学生在小组或团队中为了完成共同的任务，有明确的责任分工的互助性学习，它将个人之间的竞争转化为小组之间的竞争，有助于培养学生合作的精神和竞争意识，有助于因材施教，弥补一个教师难以面向有差异的众多学生教学的不足，从而真正实现使每个学生都得到发展的目标。

跆拳道的教学一般都是以班级或团队为单位的，更接近于班级授课制，在教学中把一个班分为若干个小组，即小集体的教学形态。教师应全面理解小集体在教学中的意义和作用，学会在各种教学环境中巧妙地运用小集体教学的方法，以完成跆拳道教学的各项任务与深化改革，进一步提高教学质量和效果。

（五）成功式

成功式是教师在教育教学过程中，通过激发学生的成功动机，指导学生的成功行为，使学生感到成功的愉悦，进而升华成功目标，使得人人都主动争取成功，不断取得学习上的成功。

跆拳道属于竞技项目，只要是属于竞技范畴，势必牵扯到输赢。从运动心理学的角度来说，成功就是对于运动员的激励。激励是教学过程中不可或缺的环节和活动。成功教学的三要素：一是积极的期望要求；二是成功的机会；三是鼓励性评价。因此在教学中我们应该加强训练目的性教育和正确价值观教育，满足学生的合理需要，注重教师的榜样作用，善于正确地运用激励机制。

（六）程序式

程序式是按照规定的教学程序把教学内容分成一批有规律的、在逻辑上完整的分子重新组合序列，依据教学目的、任务的要求进行教学的全过程。

程序教学理论的代表人物是美国心理学家斯金纳。他通过实验认为，学习过程就是作用于学习者的刺激和学习者对它作出的反应之间的联结的形成过程。其基本图式是：刺激—反应—强化。其基本操作程序是：解释—问题（提问）—解答—确认。

在跆拳道教学中，程序教学把学习内容分成一个个小的问题，系统排列起来，逐步地提出教学中所存在的问题（刺激），学生选择答案或在技术动作中表现出来（反应），回答问题后立即就知道学习结果，确认自己回答的正确或错误。如果老师给予赞同或在实战中得到充分发挥，得到鼓舞（强化），就进入下一程序学习。如果不正确，就采取补充程序，再学习同一内容，思考技战术的细节，直到掌握为止。因此我们在教学中应该严格控制教学过程，注意因材施教、循序渐进和区别对待。

（七）探究式

探究式是指学生在学习理论或技战术动作时，教师只是给他们一些事例和问题，让学生自己通过讲解、观察、练习、思考、讨论等途径去独立探究，自行发现并掌握相应的原理、方法和结论的一种方法。在教师的指导下，以学生为主体，让学生自觉、主动地探索，掌握跆拳道的技术，解决实战和理论中出现问题的方法和步骤，发现自身技术所存在的问题，从中找出解决的方法，并形成自己对跆拳道特有的技战术理论与方法。在此过程中，学生的主体地位、自主能力都得到了加强与完善。我们在跆拳道教学中可以采用创设跆拳道实战情境，激发学生的自主探究欲望；形成开放课堂，发掘学生的自主探究潜能；注重教师的引导功能，适时点拨，引导探究的方向。

（八）合作式

合作式是在教师的指导和学生的参与下，通过运动的手段，利用适宜的条件，促进学生体育合作与竞争意识及能力双重发展的一种教学形式。

跆拳道属于个人项目，但是这不代表它的成败在于个人，正好相反，它需要团队的合作。只不过在竞技跆拳道的比赛中，个人是作为团队整体实力的载体。而在跆拳道的教学训练过程当中，无处不需要和队友同学的合作，无论是踢靶训练、护具训练、实战演练或是对跆拳道理论的讨论，都需要队友同学的支持与合作。在进行合作式教学时我们要求首先要建立合理的合作伙伴；其次要制定有效的合作学习规则；三是要设计科学的合作学习任务；四是教师需要担任合作学习的调控者和促进者。

（九）启发式

启发式是根据教学目的、内容、学生的知识水平和知识规律，运用各种教学手段，采用启发诱导的办法传授知识、培养能力，使学生积极主动地学习，以促进身心发展。这里要着重说明，启发式教学不仅是教学方法，更是一种教学思想、教学原则和教学观。当代世界各国教学改革无一不是围绕着启发式或和启发式相联系的。

跆拳道教学方法是为实现跆拳道的教学目标和提高跆拳道教学质量服务的。启发式教学模式突出学生的主体地位，但并不意味着教师的主导作用可以忽视，因此在跆拳道教学中必须充分发挥“教”和“学”两方面的积极性。学生在跆拳道教学中的主体地位越突出，那么对教师主导作用的要求就越高，学生在教学中的主体地位体现得如何，关键取决于教师的主导作用发挥得怎样，因为教学的一切活动主要都是由教师来设计并执行的。如果教师的教法单一或运用不当，教师的主导作用则会削弱，“启发式”模式的性质就会改变，成了“放羊式”教学。因此，教师在按照设计程序进行启发式教学时一定要掌握多种启发式教学法，并学会合理运用。在跆拳道教学中一般采用的方法有：直观启发、问题启发、形象比喻启发、参照对比启发、练习启发等。

（十）综合式

综合式是学科教学的一种综合性教学方法。它是在特定的主题或专题下，紧扣关键性教学细节，维系上、下文知识网络，经过发散思维和聚合思维，联系学生已有认识经验以及与主题相关联的其他知识，构建动态，生成的知识体系。

在跆拳道的教学之中，可以通过综合教学法实现主要知识点之间的多维同构，从而发展融会贯通的能力。科学地运用综合法，不仅可以引导学生对跆拳道的理论知识“瞻前顾后”，把握跆拳道体系内部各知识点之间的本质联系，构建动态生成的跆拳道知识体系，从而真正“将跆拳道教材读薄”；可以帮助学生建立跆拳道内外相邻知识点之间的多维联系，强化对重点难点的识记和理解，对跆拳道重要知识点实现较为牢固的“多维整体记忆”；还有利于引导学生在形式多样的综合性教学活动中，通过发散思维和聚合思维，在实战中实现“旧技术，新组合”，培养融会贯通的综合性思维能力。在教学中它要求教师课前要充分做好备课工作，认真细致地分析教材，把握好每一个环节，对各环节的要点、关键点要全面理解，融会贯通，同时要建立预设方案。在实施过程中要遵循循序渐进的原则，由点到面，由易到难，逐步培养学生融会贯通的综合运用能力。

第三节　跆拳道教学方法及其应用

教学方法是完成教学任务的途径、手段和方式。教学方法运用的好坏直接影响教学任务完成的效果。跆拳道教学中常用的方法有语言法、直观法、完整法、分解法、预防和纠正错误法、听讲法、观察法、练习法、反思法等。选择教学方法要根据教学任务、学员实际情况、教学条件等具体情况来确定。

一、教师教授的方法

教师教授的方法，是教师教学技能的重要组成部分。

（一）语言法

语言法是跆拳道教学中组织教学，传授知识的主要方法之一，内容包括教师的讲解、口令、提示、评价、指导。教学中可以通过运用语言法，使学生明确学习目的和要求，端正学习态度，促进对技术细节的认知，对掌握基本跆拳道知识、形成动作技能，完成教学任务具有重要意义。

1. 发声语言

（1）讲解。讲解是对教学内容的叙述和解释，是教师传授教学内容信息的重要途径。讲解时要做到目的明确、通俗易懂、词语恰当、简明扼要、语速适中、富有启发性。在跆拳道教学中，讲解的内容主要包括讲解动作名称、动作的规格和标准、动作的关键环节以及动作的攻防含义等。教师要深刻领会掌握跆拳道技术，做到讲解正确、全面。

理论课通常使用比较多的讲述来完成教学任务，目前有条件的学校配备有多媒体教室，教师制作和使用 PPT 课件讲述理论内容，课件中不但有文字，还可以插入图片和视频等素材，使整个知识的呈现更加立体和深入，是一种较好的授课形式。

（2）口令和指示。口令和指示是指挥学生统一行动、强调动作要点和关键环节的一种方法，是教师组织和指挥学生练习的重要手段。教学时使用口令要清晰准确、声音响亮，指挥练习时要采用合适的节奏。

练习新学动作时，口令的节奏应适当放慢，使学生有时间对将要做的动作进行思考和准备，这时教师还可以对要点简单提示。复习和巩固动作时，口令指挥的节奏可以适当加快，也可以使用快慢变化的节奏。

（3）提问、口头评定反馈。提问是教师启发学生思考、检查学习效果的方法。提问要找好时机，要根据教学目标、教学进展情况、学生学习情况适时提出。提出的问题应该清晰明确，提问后要给学生一定的准备和思考的时间。学生回答后教师要给予积极的反馈。

口头评定是学生及时获得教师信息反馈的方法，是促进和完善学生掌握技术动作的重要手段。教师要通过语言在适当的时机强调动作要点，给出正确的完成策略，使动作得到及时修正与完善。恰当的语言指导能够体现出一名教师的跆拳道教学艺术水平。要求教师在教学过程中，不断观察并及时发现学生的优点和进步以及存在的问题，通过简短的话语或肢体语言反馈给学生。

（4）讨论。讨论是就教学中的某个问题进行交流探讨，是互动式教学的常用方法，可分为教师与学生之间的讨论和学生之间的讨论。讨论可以在教学过程中进行，也可在课后进行。参加讨论者可以对关注的问题各抒己见，互相探讨。讨论可以提高学生的理解能力、思维能力、语言表达能力和对知识的运用能力。

2. 体态语言

体态语言即肢体语言，是指个体运用自身身体的非语言符号进行交往时发出的动作或表现的姿态，也就是让身体“说话”。包括身体姿势、手势、头势、眼神和面部表情等。肢体语言既可以作为发声语言的辅助和补充，使表达更加丰满，也可以单独形象地说明和引导学生的技术动作，如用手臂移动来直观说明某个关节的运动路线，对动作细节进行形象的描述。肢体语言还可以表达赞同、喜爱、肯定、欣赏、严肃认真等，如竖大拇指表示肯定和赞赏、用欣赏的眼神观察学生完成动作，用遗憾的表情对待学生失误、拍拍学生肩膀表示鼓励和加油等。肢体语言对教学有不可忽视的帮助。恰当使用肢体语言，能够丰富教师的表达方式，拉近与学生的距离，提高教师的教学魅力，渲染和营造一种积极的学习气氛。

肢体语言在跆拳道比赛指挥中有着更广泛的应用，无论在比赛中还是局间休息过程中，教练员通过使用四肢、躯干及头部的“比划”，对运动员给出技战术的提示或安排。不使用有声语言一个作用是可以避免对手获得同样的信息，另一个作用是肢体语言更直观，包含的信息量往往更大。大多数教练员在跆拳道比赛指挥中，往往把有声语言和肢体语言搭配起来使用。

（二）直观法

直观法是使学生通过视觉观察、听觉感受和本体感觉对技术动作的表象、要领和动作方法，获得鲜明印象和直接感受的一种教学方法。直观法有助于学生对技术动作的结构、顺序、位置、应用等进行快速了解。在跆拳道教学中常用的直观方法有：示范、图片、视频。

1. 示范

示范是对所教技术动作的规范进行演示，使学生形成正确的动作印象，是跆拳道教学的主要方法。示范者可以是教师，也可以是指定的学生，或者观摩的对象。教学时要把握时机进行必要的重复示范，纠正学生对技术的错误理解。

采用示范法时应注意以下几个问题：

（1）选择学生便于观察的位置进行示范。如学生的眼看左方并且下一个动作是向左前进时，教师的示范就应站在学生队伍的左前方进行，学生面向前方时，教师就可站在学生队伍的前面进行示范。也可以将学生集中在一起坐好或者站成圈等等，教师选择合适位置进行动作示范（图 4-3-1、图 4-3-2、图 4-3-3、图 4-3-4）。

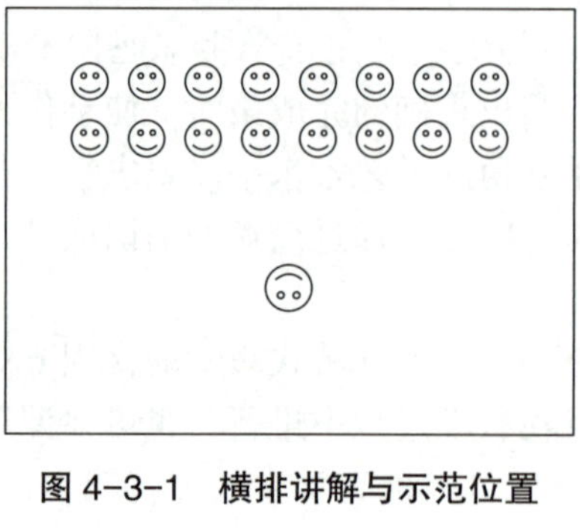

图 4-3-1　横排讲解与示范位置

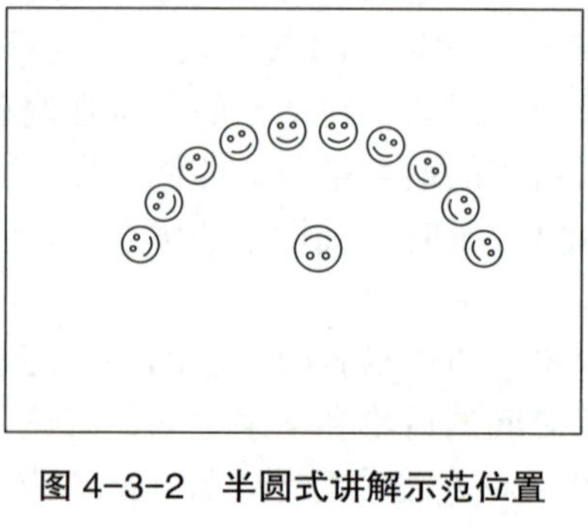

图 4-3-2　半圆式讲解示范位置

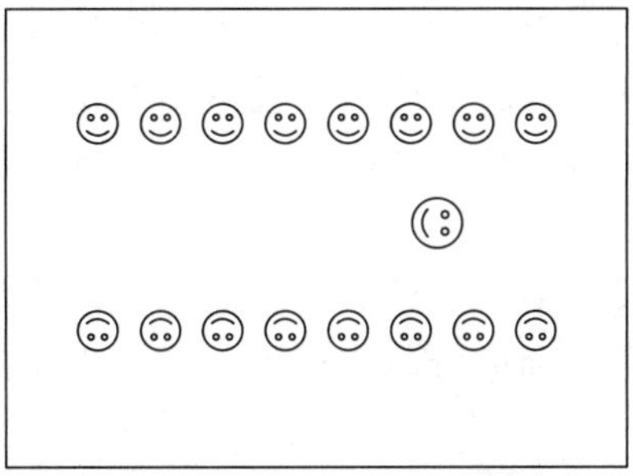

图 4-3-3　横排中间示范位置

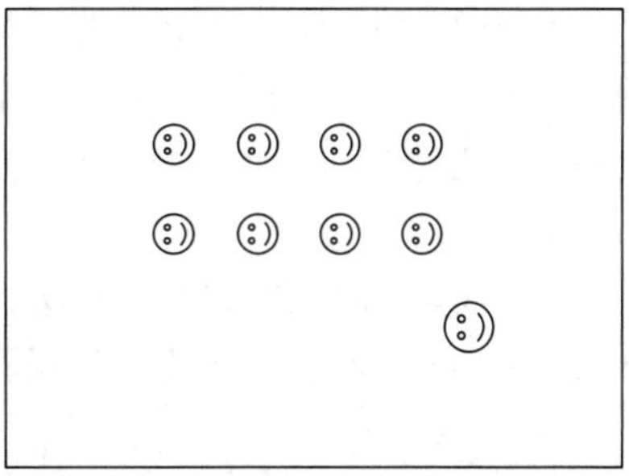

图 4-3-4　领作示范位置

（2）选择好示范面。示范面包括正面示范、侧面示范、背面示范和镜面示范。要根据技术动作不同，选择适当的示范面，使学生对整个动作建立起完整的概念。比较容易看清楚的动作，可以使用一个示范面，比较复杂的动作可以用两个或两个以上的示范面来完成示范。跆拳道教学中，一般使用侧面示范让学生感知动作幅度和脚的攻击位置，用正面示范感知脚或拳的打击路线。

（3）分解示范与完整示范相结合。根据动作的不同，选择采用完整示范或者分解示范。先将所教动作进行完整示范，使学生建立起动作的整体印象，然后再进行分解示范使学生看清动作细节。在教授简单动作的时候，一般可以采用完整示范法。在教授连续动作或者复杂动作时可采用分解示范法，便于学生观察各个动作环节。

（4）慢动作示范与正常速度示范相结合。对于新动作的教学可以先采用慢动作示范，这样容易让学生看清动作的路线和身体各个环节的动作细节，然后用正常速度示范使学生感知动作的用力方法和节奏、协调配合等动作要点。

（5）示范与讲解结合使用。示范和讲解往往结合起来运用。有时可先讲解后示范，有时可以先示范后讲解，有时还可以边讲解边示范。一般来说，对水平较低、基础较差的学生应以示范为主，对水平较高、基础较好的学生应以讲解为主。

（6）示范与领做相结合。领做在跆拳道教学中应用广泛，当学员掌握了基本动作后，为了熟练掌握组合动作或者整个品势动作，这个阶段教学中就适合采用领做的方法。领做时要注意领做的位置，刚开始时，领做要与口令提示配合起来，边领做边提示要领，并使用较慢的速度。等学员技术动作比较熟练时，就可少使用口令与提示，速度逐渐接近正常速度。领做的位置要处在学员做动作时能够观察到的位置。

2. 图片

平面技术图片是示范教学的有力补充。选择较理想的跆拳道技术挂图、照片，辅助学员进行学习，不但可以提高他们对跆拳道技术动作的审美情趣，更可以帮助他们较快地建立动作概念和表象。清晰连续的动作技术图解，便于学生仔细观察思考，有利于学生对技术动作进行形象思维，增强对技术动作的记忆效果。

使用图片教学时，一定要挑选正确的技术动作图。现在一般的跆拳道教材都配有技术图解。选择使用技术动作正确、图片清晰的教材学习，可以促进教学效果的提高。

3. 视频

通过播放跆拳道技术录像让学生了解、学习跆拳道技术或战术。录像直观真实，可以反复播放观看，有利于重复观察，也便于满足学生的不同要求。录像资料可以再现比赛情境，展示高水平运动员的技术风采，非常有利于跆拳道教学和训练的实施。目前网络发达，无论全国跆拳道比赛资料，还是世界比赛资料的录像视频资料都可以从互联网上比较轻松地找到，无论教师和学生都可以充分加以运用。

此外，录像还是教学反馈的重要方法，在教学过程中，如果条件允许，可以把学生的练习情况拍摄下来，让学生及时（或以后）观看，学生和老师进行讨论评价，这种方法对提高教学很有帮助。

（三）完整与分解教学方法

完整教学方法是从动作开始到结束，对整个动作进行教学。这种教学法便于完整连贯地掌握整个动作，一般用于简单的或者不宜分割的动作的教学。有一定基础的学生，可以较多地采用完整教学法。

分解教学方法是把整个动作合理地分成几个部分，按部分依次进行教学，最后达到掌握整个动作的目的。分解教学法一般适用于结构和方向路线较复杂的动作。教学中可以将它们按照动作的先后顺序分成几个部分，也可以将上肢动作和下肢动作分开进行分别教学。当学生基础较差，用完整法教学有困难时，就适合使用分解法教学。各部分基本掌握后，再将几部分结合在一起进行完整的练习。值得注意的是，在应用分解方法时应避免将动作分解得过于零碎，将技术动作的关键点与核心环节分解出来进行必要的强化练习，也是分解教学法的重要用法。

分解教法和完整教法应有机地结合起来使用，一般可以采用完整—分解—完整的原则进行结合使用。比如跆拳道的后踢，采用完整教学，学生较难掌握，可以将其分解成转身提膝、向后踢腿两个环节。两个环节基本掌握后，再将两个动作连接起来进行完整教学和练习。

（四）预防和纠正错误法

预防和纠正错误法是指针对学生产生错误动作的主要原因，采取有效措施来预防和纠正的方法。

1. 预防错误动作产生的主要原则

（1）提高教师讲解、示范的质量，使学生明确动作概念、要求、要领和完成的方法。

（2）有针对性地提高身体素质和身体机能，加强基本技术教学，以防止和消除因身体训练水平不高和基本技术基础不扎实而产生的错误。

（3）加强课前准备，根据学生实际选择教学内容，制订教学计划，提高跆拳道课的组织和教法水平，以预防和消除因教材内容不符合学生实际，场地器材不符合要求，运动负荷过重或组织教法不当所产生的错误。

2. 纠正错误的主要方法

（1）由于接受能力和协调性差而出现错误时，教师要耐心地采用分解示范、慢速示范、多次领做等方法帮助纠正。

（2）由于肌肉本体感觉差，不能控制动作而出现错误时，教师可以强调规格和要求，采用静力练习，以帮助、限制等方法来帮助纠正。

（3）由于身体的某些素质差而做不好动作时，教师就应采取相应的措施，首先提高学生的有关专项素质，从而使学生逐步地完成动作。比如向上踢腿的幅度不够时，学生很难完成下劈踢的动作，要使学生改进和完善下劈踢技术，首先就要加强学生柔韧性的练习。

（4）由于怕出危险而做不好动作时，教师可采用一定的保护和帮助措施，逐步加大动作难度，让学生体会动作要领。

（5）由于不理解动作的性质而出现错误时，教师可根据动作的攻防作用，用攻防演练的方法来启发和诱导学生，帮助其纠正。比如双飞踢，应该是两个连续横踢，初学者往往做出两个上踢的动作，这时要讲清动作应用的性质，使用脚背水平踢击目标，从而启发学生正确完成双飞踢动作。

对学生出现的错误动作教师要及时进行反馈，并善于抓住学生的共性错误进行集体的讲解和纠正，也要善于发现学生的个别问题进行个别指导。

二、学生学习的方法

学生学习的方法是学生学习策略的重要组成部分，是学生获得知识、经验、概念、认识事物、拓宽视野、探索未知世界、形成技能的途径和措施。教师要对学生怎样学习进行有效的指导，使其能够善于使用学习方法进行有效学习，提高主动获取知识、形成技能的意识和能力。学生个体的学习能力有所不同，因此要在学习过程中不断摸索，找到适合自己的学习方法和学习方式，不断提高学习能力。下面介绍的方法适用于学生的自主学习和课堂学习。

（一）听讲法

听讲法是获得知识和经验的方法之一。学生要根据自己的学习计划和目标进行有选择的听讲学习。听讲法要求必须注意力集中，积极听讲和思考，主动理解教师的讲解和说明，并努力记忆知识、要点和程序。听讲时要养成做笔记的习惯，或者在教材及资料上标记和解释，以便于加深记忆，同时也为复习时突出重点做好准备。

（二）观察法

观察法是学生获得知识和技术环节及细节的重要方法。教学中教师所提供的直观演示信息，需要学生通过视觉观察，进而在头脑中形成清晰的动作印象。通过观察的方法能够获得跆拳道技术等的动作形态、动作路线、动作速度、用力方式、空间利用、动作顺序节奏等信息，在头脑中建立完整清晰的技术动作概念。通过观察的方法不仅能够获得知识和技术的宏观轮廓，也能够认识细微的环节。较强的观察能力能够准确区分动作是否符合标准，找出问题的关键环节。

（三）阅读法

阅读法是学生通过读书、浏览网页等进行学习的方法。学生阅读的范围主要是学校课程使用的教材、与课程有关的扩展读物以及增进自我修养提高个体综合素质等材料。通过阅读理解概念，提炼重点内容，把握细节。跆拳道教材一般都是将文字和图片结合起来表述动作技术和理论知识的，图片用来展示技术的静态姿势，文字用来对动作过程细节和要点进行描述。认真地阅读跆拳道教材是学习和复习跆拳道课程的重要手段。

（四）反思法

反思法是在自己现有的知识经验基础上，对外界的新刺激进行思考重构的过程，反思的结果是对事物产生更深入的认识。联想、分析、推理等都是反思的工具。反思对人的学习和成长至关重要。跆拳道教学中，学生对教师教授的内容，对自己感兴趣的内容的掌握和深入理解以及创新性理解和应用，往往不是轻易能够达到的。认真思考、深入反思是必经之路。反思是运用智慧的过程，智慧的运用会促进智能的提升。作为学生必须注重反思方法的运用，无论在上课前、上课中和下课后，都要对教学的内容和相关问题进行积极思考，课前做好预习和准备，带着问题听课，课中积极思考，发现问题及时请教，课后认真总结感悟。

（五）练习法

练习是跆拳道技术学习的必经之路，是对所学跆拳道技术不断加以完善的反复操作过程，是学生重要的学习方法，也是其必须主动参与的学习行为。跆拳道技术是符合人体力学的一种特有动作方式，必须通过不断的练习才能使学生对跆拳道技术的掌握由不会到会，由会到熟练，最后到高质量完成，自如应用，形成自动化的动作技能。教师在指导学生练习时，要避免学生的“三分钟热情”现象，不同阶段要提出不同要求，保持目标引导，避免其厌倦疲劳，失去努力方向。同时要通过调节教学气氛，保持和提高学生的学习情趣，要在学生练习时，及时表扬他们取得的进步，使其体验成就感，进一步强化练习活动。

练习法广泛应用于课前和课后。在课堂上练习一般是在教师或教练的指导下进行的，在课外时间进行练习一般是学生自我练习或与同学结伴进行。

1. 练习法种类

（1）重复练习法。在相对固定的条件下，按照跆拳道的动作、规格要求进行反复练习。

（2）变化练习法。在变换练习条件的情况下，进行反复练习。

（3）循环练习法。根据教学要求选择若干个简单动作，分设若干个练习站，练习者在每个练习站上完成规定的练习动作和数量后，再转到下一个练习站。循环练习可以根据练习者情况进行相应的重复，增加训练负荷。

（4）间歇练习法。这种练习法是严格控制时间的一种练习。比如：自由组合的腿法练习 2 分钟一组，组间休息 1 分钟，进行 3~5 组的练习。

2. 练习的形式

（1）个人练习。学生自我练习，体会动作，校正动作，记忆动作，熟练技术，是跆拳道常用的练习方法。

（2）配对练习。两人一组进行练习，如一人做，一人观摩，指出优缺点，锻炼学生观察能力和纠错能力；一人拿靶，一人踢靶或击靶；两人一组对练等。

（3）分组练习。几个人结为一组的练习形式。可以由教师分组，也可以自愿组合。

（4）集体练习。全班在教师或指定学生统一指挥下进行练习，一般有领做与跟做，听口令指挥做动作等形式。

（5）默想练习。用头脑进行想象练习，心理学称为表象练习，是把学习的正确技术在头脑中过电影。这种方法对促进技术的掌握和完善能够起到一定的辅助作用。可以在课余时间进行，不受场地等条件制约。

（6）对镜子练习法。练习者面对镜子进行练习，可以及时得到自己练习情况的反馈。这种练习适合改进技术动作，加快掌握技术进程。

第四节　跆拳道教学文件

跆拳道教学文件包括教学大纲、教学进度和教案（课时计划）。教学文件是教学工作的主要依据。科学制定跆拳道教学文件是有效完成跆拳道教学工作的前提和保证。

一、教学大纲

跆拳道教学大纲是根据教学计划，以纲要的形式制定的教学指导性文件，也是检查教学工作和评定教学质量的重要依据。教学大纲规定了本门课程的目的、任务、内容、教材范围、教材比重、教法要求和考核标准等。

（一）教学大纲的结构

（1）说明。制定大纲的依据，简要阐明本大纲的使用范围和对象、使用时应注意的问题等。

（2）教学任务与要求。阐述本门课程的教学目的、任务。一般包括跆拳道课程专业知识、技术与技能、发展学生身体素质、能力培养和思想品德教育等方面的要求。

（3）教学内容与学时分配。阐明课程中跆拳道理论、技战术实践和能力培养等不同教学内容的安排和时数分配比重。

（4）教学内容纲要。以知识点的形式列出教材中的内容，并根据教学要求列出教学重点。

（5）考核方法。依据教学目标确定课程考核的方法与标准。

（6）教材及主要参考书。列出本门课程使用的教材和主要教学参考书。

（二）制定教学大纲的基本要求

（1）从实际出发，落实教学计划所规定的培养目标和要求，并提出明确的教学目的、任务。

（2）根据跆拳道运动的特点，确定课程的任务、时数、教材内容，突出基本技术、理论知识、实践能力和综合素质的培养。

（3）要注意教学内容的科学性、系统性、实用性，同时注意教材以及跆拳道竞赛规则等内容更新。

（4）合理分配教学时数，合理分配理论与实践课程的比例。

（5）考核应把基本理论、基本技术和基本技能作为重点。考核方法应能客观全面地反映学生掌握理论知识、技术和技能的真实水平，评分办法应科学合理。

（三）示例

《跆拳道》教学大纲

1. 课程说明

本课程为 ×× 学院跆拳道选修课程，36 学时，2 学分。

2. 教学目的与任务

（1）通过跆拳道礼仪教育，加强学生人格修养，提高综合素质。

（2）学习和掌握跆拳道基本知识、基本技术与战术，掌握一定的跆拳道实战方法，初步学会利用跆拳道技术健身的方法。

（3）通过课堂教学，培养学生利用跆拳道运动健身的习惯。

3. 教学安排与学时分配

教学安排与学时分配表

	教学内容	教学形式与时数分配		小计
		讲授	实践	
理论部分	1. 跆拳道概述	4		6
	2. 跆拳道规则与裁判法	2		
技能部分	1. 跆拳道实战基本技术		10	26
	2. 跆拳道实战组合技术		2	
	3. 跆拳道基本战术		4	
	4. 跆拳道实战		4	
	5. 跆拳道品势技术		6	
考核	技术评定		4	4
学时合计		4	32	36

4. 教学内容纲要

（1）理论课教学内容。

① 跆拳道运动概述:（a）跆拳道的起源与发展概况。（b）中国跆拳道运动概况。（c）跆拳道内容与特点。（d）跆拳道的礼仪。

② 跆拳道竞赛规则:（a）竞赛规则要点。（b）竞赛与裁判方法简介。

（2）实践教学内容。

① 跆拳道实战基本技术教学重点:（a）实战式与步法。（b）拳法与腿法。（c）防守。

② 跆拳道实战组合技术教学重点：腿法组合。

③ 跆拳道基本战术教学重点:（a）技术战术：进攻、反击、防守。（b）克制战术。

④ 跆拳道实战教学重点:（a）护具的佩戴方法，强调安全意识。（b）实战比赛的过程演练。（c）得分的体验，条件实战。

⑤ 跆拳道品势技术教学重点:（a）基本站姿与基本技术。（b）太极一章。

5. 成绩评定与考试方法

（1）成绩评定。

平时成绩（%）	理论成绩（%）	技能成绩（%）	总成绩
20	30	50	100

（2）考试方法。

① 平时成绩：占总成绩的20%，考核内容包括平时纪律出勤、课堂表现、作业完成情况等。

② 理论成绩：占总成绩的30%，由教研室组织考试小组，采用抽取题签口答的形式评定成绩。每人抽取2题，每题15分。重点考核学生对跆拳道理论知识的掌握情况。

③ 实践成绩：占总成绩的50%，其中实战基本技术占30分，品势占20分。由教研室组织考试小组，对学生进行考核。

6. 教材及参考书（略）

二、教学进度

（一）制定教学进度的要求

（1）跆拳道教学进度的安排要由易到难，循序渐进。安排好教学顺序，要考虑跆拳道各项教学内容之间的内在联系，还要考虑到教学的重点和难点。

（2）理论与实际要密切结合。理论课与实践课要科学安排，密切结合，本着理论指导实践的精神，根据不同阶段的任务和要求，有针对性地安排理论课的教学。

（3）注意内容控制。在安排教学进度时，必须从学生接受能力和身体承受能力出发，每次课的教学内容的多少以学生能够理解消化为宜，难易程度适中，负荷安排合理。

（4）每次课要主次分明，突出重点，合理搭配不同性质的教材，既要有新学的内容，也要有复习的内容。

（二）跆拳道教学进度的常用格式

跆拳道教学进度的常用格式有符号式和名称式两种。每种格式各有所长，都能够清晰显示教学的顺序、教学内容安排和教学组织形式等教学信息，可供书写跆拳道教学进度时选用。

示例一：符号式教学进度

跆拳道选修课教学进度表

内容 \ 周次与课次			1		2		3		4		5		6		7		8		9	
			1	2	3	4	5	6	7	8	9	10	11	12	13	14	15	16	17	18
理论	跆拳道概述	4	√	√																
	规则与裁判法	2						√												
实践	实战基本技术	10							△	△	△	△	△							
	实战组合技术	2												△						
	战术训练	4													△	△				
	实战训练	4															△	△		
	品势技术	6			△	△	△													
考核	理论口试	2																	○	
	技术评定	2																		○
	合计	36																		

注："√"为理论课；"△"为实践课；"○"为考核

示例二：名称式教学进度

跆拳道选修课教学进度表

课次	教学内容	课程类型	教学重点	备注
1	跆拳道概述	理论课		
2	跆拳道概述	理论课		
3	品势技术	实践课		
4	品势技术	实践课		
5	品势技术	实践课		
6	规则与裁判法	理论课		
7	实战基本技术	实践课		
8	实战基本技术	实践课		
9	实战基本技术	实践课		
10	实战基本技术	实践课		
11	实战基本技术	实践课		
12	实战组合技术	实践课		
13	战术训练	实践课		
14	战术训练	实践课		
15	实战训练	实践课		
16	实战训练	实践课		
17	理论口试	理论课		
18	技术评定	实践课		

三、教案

教案又称课时计划，是教师根据教学大纲的要求，根据教学进度规定的内容、前期教学基础、学生的具体情况等设计编写的针对一堂课的具体教学方案。教案是教师教学的具体依据，是落实课程目标最基本、最重要的教学文件之一。编写教案的过程即是备课的过程，认真编写教案是教师课前的重要准备工作。

（一）编写教案的基本要求

1. 科学性

教案要符合科学性，是指要按跆拳道教学的内在规律，结合学生实际来确定教学目标、重点、难点，合理设计教学过程。

2. 创新性

跆拳道教材相对固定，但教师的教法可以灵活变化。教师要在自己钻研教材的基础上，广泛地汲取多种有益的教学经验与营养，结合个人教学体会，巧妙构思，精心安排，从而写出有创意的教案。

3. 可操作性

教师在写跆拳道教案时，要充分考虑教学的实际情况，保证教案的可行性和可操作性。

（二）跆拳道教案示例

跆拳道技术课教案

系　　级　　班　　　　　　　　　　　　　　　　　　　　任课老师：

周数		课次		日期	年　　月　　日
课的任务 1. 复习前腿横踢进攻技术，提高进攻速度、准确性及实效性 2. 复习前腿横踢 + 后横踢的组合练习，强化连贯性，进一步提高连续进攻的能力 3. 通过跆拳道太极一章习练，进一步提高眼、步、拳、腿与呼吸的协调配合 4. 培养学生团结互助，共同提高，精益求精，协作共进的优良品质，自觉遵守跆拳道礼仪					

教学内容与要求	时间	次数	组织教法
一、开始部分（20 min） （一）课堂常规 1. 整理服装、点名 2. 向国旗敬礼，师生敬礼 3. 安排见习生 4. 教师宣布本次课任务并提出要求 要求：站队快、静、齐，精神饱满，礼节到位，注意力集中，明确课的任务，强调准备活动手段和练习密度，注意练习中安全	1 min		一、组织教法 （一）组织如下图 （男）ффффффффф （女）********* ▲（教师） 教法： （1）指导组长集合整队，由教师宣布本次课的任务和要求 （2）安排见习生做力所能及的练习
（二）热身准备活动 1. 慢跑 要求：由慢到快，跑时变换队形，排面整齐	3 min		（二）组织如下图 1. 两路纵队绕场地慢跑 2. 教师口令指挥有序进行
2. 徒手操 ① 头部运动；② 肩部运动；③ 腰部运动；④ 膝部运动；⑤ 手腕、脚踝关节运动 要求：充分活动身体，动作整齐划一，注意力高度集中	3 min	2 × 8 拍	********* ********* ▲ 教法： （1）教师讲示练习内容和要求 （2）指导组长指挥练习 （3）教师语言提示动作要领，及时反馈练习效果，语言激励
3. 跑跳及步法 ① 小步跑；② 侧滑步跑；③ 交叉步跑；④ 左右提膝跑；⑤ 前进步法；⑥ 后撤步法 要求：动作到位、严肃认真、充分活动开身体各关节韧带	5 min	2 × 8 拍	3. 组织如下图 ********* ********* ▲

续表

教学内容与要求	时间	次数	组织教法
4. 柔韧性练习 ① 弓步压腿、侧压腿、压胯、横叉、竖叉压脚背（前伏、后仰）、压肩；② 摆腿练习 要求：认真练习，充分活动，动作幅度到位，注意安全。强调柔韧素质对跆拳道运动重要性	8 min	2 趟	教法： （1）两横排原地集体练习 （2）教师演示内容要求，指导学生进行练习 4. 组织如下图 A××× → | B××× → | 教法： （1）教师指导练习，语言提示练习要领 （2）客观评价和鼓励
二、基本技术部分（60 min） （一）前腿横踢进攻练习（脚靶练习） 1. 要求 （1）练习要求：两人双方对持，一人持靶一人踢，保持适当的距离与高度，持靶方配合给予一定的阻力，左右腿相互交替练习，前腿横踢击打的部位：躯干部位 （2）动作要求：动作规范、质量高、动作娴熟、果断、有防守意识 2. 要领 （1）提膝后使大小腿折叠、收紧 （2）重心往前移 （3）踢的路线水平 （4）接近目标时加速发力 3. 难点 踢靶时时机掌握不够准确、爆发力不足 4. 重点 突出动作的快、准、狠 5. 易犯错误 （1）收腿不紧，直腿起，易被阻截 （2）上身僵硬 （3）支撑脚不能协调转动。 与下一次练习间隔 1~2 分。	15 min		二、组织教法 （一）集体原地如下图： ********* ********* ▲ 教法： （1）教师讲解练习内容和要求 （2）发现共性问题，进行纠正或语言提示后再练习 （3）典型示范表演，指出优缺点后再练习 （4）询问学生是否有不明之处，要求学生大胆提问，培养学生思维分析能力 （5）及时交换练习，哨音提示
（二）组合进攻技术（脚靶练习） 1. 内容 前腿横踢＋后横踢 2. 要求 两人保持适当的距离，左右交替练习，持靶方反应灵敏，喂靶到位，同时给踢靶方给予改进建议。踢靶方实战意识要强；包括防守意识，起动速度快	20 min	1×4 趟	（二）组织如下图 → A×××××× ← → B×××××× ← ▲ 教法： （1）教师指导学生行进间往返练习

续表

教学内容与要求	时间	次数	组织教法
3. 要领 动作连贯，衔接顺畅，加强力度和速度，强调击打的效果 4. 难点 动作之间衔接不到位，力度不够，身体部位与步法配合较差，不连贯 5. 重点 强化组合技术运用自动化 6. 易犯错误 踢靶时没有防守意识，容易给对方反击的机会，动作幅度较大，力量不能完全发出。动作僵硬，步法着地时不够灵活等			（2）教师正面或侧面做示范动作讲解，并提出练习时注意的要点、难点及易犯错误 （3）教师随时观察，对不规范动作进行个别或集体纠正 （4）找两位学生进行该组合实战应用示范演练 （5）询问学生是否有不明之处，可以大胆向教师提出问题 （6）学生相互帮助（纠正）提高动作质量练习
（三）复习跆拳道太极一章 1. 要求 明确此章的寓意，掌握太极一章共 18 个招式的每一个动作姿势，注意呼吸，冲拳的协调配合 2. 要领 出拳的力度、格挡到位，步行、幅度，呼吸配合 3. 寓意 跆拳道的太极一章品势，寓意八卦中的乾卦，寓意着起步与开始 **太极一章动作路线** 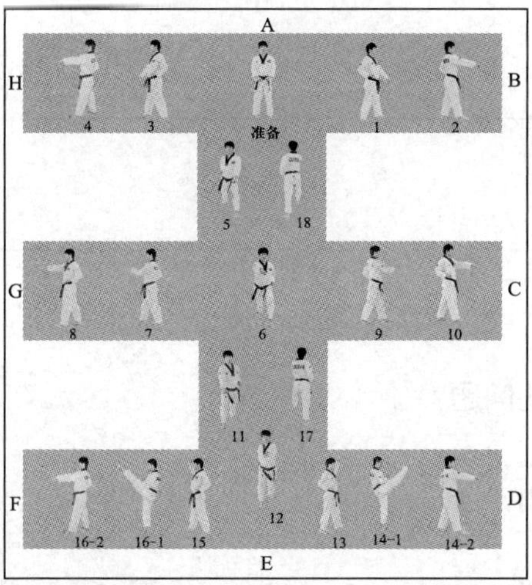	15 min		（三）组织如下图 ********* ********* ▲ 教法： （1）要求原地集体练习或分组对比练习 （2）教师正面带领学生集体复习一遍或教师示范演练一遍 （3）教师口令指挥学生集体练习一遍 （4）学生自我练习，教师巡回观察，发现问题及时纠正，然后再指导学生进行针对性练习加以巩固 （5）学生之间相互观摩练习，相互取长补短，共同提高 （6）时间宽松的情况下观看教材录像帮助复习 （7）提示学生理解每个招式的含义
（四）专项素质 1. 双飞转髋 （1）要求：原地练习，基本站姿，身体放松，左右腿交替。速度快，动作灵敏	10 min	10 sec×6 组	（四）组织如下图 ********* ********* ▲

续表

教学内容与要求	时间	次数	组织教法
（2）要点：提膝转髋，重心上提转肩，手臂摆动配合 2. 原地高抬腿 （1）要求：原地练习，基本站姿，左右腿交替屈膝上提、脚掌脱离地面要快，全身协调 （2）要点：膝盖过腹，落地轻 （五）结束部分 1. 整理放松运动 深呼吸、抖动四肢引导放松、静力拉伸练习，重点为大腿后群肌肉 2. 小结本次上课情况，指出学生的优点和某些方面不足，听取学生的反馈意见 3. 布置课外练习内容、要求 4. 宣布下课 5. 学生归还器材	10 min	组间歇 20 sec 10 sec × 6 组 组间歇 20 sec	教法： （1）原地集体练习 （2）口哨、语言提示练习 （3）教师示范，讲授该内容的重要性 （4）学生相互对比练习 （五）组织如下图 ********* ********* ▲ （1）学生散开自我放松，然后自我进行拉伸练习 （2）教师组织学生集合，进行简评和交流 （3）师生敬礼，宣布下课 （4）值日生归还器材
课后小结			

思考与作业

1. 简述现代跆拳道教学理念。
2. 跆拳道教学原则有哪些？贯彻这些原则应注意哪些问题？
3. 怎样构建合理的跆拳道教学模式？
4. 跆拳道教学中教师教的方法主要有哪些？如何应用？
5. 跆拳道教学中学生学习的方法有哪些？
6. 制订一个教学对象为高中学生36学时的《跆拳道教学大纲》和《教学进度》。
7. 编写跆拳道横踢技术教学的教案一份。

5

第五章 跆拳道训练

跆拳道训练是为了提高跆拳道运动员专项运动成绩，培养良好品格和体育精神而组织的教育活动或过程。

本章介绍了跆拳道训练的相关知识，主要包括跆拳道训练原则与要求、跆拳道技术与战术训练方法、跆拳道体能训练、跆拳道心理与智能训练、跆拳道训练计划的制订、跆拳道常见损伤的预防与处理、体重控制、教练员基本能力及培养等。通过本章内容的学习，可以获得跆拳道训练方面的知识与方法，提高跆拳道训练能力。

第一节　跆拳道训练原则与要求

一、自觉积极性原则

（一）自觉积极性原则的内容

自觉积极性原则就是通过调动运动员的训练积极性，使运动员个体主动充分地参与到训练的整个过程中。积极性是取得成功所必须具备的。没有自觉性和积极性，就难以克服训练和生活遇到的各种困难，难以调动全部身心投入到训练中来，难以激发出运动员的身心潜力。因此，自觉性和积极性体现在运动员的主动参与行为中，是训练实施的重要基础。

自觉和积极是一种做事的态度。运动员参与训练的不同态度对训练效果会产生较大影响。训练的主体是运动员，自觉性的训练和教练强制性的训练效果会有比较大的差别（表 5-1-1）。

表 5-1-1　自觉训练和被动训练的情况比较分析

训练态度	参与情绪特点	表现与行为	主要动力源	训练效果
自觉训练	1. 主动积极参与 2. 情愿的 3. 为自己训练 4. 发自内心	1. 主动寻求教练和专家的帮助 2. 责任感强 3. 感恩心增长 4. 团队意识好 5. 成就感 6. 乐在其中 7. 富有激情 8. 动力持久 9. 更加努力 10. 更好的自律	来自自身	1. 事半功倍 2. 持久的进步 3. 不满足
被动训练	1. 不得不参与 2. 不太情愿 3. 为别人训练 4. 环境迫使	1. 容易对教练和专家的帮助产生逆反心理 2. 责任感不强 3. 感恩心差 4. 对团队意识不利 5. 成就感不强 6. 心不在焉 7. 训练动力不强 8. 不情愿的投入 9. 仅仅完成任务 10. 不良的自律	来自外界	1. 训练效果不佳 2. 难以取得更大进步 3. 易满足

（二）自觉积极性原则的实施要点

1. 目标清晰

跆拳道运动员如果对自己的努力目标清晰明确，行动就会富有力量和激情，自觉性就会增强。教练员要帮助运动员建立合适的训练目标，并不断鼓励其为实现目标付出不懈的努力。运动员要做自己的主人，对自己选择的目标富有责任感，积极性自然能够产生和长期保持。

2. 兴趣与热爱

兴趣是最好的老师，教练员要不断激发运动员对跆拳道运动的兴趣，逐渐深入了解跆拳道的知识，掌握更多的技能，随着训练的不断深入对专项更加热爱。保持和增强运动员的求知欲望。主动探究跆拳道运动的技巧和规律，总结训练和比赛的经验教训，不断提高综合实力。

3. 教练员执教的艺术性

教练员对运动员的影响是不可忽视的，兴致勃勃的运动员如果遇到一个消极的低水平的教练员，也难以保持训练的积极性。责任心强、高水平的跆拳道教练员会得到运动员更大的信任，这种威信会对运动员训练积极性和自觉性的保持和增加起到重要作用。教练员要努力促进运动员的积极性，避免扼杀运动员的热情和兴趣。积极乐观的态度、精心细致的执教、及时的关心和帮助、适时的鼓励和欣赏都有助于运动员保持自觉性和积极性。

4. 意志品质

训练过程中，谁都不会一帆风顺，难免遇到各种困难，有的困难还是预想不到的。要使运动员做好这方面的心理准备，不能因为遇到困难和挫折就心灰意冷，放弃自己的目标和追求。要用百折不屈的毅力，坚强的意志去克服各种困难，解决难题，排除干扰，保持积极的态度。

跆拳道教练员要善于把握运动员的思想动态，畅通沟通渠道，善于通过深入细致的思想工作，有针对性地解除运动员的困惑和苦恼，使运动员获得和持久保持训练激情和动力。

二、适宜负荷原则

（一）适宜负荷原则的内容

人体是生物体，具有适应刺激而产生变化的能力。训练负荷是一种刺激，施加于人体后就会使人体产生反应，进而导致发生适应性变化。人体的这种适应性就是运动训练的一个基本原理，不断施加负荷和适应负荷的过程就是训练的过程。

训练负荷的施加会引起一系列生理反应，这些反应使运动员适应训练刺激，从而提高自身的身体素质，增强训练耐受力和运动能力。运动员受到负荷的刺激会产生机体的疲劳，在疲劳的恢复过程中，并不只是使运动员重新回到原来的身体机能水平，而是达到了一个更高的水平，这就是超量恢复现象，超量恢复的良性叠加会不断把运动员推向更高的机能状态。如果训练负荷不足，超量恢复的效果就可能很小或不会产生，如果负荷量过大，会导致恢复时间延长，不良的控制可能导致过度训练产生。所以，必须采用适宜的负荷，把握好训练和恢复的节奏，才能保证训练效果的良性提高。

运动负荷包括运动强度、持续时间和训练频率三个变量，可以通过控制这三个方面的一个或多个来控制和调整训练负荷。采用更多的数量、更快的重复、更长的时间、更大的力量，会使负荷更大，反之则更小，调整其中的一个指标或几个指标是调整负荷的主要方法。逐渐增加训练负荷是一个对训练的基本要求。当运动员适应了训练负荷，训练效果会处于维持状态，要使运动员进一步提高，就要在原来的基础上增加负荷量，以对运动员施加新的刺激，逐渐产生新的适应。

如果长时间采用相同的负荷或者负荷时间过于分散，就不会提高身体能力。训练负荷过大、太密集和不足也会引起运动员训练水平下降。根据运动员的训练水平和状态，施加适宜的训练负荷能够保证训练效果，同时还能够预防损伤。随着运动员的成长，训练负荷的施加呈现动态变化的特点。

（二）适宜负荷原则实施的要点

1. 渐进性增加负荷

随着运动员训练水平的增长，负荷要随之增加。

2. 负荷施加要适宜

负荷增加过大和不足，都不能达到预期的训练效果，教练员要根据运动员的实际情况，合理施加负荷量。

3. 处理好训练、休息、恢复的关系

只有合理安排训练计划的顺序和节奏，运动员在训练后有适宜的恢复时间，才会产生良好的生理性适应。跆拳道教练员要对运动员的训练情况做好监控，科学有效地施加训练负荷，处理好训练和恢复的关系。恢复不一定是完全休息，可以采用轻松的训练负荷。通过训练负荷大、中、小的安排，促进运动员超量恢复与适应。

三、系统性原则

（一）系统性原则的内容

优秀运动员的培养是一个长期的过程，这个过程构成了一个训练系统。这个训练系统中，在不同的训练阶段有着不同的训练指导思想，训练内容、训练手段方法也都存在差别。系统思考和训练计划组织的目的就是达到更好的训练效果，使运动员创造更优异的运动成绩，并保持更长的时间。

运动员的培养一般需要经过儿童阶段、青少年阶段和成年阶段。因为每个阶段人的生长发育有着不同的规律和特点，教练员制订训练计划要充分考虑这些特点，科学合理进行安排，避免过早进行大量的专项化训练。

儿童时期是宽泛发展的阶段，应该注重一般基础训练。为儿童提供多样化的身体练习，全面发展身体素质，打下良好的生理和心理基础，为日后取得最佳运动成绩提供保障。该阶段应该主要采用基础性体能练习，参加多种体育项目的学习和练习，同时进行部分专项练习。在从事练习的过程中，神经肌肉、心血管和能量系统等都会以不同的方式激活，达到身体的均衡发展。田径、足球、网球、篮球、排球、滑冰、游泳、游戏、武术等都可以作为练习的内容。在这一阶段，速度、协调、灵敏、柔韧等身体素质的发展很重要，通过以上的多元化练习，可以取得良好的成效。7～13 岁阶段要采取宽泛的多元基础训练，这是保证成年时期表现出更高运动水平的重要基础。

14 岁以后，多元化训练逐渐减少，专项训练比例逐渐提高。

过早进行专项化训练可以实现青少年时期运动表现出色，但注重多元基础训练的运动员在成年时期会表现出更高的水平。

（二）系统性原则的实施要点

1. 避免急于求成

深刻认识运动员培养的长期性和系统性，训练计划要充分考虑运动员的长期发展，避免因急于取得成绩而牺牲运动员的长期利益。跆拳道教练员、运动员和家长要对运动员的成长有耐心，拒绝过早的成绩诱惑，避免过早专项训练产生的副作用。

2. 全面发展素质

儿童训练要从对参加跆拳道运动的兴趣、心理、素质的发展等入手，通过身体和多种运动项目和内容的练习促进其全面发展。

3. 合理选择训练内容

应合理安排少年儿童跆拳道训练计划，根据训练的实际情况和条件选择训练内容以及创新训练内容。多元化训练并非练的项目越多越好，几种不同性质的项目练习会对运动员产生“立体”负荷刺激，对运动员的全面发展会更有利。如篮球 + 足球 + 体操 + 专项基础练习的交叉练习效果，要比篮球 + 手球 + 网球 + 专项基础练习的交叉练习效果好，因为第一个内容组合训练得更加全面。

4. 平稳过渡

随着运动员年龄的不断增长，多元基础训练和专项训练的比例要采取适当的调整，平稳地实现过渡，跆拳道专项训练的比例逐渐增加，多元基础训练的比例逐渐缩小。

5. 不间断训练

长期不间断训练才能够实现人体的适应性改造，跆拳道运动员需要多次承受运动负荷，渐进地提高自己的水平。世界优秀选手都是在多年系统训练的过程中培养出来的。

四、专项化原则

（一）专项化原则的内容

专项训练的结果是对该专项运动的动作模式、代谢需求、力量收缩类型以及肌肉募集模式的生理适应。专项训练的目的就是使运动员精通专项技能，创造优异的运动成绩。

专项化训练以一般训练为基础。专项训练的内容包括专项技战术训练、心理训练、专项体能训练等。这些内容是和专项取得优势直接相关的素质，有着很强的针对性和目的性。

（二）专项化原则的实施要点

1. 深入认识专项

教练员和运动员要深入研究认识跆拳道专项特点，使专项训练针对性更强，更有效，最大限度地避免无效训练。

2. 训练内容合理分配

跆拳道训练包括体能、技术、战术和心理等内容，教练员要合理安排训练计划，使专项训练和一般训练比例合理分配，在训练的不同时期、不同阶段采取合理的变化。

3. 变化的训练

长时间单一的专项训练容易导致运动员疲劳和局部负担过重，如腿法技术练习过多，很容易导致运动员腰部疲劳。教练员要善于变换训练内容或手段，避免运动员出现劳损和心理厌倦。

五、区别对待原则

（一）区别对待原则的内容

教练员在制订训练计划时，组织实施训练的过程中必须考虑到运动员的个体生理和心理特征。每个人在各个生长和训练阶段情况会发生不断的变化，构成运动队中不同运动员的不同的个性特征。不同的情况需要不同的针对性计划，区别对待不同的运动员对提高训练效率具有重要意义。

针对差异较大的多人使用同一个计划是不适合的，对一群人的统一计划实施起来会导致有人不能承受，有人又比较轻松，有人则很合适，训练的效果会出现较大的差异。处于同一水平和发展阶段的运动员采取同一计划是可行的。

个体差异是教练员训练首要考虑的因素。青年运动员有更好的抗疲劳能力，能承受较大的运动负荷，年龄大的运动员承受大负荷的能力有所下降。有一定训练年限的运动员具有训练基础，适合专项训练和耐受较大的训练负荷。训练年限短的运动员应该以一般训练为主，其承受训练负荷的能力一般较弱。存在伤病的运动员运动能力则会下降，负担过重也会导致承受负荷的能力下降。对能够承受较大负荷的运动员可以采取适当的大负荷，对不适合大负荷训练的队员要适当降低负荷量和负荷强度。

（二）区别对待原则的实施要点

1. 合理分组

在教练员数量能够满足时，对运动员进行分组，把运动能力和心理水平相接近的分为一组，按照小组水平制订并执行训练计划。当运动员水平相差较大时，及时按水平调到合适的组去参加训练。常见的一线队伍、二线队伍、三线队伍就是一种分组形式，男队、女队也是一种分组形式。

2. 深入了解运动员

跆拳道教练员要对运动员的生理年龄、训练年限、健康情况、心理个性等进行深入了解，为制订训练计划和指导训练打好区别对待的基础。

3. 灵活调整

在执行跆拳道训练计划过程中，对个别队员要进行必要的运动加量或减量，以适合其当前状态。

4. 不同性别运动员

男女运动员具有不同的特点，无论是生理还是心理，教练员在训练和管理上都要有所区别，采取合理的方法对待。如女跆拳道队员柔韧性更容易进步，力量发展则较慢；男子运动员容易忽略细节，柔韧性不容易进步，而力量则较好等。

5. 运动员的数量

一名教练员指导的运动员数量不宜过多，过多难以实施区别对待原则。

6. 比赛指挥

跆拳道实战比赛指挥时不能千篇一律。对不同的运动员不能采取相同的策略指挥，要根据运动员个人特点和特长进行。另外对手不同，比赛战术也可能不同，要采取合理的调控。

第二节　跆拳道技、战术训练与诊断

一、跆拳道技术训练

（一）跆拳道技术训练概述

跆拳道技术是指运动员充分发挥身体能力、合理有效完成各种动作的方法。在实战对抗中能否合理、有效地完成各种动作，取决于运动员竞技能力水平的高低，而这种竞技能力的获得是需要通过科学的技术训练才可以实现的。在跆拳道实战比赛中，由于每个运动员的生理、心理条件各不相同，即使在完成同样的技术时，也必然会表现出不同的特点。因为跆拳道运动员在参加比赛时，需要根据对手的综合信息、赛场不断变化的情况以及对手瞬间运用的技术等，来选择适宜的进攻或反击技术进行对抗。因此，运动员就需要加强技术训练，以掌握基本技术为基础，尽可能多学习不同技术动作，并根据自身条件设计一些组合，作为个人特长技术，通过训练提高各种技术的熟练运用程度，以便在比赛中可以较为自如地运用各种技术，完成比赛任务。

（二）掌握跆拳道技术的必要条件

首先是神经、肌肉系统的灵活性与运动能力作为物质基础；其次是心理表象及意识支配作为支撑；第三个条件就是长期、系统、刻苦地训练。

运动员要想掌握正确的跆拳道技术，就必须先清晰地了解正确的技术动作，并能形象地在头脑中勾画出技术细节。然后，通过自身积极的神经肌肉活动，把这一正确的技术表现出来，当他完成的身体动作与意识中的动作形象完全或基本吻合时，他便掌握了这一技术。所以说，技术训练不只是外在的身体训练，动脑筋积极思考也是掌握技术，提高技术训练效果的重要要求。学习技术要经历的三个阶段分别是心理阶段、练习阶段和自动阶段。

（三）跆拳道技术训练的步骤和方法

跆拳道技术训练包括两个方面的内容，即基本技术和技术的运用。无论是提高技术动作的质量，还是提高技术运用能力，作为一个相互联系、不可分割的整体，从训练的方法上讲是不能截然分开的。技术的训练过程都应围绕“实战运用”这一目的来进行，基本技术训练是基础，在此基础之上的技术运用，要在实战这个整体构架下的各个环节中来实施，由此来看，两个方面的内容在训练方法上也应有所不同。

跆拳道技术训练所采用的方法应本着从易到难，由简入繁，从个人练习到配对练习，从模拟应用到实战对抗应用这样一个循序渐进的原则进行。跆拳道技术学习与训练的步骤如下：

第一步：介绍技术

在技术训练开始时教练员首先要向运动员介绍所练的技术，明确技术的名称和作用，让运动员理解他们为什么要学习这种技术。当运动员理解了为什么学习，自然就提高了学习动机。

第二步：示范和讲解技术

示范与讲解是帮助运动员获得一项技术的心理轮廓的主要方法。通过视觉与听觉这两个信息传递渠道，使运动员首先建立起正确的技术动作概念。对于已经初步掌握了技术动作的运动员，也应运用示范和讲解的方法来巩固他们的学习和训练效果。对于技术动作保持较为稳定的选手，教练员可以通过语言给予积极的良性反馈，这对运动员技术动作质量的不断提高，也会起到强化、有效的良好作用。

示范时应遵照以下注意事项：

（1）告诉运动员将要怎样做示范，要看什么。

（2）确保示范期间保持运动员的注意力。

（3）示范完整技术，结合在比赛情境中完成。

（4）做多次示范，而且要从不同的角度展示怎样完成该技术，而且最好以比较慢的速度完成，这样能使运动员清楚地看到动作的顺序。

（5）如果技术复杂，应分解示范动作的重要部分和环节。

在讲解过程中教练员应该注意以下事项：

（1）示范前，要指出一两处运动员应该注意的重要事情。

（2）讲解必须简明扼要。

（3）保持讲解与示范的动作相符。

（4）安排好讲解时机，既要让运动员准备好他们将要看到的动作，还要强化他们刚刚看到的动作。

第三步：技术练习

常用的技术练习方法有以下几种：

1. 完整—分解—完整练习法

跆拳道的基本技术包括脚的技术、拳的技术和组合技术。技术在运用过程中又可分为进攻技术、防守技术和反击技术。在学习的过程当中企图一蹴而就，简单地希望“一看就懂，一做就会”式地进行技术训练是不可能的，因此，结合运用分解练习法与完整练习法就成为掌握难度技术的重要而有效的训练方法。

开始练习时，将单个技术动作中的起动，或单个动作中的击打等重要技术环节抽取出来，专门进行练习，不断地提高肌肉和神经的适应与记忆，在这一基础上进行组合，再进行完整的练习，无论从理论上还是从实践中都已证明是技术训练的有效途径。

2. 空击练习法

技术训练中运动员要积极运用第二信号系统和思维能力，对正确的技术动作进行模拟想象，以及在有过正确完成技术动作的经历之后进行表象练习，都会有助于提高技术训练的效果。

在实际的训练中，运动员需要有一个假想的攻击目标，从比赛实战的需要出发，结合自身实际情况，来进行单击或者组合踢击的徒手空击练习。单个技术动作空击是通过对某一攻防技术动作，结合步法移动的反复练习，来提高技术动作质量和熟练掌握技术动作的水平；组合技术空击是将进攻、防守和反击的技术动作，根据比赛的需要串连成两个以上的踢击形式进行反复的假想空击练习，以此来提高组合技术运用的协调能力以及动作间的衔接转换能力。

3. 击靶练习法

击靶练习是跆拳道技术训练中最常用的方法和手段，为了提高运动员某种技术动作的运用能力，由教练员或队友依照技术训练的要求，给运动员递出适当位置踢击靶位的练习方法。通常采用脚靶（见图 5-2-1）、护具靶（图 5-2-2）进行练习。每种靶位练习，又都可以根据技

图 5-2-1 脚靶练习

图 5-2-2 护具靶和沙包练习

查看完整
动作视频

术要求，以固定靶、移动靶、技术靶、战术靶、素质靶、速度靶等方式进行练习。不同的练习内容和练习目的，采取不同的练习形式。击靶练习中，教练员不但应当对练习者提出任务要求，还应对执靶者提出执靶要求，必须从实战的角度出发，只有执靶时机、执靶位置恰当，才能达到提高击靶训练效果的目的。

在技术训练中脚靶练习和护具靶练习是最主要的练习方式，当运动员在技术练习中踢击这两种靶时，由于人对踢击距离的判断总是以较大的物体为参照，所以长时间的脚靶或护具靶练习就容易造成运动员对距离感判断的误差，因此，这两种靶在技术训练中应交替使用，最重要的是在练习过程中，双方运动员要在实战势态下进行，比如踢击前的准备，踢击时的重心控制，踢完之后的还原等，每个技术环节都很重要。

4. 对抗练习法

跆拳道比赛中的双方运动员都是在一种注意力高度集中、强对抗条件下的技术、体能、智能和心理等方面的对抗。那么要使运动员掌握的技术在比赛中能够充分地发挥出来，对抗练习便是提高技术应用的必要手段，是技术能力向实战能力的过渡。这种对抗练习一般都采用人靶的形式进行固定的技术应用训练，也可以叫固定攻、反技术训练。比如要强化后踢反击这一技术能力，在实际训练操作时，双方运动员都必须佩带护具，配合一方运动员只能做闭式前脚或开式后脚的进攻踢击，而另一方只能做后踢反击的技术来应对，前提是双方都要按实战的要求去准备这一交手回合，包括进攻一方在攻击前的隐蔽性、踢击的速度、踢击的力量等都要和比赛的要求一致，这样才能真正做到“练”是为了“用”这一最终目的。

5. 教学实战法

教学实战练习是指按照比赛规则的要求，在近似比赛的条件下运动员之间所进行的对抗训练的方法。教学实战是技术训练过程中检验运动员技术能力掌握情况的唯一标准。通过教学实战，可以对运动员技术掌握情况进行诊断和评价，总结训练过程中的不足，为以后的训练和比赛提供参考和依据。教学实战在技术训练阶段可以作为很好的训练手段，能满足训练从实战出发的客观条件，使运动员能够直接感受到实战动态变化中技术使用的情况，并能根据这些反馈，构建和完善自己的技术特点，形成牢固的动力定型。

在这一阶段教练员应注意避免过早和过多的实战训练。过早的实战训练容易使技术变形，不利于技术的改善，过多的实战训练容易使运动员产生损伤和厌战的心理障碍，因此教练员应根据运动员的实际情况，做到心中有数，根据运动员的技术水平、身体状态、伤病情况等，进行适时、适量的实战训练，结合训练的目的、任务，将各种训练方法进行有机的结合，科学合理地安排，才能达到预期的训练效果。

（四）跆拳道技术训练的基本要求

跆拳道技术训练的根本目的，就是要求将基本技术逐渐形成合理规范的动作定型，不断提高掌握基本技术的数量和质量，不断提高专项速度、力量和耐力。而且，可以在比赛中根据双方运动员的距离、角度和姿势不断变化的动态条件下，使用基本技术进行进攻、防守和反击，从观察、预判到实施击打，从选择时机到捕捉时机，完成一系列复杂的动作操作过程。

在这个动态操作过程中，运动员需具备良好的技术稳定性和快速的条件反射，训练时就必须提出严格要求，从实战出发来强化运动员的技术技能。

（1）技术训练要保持多年训练的系统性，基本技术训练应贯穿运动训练的全过程。随着电子护具在比赛中的运用，技术的规范性、准确性、多样性和连续性显得尤为突出。所以针对技术训练必须要有系统性和长期性，训练必须以“应用”为目的来进行。

（2）在训练课中，应将技术训练安排在身体状态较好的课的前半部分，特别是对那些难度较大、对身体素质要求较高的技术训练内容更应注意这一要求。

（3）在安排技术训练的负荷量度时，应注意在基本技术训练中量较大，强度较小，而在技术应用训练中量相对较小，强度相对较大。

（4）确保运动员在每次练习中体验到适当的成功。在技术训练中要考虑运动员的个人特点，因人而异地采用针对性较强的训练方法和手段。特别是在技术训练的自动化阶段，不应按照一成不变的技术模式进行训练，例如，某些运动员的技术动作可能不完全符合技术模式的规格要求，但这些技术动作对该运动员来说可能是合理与适用的。所以说，训练中应注意技术训练的个体化，建立更为实用的个体技术模式。

（5）在安排训练课的内容和进度时，要根据不同技术环节之间的相互关系和运动员技术水平所处阶段，来确定最佳的练习内容及练习程序。

（6）使训练充满乐趣。教练员可以通过在训练中使用围绕所训练技术主题的多样化活动来避免技术训练的枯燥，比如练习赛、挑战赛和小花招等。

二、跆拳道战术训练

（一）跆拳道战术训练概述

战术训练是指为了使运动员掌握最合理的战术手段和战术方法，培养其运用这些手段和方法的能力，以便发挥自己的特长，限制对方的特长，为比赛做好战术上的准备而进行的训练。

跆拳道运动员的战术训练水平是构成综合竞技能力的重要因素之一，也是跆拳道训练的重要内容。战术对每个跆拳道运动员在比赛中综合竞技能力的发挥水平起着重要的作用。

战术能力的形成取决于多种竞技能力，而战术训练水平和战术能力的提高又可促进其他竞技能力的提高，不仅有利于提高体能、技能和心理能力，而且由于战术运用是一个斗智的过程，因此，也有利于运动员智能水平的提高和发展。

（二）跆拳道战术训练的基本方法

1. 掌握基本战术和专项战术理论知识的训练

这种训练方法主要是以教学方式进行的。如教练员可以运用讲解示范法、语言法、观察法，使运动员理解和掌握该战术的基本结构和战术应用原理，初步建立动作表象，并激发运动员的想象力，使运动员能在正确的战术理论指导下实施战术行为。

2. 固定战术训练

这是为了使运动员掌握某种战术所采用的固定配合性训练，一般是由教练或队友配合其进行的重复性练习形式。比如要训练运动员的攻反转换战术能力，教练员可以设置固定的练习模式，练习一方做进攻的机会创造，另一方则实施抢攻来训练该名运动员的反击转换能力。在训练中应由易到难，由慢到快，由单一到连续，循序渐进地练习，层层深入，不断加大训练难度，提高各种战术动作的自动化程度和运用能力，以达到不假思索即可做出适宜反应的目的。

3. 模拟比赛战术训练

在充分了解与分析比赛对手技战术的情况下，根据对手的特点制订有针对性的战术方案和战术计划，并在模拟比赛中与模拟对手进行战术训练。这种模拟训练法能使战术的运用更有针对性和实效性，并能提高运动员的战术思维、判断决策能力及观察和解决问题的能力。如模仿主动进攻型对手以提高自身的防守反击能力；模仿力量型对手以提高强对抗能力；模仿高个对手以提高中近距离打法能力等。但在训练中应该注意的是，这些战术能力应根据比赛场上的变化而变化，比如比赛环境的不同，对手的变化，不同裁判的判罚尺度等都会影响技战术的正常发挥，因此，在模拟训练中要求模仿者动作逼真，势态尽可能接近比赛，以提高运动员在比赛中动作的适应能力、灵活运用和快速的应变能力。

4. 条件实战训练

在训练中为了达到某种战术的需要而规定双方运动员使用的技术、战术等因素进行的对抗训练方法。条件实战虽有实战的因素，但其目的不在胜负，无论其训练条件如何限制，主要是为了训练和培养运动员的某种战术意识和战术运用能力。条件实战训练具体的实施，则是根据训练任务和内容做些规定与要求。比如，为了使运动员能够轻松完成技战术动作，防止受伤，可以规定踢击点到为止，或规定击打部位，或规定一方只能防守，或规定某一种进攻或反击方式等。教练员具体操作时应根据运动员的技战术能力的储备情况，由易到难，循序渐进，逐渐培养运动员战术应用的自信心，提高某种技战术的应用能力。

5. 教学比赛战术训练

教学比赛是按照比赛的规则和要求，在比赛的条件和环境下，通过实战来训练和培养运动员运用战术和丰富比赛经验的训练方法。通过教学比赛可以使运动员加深对战术意图的理解，提高完成战术行动和战术的应变能力。教学比赛也是训练过程中检验战术运用效果的最有效的手段。

6. 通过观摩比赛录像和现场比赛对战术案例进行分析的训练

通过这种方式可以使运动员清楚地看到自己和对手在已进行过的比赛中的优势和劣势，总结经验教训，进一步强化优势技术，并针对自己的不足或错误进行调整训练。通过对还未进行过比赛的对手与其他对手比赛的观摩，可以有效地了解即将比赛对手的技战术特点和战术行动，为自己制订有针对性的战术方案和计划，以此预案为获取比赛胜利提供有力保障。

总之，战术训练的组织形式还可以按战术的不同表现特点来分。如场地区域战术训练，进攻战术训练，反击战术训练，防守战术训练，体力分配战术训练和心理战术训练等。这些训练形式，在战术训练中有其特定的意义，是不可缺少的训练方式。

（三）战术训练的基本要求

（1）战术训练时应充分调动运动员的积极性，促进他们开动脑筋，积极思维，提高分析和解决战术问题的能力。

（2）跆拳道的战术训练重点在于如何把握有利的时机。所谓有利时机是指在空间特征上出现有利状态的特定时间区段。只有强调掌握有利时机才能使运动员的应变能力和创造力得到改善和发展，这也是提高战术意识的核心。

（3）运动员的战术意识训练应贯穿在一切训练内容之内和整个训练过程之中。在战术训练、技术训练、身体训练和心理训练当中都要积极主动有计划地贯彻进去。教练员要提出这种任务和要求，使运动员明确这一目的，而且随时提醒运动员要主动地开动脑筋，提高意识，因为意识是运动员自己的思维活动，不是教练员的思维活动所能代替的。

三、跆拳道技术的诊断和评价

在技术训练的实施过程中，要不断地对运动员所掌握技术的状况进行必要的诊断和分析，并给予准确评价，使运动员在技术训练中向着正确、合理与实用化的方向发展。

（一）经验诊断与观察分析法

经验丰富的教练员对运动员的技术动作，往往具有超常敏锐的观察力。通过直觉，以运动员技术动作的外部形态为依据，以正确的技术模式为参照，亦可对运动员完成技术动作的状况进行诊断和分析，发现存在的问题，并分析产生的原因，进而予以纠正。这种方法简单易行，可随时运用，不需要过高条件，因此被广泛运用，是训练场上最主要的诊断形式。这种诊断和分析的有效性取决于分析者的经验和知识程度，有丰富经验和较高水平的教练员，使用这种方法可以取得很好的效果。其不足之处是易受诊断分析者主观因素的影响，而又难以进行定量分析。该诊断分析法有两种形式：一是运动员完成技术动作时进行直接及时的诊断和观察分析；二是借助视频录像的方法进行技术诊断。在诊断过程中要注意以下问题：

（1）观察要准确，避免产生错觉，以保证所获取技术信息的可靠性。最好能把直接观察和录像观察结合起来进行评价与分析。

（2）用录像进行观察诊断时，可使用画面停格，从静止画面和慢放动作中进行分析。

（3）在直接观察分析动作时，特别是在运动员学习技术动作的过程中，要给运动员及时传递正确信息，不能拖延，特别是某些运动员已形成的一些技战术痼疾，必须通过技术的分析与比赛中失败的实例教训进行深入剖析，有针对性地提出改正方法。

（4）在技术分析时，教练员应与运动员共同进行分析和研究，提出问题进行讨论。这样做可以使运动员对所学技术动作具有更深刻的感受与认识，从而将所获得的感受进一步升华成为下一步训练的动力。

（二）生物力学分析法

这种分析法是以人体解剖学、运动生物力学、统计学等学科为理论基础，对跆拳道技术特征进行必要的测量和计算，并以精确的数据进行定量分析的方法。这种方法准确、可靠，具有较强的科学性，对技术训练具有很好的指导作用。但由于该分析方法的使用需要一定的人力、物力、财力、时间和相关专业领域的研究人员及设备，因此在运动训练中难以广泛地推广和使用。但是，作为科学研究或对个别优秀运动员进行的技术分析和诊断是十分必要的。

运动员掌握或完成运动技术的实效性、合理性和经济性是评价运动技术的基本标准。其中，运动技术的质量指标包括内部指标（技术是否合理、经济）和外部指标（技术是否具有实效）两个方面，常用的方法有定量与定性、运动学与动力学、多维与综合测试等。对运动技术进行评价时要根据跆拳道项目的技术特点，选择评价指标和方法。主要以运动员动作的合理性和实效性（击中得分部位和成功率）为主。

第三节　跆拳道运动员体能训练

一、跆拳道体能训练概述

体能是人体各器官系统的机能在体育运动中表现出来的能力，包括力量、速度、灵敏、耐力和柔韧等基本身体素质与人体的基本活动能力。跆拳道体能为运动员在跆拳道训练和比赛中表现出来的身体能力。跆拳道体能训练包括一般体能训练和专项体能训练两个方面。

一般体能训练的目的，是增进运动员的身体健康，改善身体形态，提高各器官系统的机能水平，使机体能够承受更大的运动负荷强度，为将来高强度的运动做准备。运动员的一般身体素质训练水平越高，就越有潜力适应训练和比赛中增加的生理和心理负荷。因此，一般体能在跆拳道运动中有着重要的作用。专项体能训练的目的是提高和专项能力直接相关的素质，最大限度为提高技战术水平服务。一般体能是专项体能的基础，专项体能更具有针对性，对技术的优化和比赛能力增强的作用更加直接和显著。

一般体能训练应该贯穿训练的始终，只是随着运动员训练年限增加，基础逐渐牢固，一般体能训练的比重会有所减少。而随着运动员训练年限的增加和专项化需要的加强，专项体能比重应该逐渐增加。一般情况下，中高级运动员训练的准备期和初级运动员体能训练以一般体能训练为主。中高级运动员临近比赛准备后期和比赛期，以专项体能训练为主（表 5-3-1）。

表 5-3-1　一般体能训练和专项体能训练

分类	内容	核心任务	特点	作用	训练分配比例	
					训练对象	计划比例
一般体能训练	耐力 力量 速度 柔韧 灵敏	发展身体的一般素质和机能	针对整个身体的全面素质	不断提高身体机能和素质，为承受大负荷训练和掌握专项技术打基础	初级运动员	主要内容
					中高级运动员	次要内容
专项体能训练	耐力 力量 速度 柔韧 灵敏	发展与专项紧密相关的素质	针对专项技术及比赛的需要	促进专项技战术水平提高，创造优秀运动成绩	初级运动员	次要内容
					中高级运动员	主要内容

教练员要合理安排总体的训练计划，使体能训练与技术训练、战术训练、心理训练等按照一定的比例实施。

二、跆拳道体能训练方法

（一）速度训练

速度素质是指人体快速运动的能力。它包括人体快速完成动作的能力和对外界信号刺激快速反应的能力，以及快速位移的能力。人体速度素质的基础是肌肉的收缩性。跆拳道运动速度素质包括反应速度、动作速度和位移速度。跆拳道对运动员的速度素质的要求较高。在跆拳道训练中速度练习的重点是提高反应速度和动作速度。

1. 速度训练的内容与方法

（1）反应速度。反应速度是指人体对各种信号刺激快速应答的能力。跆拳道运动对运动员的反应速度素质要求很高。反应速度是由神经反射通路的传导速度所决定的，它在很大程度上取决于人体的遗传因素，通过有效的训练可使运动员反应速度的遗传潜力充分发挥出来，并趋于相对稳定的状态。

在练习反应速度时，运动员必须精力集中，使神经系统处于适宜的兴奋状态，肌肉处于适宜的紧张待发状态，这样可以大大提高人体的反应速度。跆拳道反应速度的提高，在很大程度上取决于运动员对对手动作应答反应的动作熟练程度。应答动作越熟练，当信号出现时，立即做出有效的反应动作的成功率就越高。跆拳道运动员主要通过视觉信号来作出自己的反应，还有一部分是通过听觉信号来作出自己的反应。所以，敏锐的视觉和听觉是提高运动员反应速度的重要因素。跆拳道的应答反应，属于“多项选择”类型，所以还要求跆拳道运动员具有准确的判断能力。

反应速度是与跆拳道实战关系密切的重要素质之一，良好的反应速度不仅有助于使用反击战术，而且可以更多地抓住攻击对手的时机。反应速度和灵活性也有着密切的关系。提高跆拳道的反应速度可以使用以下的训练方法：

① 由教练和同伴发出信号后运动员进行快速反应。比如，同伴击掌，练习者迅速做出横踢，教练员挥动手臂或者发出口令，运动员迅速做出攻击和反击动作技术等。

② 教练或同伴发出进攻动作，练习者迅速做出反击动作。如对方用横踢进攻，练习者迅速用后踢进行反击等。所用的反击动作可以是固定的，也可以由运动员自己选择。

③ 练习者使用假动作技术，在对方作出相应反应时，练习者选择有效的技术进行攻击。可以先规定假动作、反应动作和攻击动作，然后逐渐过渡到任意的假动作、反应动作和攻击动作。

④ 教练或同伴在原地或移动中突然亮出高度不同、方位不同的脚靶，练习者快速反应并用恰当的方法进行攻击。教练员或者同伴可以在运动员攻击后用脚靶进行反击，让运动员迅速做出防守，并做好再次进攻的准备。

⑤ 通过实战和比赛训练运动员的反应速度。实战和比赛是训练跆拳道运动员复杂反应的最好方法，并且要经常与不同的对手进行实战，以变化对运动员的刺激，提高运动员随机应变、适应不同对手的能力，提高反应速度。

（2）动作速度。动作速度是指人体或人体某一部分快速完成动作的能力。跆拳道的动作速度是跆拳道技术诸多要素中最重要的一个要素，也是提高爆发力的重要条件之一。它包含快速完成单个技术动作的能力以及快速完成多个技术的组合动作的能力。动作速度快能提高技术动作的突然性，可以相对延长对手的反应时间，提高攻击的成功率。

动作速度训练应注意的问题：

第一，正确的技术动作是提高动作速度的基础。所以要高度重视运动员技术的正确性和合理性，完成技术时，全身肌肉要适时地紧张和放松，有机地协调配合。

第二，在练习跆拳道技术时，要不断对速度提出严格要求。

第三，在反复练习某一技术动作时，应合理地变换练习的速度及练习方式，避免运动员出现速度障碍。

第四，动作速度的训练要在运动员兴奋性高、精力充沛时进行，并且练习持续的时间不宜过长，经过较充分的休息后再进行下一组的练习。但值得注意的是，休息的间歇时间过长会使运动员的神经兴奋性下降，不利于利用“剩余兴奋”去进行后面的练习，因此间歇时间也不宜过长。

跆拳道动作速度训练的常用方法有以下几种：

① 快速完成单个技术动作或组合动作。

② 利用阻力变化而获得的后效作用发展动作速度。增加阻力做动作，然后去掉负重，减去阻力，做原来的技术动作。如腿系小沙袋快速连击，然后解下沙袋，再做同样的练习；利用皮筋增加练习阻力（见图 5-3-1），然后解下皮筋练习等；上坡跑、下坡跑、牵引跑（助力）等。皮筋拉力的大小可以通过皮筋的粗细、长短、材质和使用皮筋的方法来进行调节。皮筋练习不仅可以提高运动员的力量，还可以改变运动员腿法的动作速度（加速或减速）。

图 5-3-1

③ 短距离冲刺跑练习。距离一般控制在 30 米左右。

④ 定时快速跳绳。包括单摇跳、双摇跳、交换跳等。练习时间一般控制在 30～120 秒。

⑤ 快速高抬腿、快速连续提膝、跑台阶等。

⑥ 在规定时间内完成规定的技术动作次数，或者动作次数不变，逐步缩短完成动作的时间。在进行这一形式的练习时，要注意保证技术动作的质量。

2. 速度训练应注意的问题

（1）速度训练要在神经兴奋性较高的情况下进行。

（2）训练时注意力要保持高度集中。

（3）反应速度训练时刺激信号的强弱和节奏要经常改变。

（4）动作练习的速度要有所变化，最高速度和一般速度结合起来进行。

（5）速度训练计划要针对不同运动员的个体情况区别对待。

（6）训练后做好拉伸放松，促进恢复，保持肌肉弹性。

（二）力量训练

力量素质是指人体神经肌肉系统在工作时克服和对抗阻力的能力。依据力量素质的不同特点可以将力量素质分为最大力量、快速力量和力量耐力。

最大力量是指肌肉通过最大随意收缩克服阻力时所表现出来的最高力量值。

速度力量是指除了力量以外，还要求以最快的速度完成动作，也就是在尽可能短的时间过程中，发挥出最大力量的能力。也有人将速度力量称之为爆发力。

力量耐力是指克服由专项竞技中的力量负荷成分所引起的疲劳的能力。

跆拳道是一对一格斗类项目，运动员必须具有较好的力量素质。力量素质是其他运动素质的基础，它的好坏直接影响到其他素质的发展。如力量素质的提高能够促进速度的提高。力量素质也是掌握跆拳道运动技术，提高运动员得分能力的重要基础。因此对跆拳道运动员的力量素质训练，必须给予足够的重视。跆拳道运动比赛，双方运动员抢占空间和时间，从而获得优势，要以最快的速度来完成跆拳道技术动作，在接触对方身体的瞬间发挥出最大的打击力量，所以跆拳道的力量训练在发展最大力量的基础上，应以快速力量和力量耐力为主要内容。

1. 跆拳道力量训练的内容与方法

（1）克服自身体重的练习。

① 俯卧撑：每组 10~30 次，做 2~4 组。

② 立卧撑：每组 5~30 次，做 2~4 组。

③ 立卧撑提膝：每组 6~20 次，做 2~4 组。

④ 立卧撑跳：每组 5~20 次，做 2~4 组。

⑤ 仰卧起坐：每组 20~100 次，做 1~3 组。

⑥ 两头翘：每组 20~50 次，做 2~4 组。

⑦ 背肌练习：每组 20~80 次，做 2~4 组。

⑧ 仰卧举腿：每组 5~30 次，做 1~3 组。

⑨ 悬垂举腿：每组 5~20 次，做 2~4 组。

⑩ 侧肌练习：每组 10~30 次，做 1~3 组。

⑪ 两头起：每组 10~40 次，做 2~4 组。

⑫ 单腿蹲起：每组 5~20 次，做 2~4 组。

⑬ 双腿蹲起：每组 20~60 次，做 2~4 组。

⑭ 推小车：每组 5~30 米，做 2~4 组。

⑮ 连续提踵：每组 10~30 次，做 2~4 组。

⑯ 跳绳（单摇跳、双摇跳）：每次 1~2 分钟，中间休息 1~3 分钟，练习 4~6 组。

⑰ 躯干稳定性练习（图 5-3-2）：每次保持 30~60 秒，中间休息 30~60 秒，练习 2~3 组。

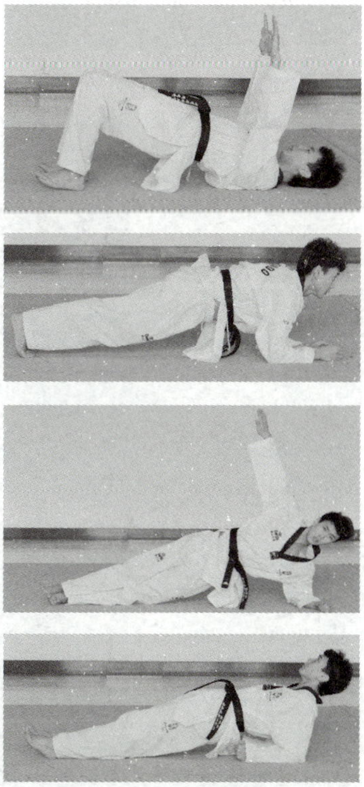

增强躯干稳定性的练习

图 5-3-2

⑱ 借助平衡球、健身球进行的不稳定情况下的力量练习（图 5-3-3）。

借助健身球的练习

图 5-3-3

⑲ 跳跃练习（图 5-3-4）。

几个常用的原地跳跃练习

图 5-3-4

（2）负重或增加阻力的练习。负重和增加阻力练习是发展力量的常用练习方法，是提高和发展力量素质的有效手段。负重练习可以发展各种细化的训练目标，不同的训练参数要求可以有所侧重地发展不同的力量能力（见表 5-3-2）。针对不同训练水平和训练阶段的运动员，训练参数的设置有所不同。比如，经过训练的运动员能够承受的负荷会大于没经过训练的运动员，男女运动员的负荷承受能力也有所不同。教练员要根据运动员的实际情况区别对待，合理安排训练计划。

表 5-3-2 不同负重练习目标实现的参数要求

目标	负荷重量	重复次数	练习组数 / 组	组间休息 /min
发展最大力量	75%～90% 最大重量	1～5 次	3～5 组	3～5
发展快速力量	35%～60% 最大力量	4～8 次	3～5 组	3～5
高强度耐力	30%～70% 最大力量	10～15 次	3～5 组	3～5
低强度耐力	15%～50% 最大力量	20 次以上	3～5 组	3～5

负重增加阻力训练的常用方法与手段有：

① 卧推杠铃。

② 深蹲杠铃。

③ 半蹲杠铃。

④ 高翻杠铃。

⑤ 负重弓步。

⑥ 哑铃练习。

⑦ 利用专用的训练器械的各种练习。

⑧ 皮筋练习（图 5-3-5）。

⑨ 扛人练习。

⑩ 双人力量对抗。

提高肌肉力量的常用皮筋练习

图 5-3-5

2. 力量训练应注意的问题

（1）力量训练前做好热身运动，练习后要做好放松和整理活动。

（2）全身肌肉力量均衡发展。

（3）与专项技术相结合。

（4）保证力量训练的正确性和方向。

（5）选择正确的练习手段，使训练有的放矢。

（6）合理安排训练计划，循序渐进地发展运动员的力量素质。处理好不同水平、不同年龄、不同性别的运动员的力量训练安排。

（7）训练时必须精力集中。

（8）合理使用保护和帮助。

（三）柔韧训练

柔韧性是指人体肌肉、韧带的伸展能力。跆拳道中腿法技术动作幅度比较大，要想轻松完成这些技术动作，需要良好的柔韧素质做基础，特别是对腿部和腰髋的柔韧性要求较高。影响柔韧素质的因素主要有：关节的骨结构、肌肉和韧带的弹性、中枢神经系统的兴奋状态，及其与神经过程转换的灵活性、关节周围组织体积的大小、心理紧张和疲劳程度以及外界的温度等。良好的柔韧性对肌肉放松、预防损伤、消除疲劳都有积极的作用。柔韧性好可以增加技术动作难度，从而提高技术动作的观赏性。

提高柔韧性主要是通过增加跨过骨关节的韧带和肌肉的伸展性去实现的。柔韧素质训练的基本方法是肌肉拉伸法，拉伸法有动力拉伸和静力拉伸两种，这两种方法又都可采用主动性和被动性两种拉伸方式进行。

动力拉伸法是指有节奏地通过多次重复同一动作的练习，使相应部位的肌肉、韧带等软组织逐渐被拉长的练习方法。做动力拉伸法练习时，练习的次数和组数要依据运动员的训练水平、训练目的和任务以及练习的不同身体部位来决定。

静力拉伸法是指先通过动力拉伸缓缓地将相应部位的肌肉、韧带等软组织拉长，当拉长到一定程度时，暂时静止不动一定的时间，使这些软组织被拉长。当肌肉达到绷紧将要疼痛的感觉时，保持不动 10~30 秒。

主动柔韧性练习是指在动力拉伸或静力拉伸时，不用外力，运动员靠自己的力量将练习的肌肉及软组织拉长。

被动柔韧性练习是指在动力拉伸或静力拉伸时，在外力帮助下使肌肉及软组织拉长。

1. 柔韧训练的内容与方法

（1）自我拉伸练习法。自己使用合理的方法有针对性地对关节和肌肉进行拉伸（图 5-3-6），拉伸的幅度、节奏、速度和时间可以自己掌握。

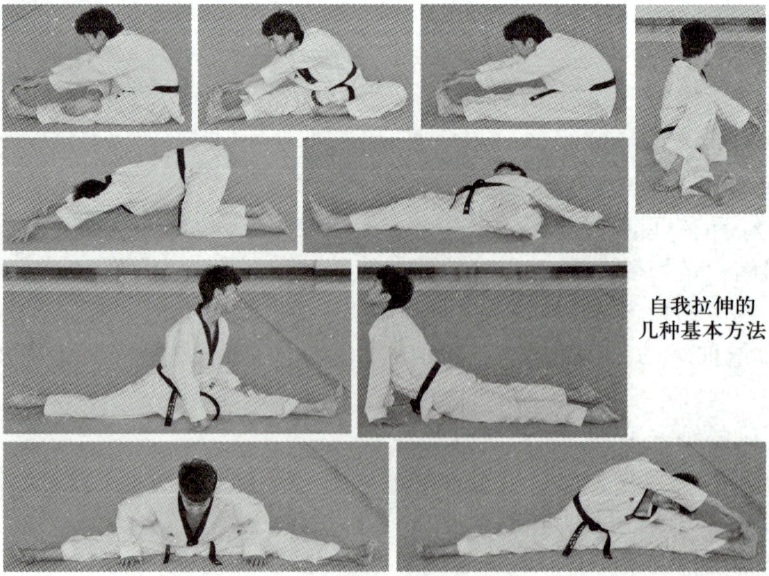

图 5-3-6

（2）双人拉伸法。双人拉伸法，是双人配合进行柔韧练习的方法。这种练习可以通过同伴获得适当助力，增加肌肉拉伸幅度，同时还可以增加练习乐趣，培养学员相互帮助的品质等（见图 5-3-7）。

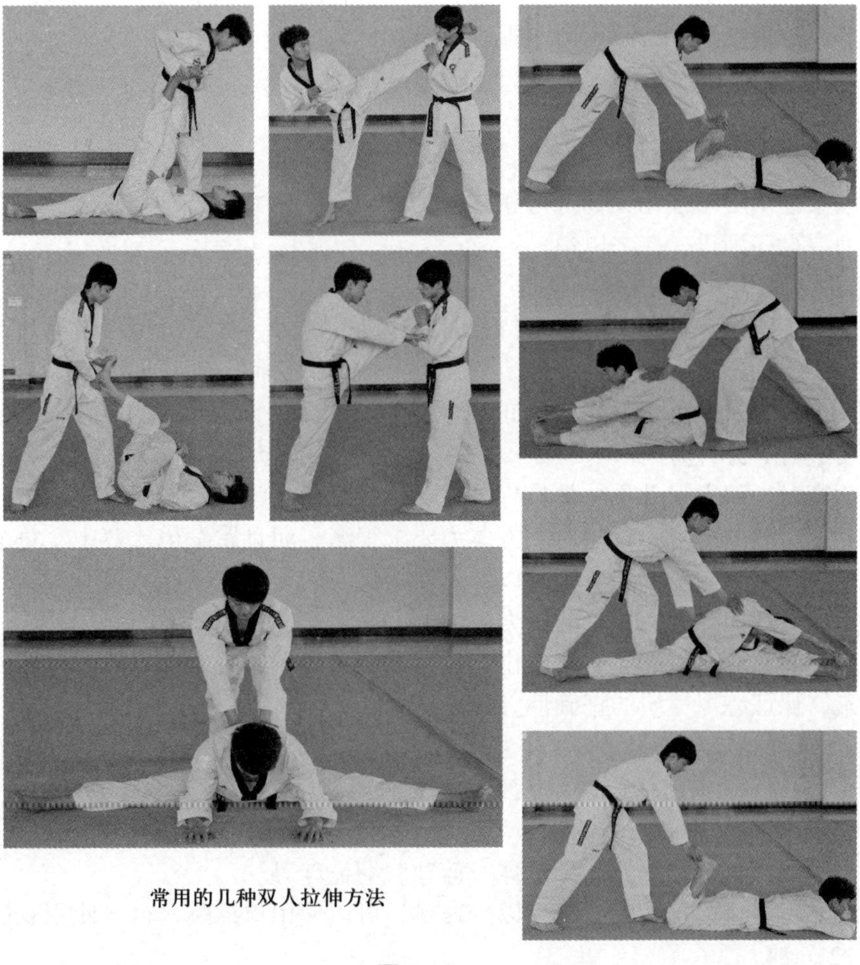

常用的几种双人拉伸方法

图 5-3-7

（3）摆腿方法。摆腿是提高跆拳道柔韧性的常用手段，是发展主动柔韧性的主要途径。摆腿可分为扶住一定高度物体的摆腿、行进间摆腿、原地摆腿三种形式。初学者一般先练习扶住固定物（肋木、同伴、横杠、立柱等）的摆腿，这种方法可以帮助练习者在保持好身体姿势的情况下，仔细体会摆腿时肌肉用力的方法和身体感觉，增长摆腿需要的身体各部分肌肉的力量。当练习者有了一定体会和一定的身体控制能力后，再进行原地摆腿和行进间摆腿的练习。

摆腿练习方法有：

① 前上摆。动作方法：身体立直，一腿支撑，另一腿伸直由下向头部上方摆动。动作要点：摆动腿用力快速上摆，放松下落收腿，协调用力，重心稳定。

② 内摆。动作方法：身体直立，支撑腿伸直，另一腿伸直由下经外侧向头部上方摆动，

经身体内侧下落至支撑脚内侧。动作要点：摆动腿用力快速摆动，摆动轨迹成弧形，动作幅度越大越好，放松快落，协调用力，重心稳定。

③ 外摆。动作方法：身体直立，支撑腿伸直，另一腿伸直由下经身体内侧向头部上方摆动，经身体外侧下落至支撑脚内侧。动作要点：摆动腿用力快速摆动，摆动轨迹成弧形，动作幅度越大越好，放松快落，协调用力，重心稳定。

2. 柔韧性练习应注意的问题

（1）做好准备活动。

（2）静力练习和动力练习相结合。

（3）主动柔韧练习与被动柔韧练习相结合。

（4）练习要循序渐进，持之以恒。

（四）耐力训练

耐力素质是指有机体克服疲劳，坚持长时间运动的能力。良好的耐力素质是跆拳道运动员更好地克服在训练和比赛中出现的疲劳，承受更大的训练负荷，提高训练效果，并在比赛中取得更好成绩的必要条件。跆拳道的比赛时间为一局 2 分钟，局间休息 1 分钟，比赛进行 3 局，整场比赛需要进行 8 分钟时间。

跆拳道比赛时，双方运动员总是打打停停、断断续续，紧张激烈的进攻和防守是在无序的状态下进行的。激烈的全身心参与对双方体力要求很高，而且跆拳道比赛中，每个级别的运动员的比赛场次要在一天内全部结束，所以，要取得优异的比赛成绩，必须有坚实的耐力素质作基础，保证运动员在比赛时有充足的体力，使速度、力量、反应始终如一。

跆拳道比赛具有以有氧和无氧混合供能的特点。在跆拳道耐力训练时，要控制好时间、训练强度等因素，保证练习性质的正确性。

1. 耐力训练内容与方法

（1）长距离跑。其中包括匀速跑、变速跑、越野跑等。距离控制在 3 000~10 000 米，心率控制在每分钟 150 次左右。

（2）长时间的各种球类练习。如足球、篮球、羽毛球等。

（3）跳绳练习。可以匀速跳，也可以变速跳，可以使用单摇跳，也可使用双摇跳等。时间控制在 10~12 分钟。

（4）间歇跑。用本人最高强度的 85% 进行 400~600 米跑，间歇 45~120 秒，练习 2~5 组。

（5）跆拳道技术空击练习、踢移动靶练习、踢移动护具练习等。

第一方案：60~90 秒，间歇 45~90 秒，练习 3~6 组。

第二方案：2~3 分钟，间歇 1 分钟，练习 3~6 组。

（6）踢打击沙袋练习。

持续练习方法：10~30 分钟。

间歇练习方法：1~3 分钟，休息 1~3 分钟，练习 2~6 组。

（7）持续长时间技战术练习，30~50 分钟。

（8）实战练习。

（9）与多人进行实战。

（10）循环练习。如技术空踢—踢移动靶—跳绳—踢沙包—技术空踢。

2. 耐力训练应注意的问题

（1）保持良好的呼吸节奏。

（2）无氧耐力是基础，要有所重视。

（3）合理做好训练计划，做到循序渐进和区别对待，同时做好医务监督，防止过度疲劳的发生。

（4）一般耐力与专项耐力相结合。

（五）灵敏训练

灵敏素质是指在各种突然变换的条件下，运动员能够迅速、准确、协调地改变身体运动的空间位置和运动方向，以适应外部环境变化的能力。灵敏素质是其他身体素质的综合体现。衡量灵敏素质的标志是运动员在各种复杂变换的条件下能够迅速、准确、协调地做出恰当的应答动作。

良好的灵敏性来自于以下能力的发展：

中枢神经系统在必要条件下对技术动作进行识记和再现的能力，对于各种攻防技巧的熟练掌握性储备，是提高这种能力的基础。肌肉内部和肌肉之间有效的协调能力，这种能力增强，可以保证协同肌与颉颃肌适宜地相互作用，迅速而有效地使肌肉由紧张向放松过渡，从而顺畅、自如地完成各种动作。视觉、听觉、本体感觉构成的时间－空间的精细感觉能力，能够区分和预测各种比赛情况中的时空因素，预先判定对手的运动趋势和运动过程，选择动作开始的时机和使用动作的距离，使运动员根据实际需要，及时变换技术动作，准确做出攻防应答。

跆拳道是一对一的对抗项目，运动员需要较高的灵敏性与协调性。较好的灵敏与协调素质，有助于促进跆拳道运动员掌握各种复杂的技术和战术，提高比赛能力。

1. 灵敏训练的内容与方法

（1）各种变向跑、变向跳。如折返跑、十字变向跑、综合变向跑、向不同方向的跳跃练习等。

（2）连续跳跃适当高度障碍物的练习。如连续跳跃适当高度的栏架或板凳等。

（3）各种改变方向的追逐性游戏等。如贴人游戏、捉人游戏等。

（4）球类练习。如篮球、足球、羽毛球等。

（5）对称动作的练习、反向动作的练习。

（6）专门设计的各种复杂多变的动作练习。如立卧撑跳、左转体跳接右转体跳、收腿跳—挺身跳—左右分腿跳—前后分腿跳的循环练习等。

（7）两人一组，一人用腿法进攻，另一人利用各种步法闪躲的练习。

（8）双人攻防练习。使用各种跆拳道技术，两人进行轻接触的攻防实战练习。

（9）双人步法练习。两人利用步法控制距离的练习，提高跆拳道运动员快速改变方向、迅速闪躲和突然起动的能力。

2. 灵敏训练应注意的问题

（1）灵敏训练持续时间不宜过长。

（2）一般安排在训练课的前半部分。

（3）灵敏训练时要通过竞争性、趣味性等方式提高训练效果。

（4）灵敏训练应从小抓起。

（5）灵敏训练应逐渐和专项结合。

（六）击打与抗击

跆拳道是一对一的对抗项目，双方都用自己的拳或脚进攻对方躯干或头部的允许攻击部位，而且在激烈的攻防竞技当中，动作存在很大的无序性，这就使双方格斗的过程中，身体各个部位都可能受到对方的攻击，一方的腿部在打击对方的同时也会与对方肢体发生强烈的碰撞，频繁而强烈的身体接触成为跆拳道竞技的一大特点。所以在跆拳道训练中，加强攻击能力和身体抗击能力的训练成为必修的内容之一。

跆拳道击打能力训练的重点在于踝关节、脚的各个部位，特别是脚背和脚趾，这些部位在比赛中使用最多。抗击能力训练的重点部位是颈部、头部、腹部和两肋。常用的训练方法有：

1. 击打和抗击打训练的内容与方法

（1）击打能力训练：① 踢脚靶。② 踢打沙袋（提高腿法的攻击力量）。③ 踢打护具。

（2）抗击能力训练：① 穿护具承受同伴击打。② 不穿护具承受自我击打。③ 不穿护具承受同伴击打。④ 用身体各个部位撞击沙包、树干等。⑤ 增加薄弱部位的肌肉力量，如颈部肌肉、躯干肌肉等。⑥ 对薄弱部位进行自我拍打或用硬度适当的物品进行滚压等，如小腿胫骨、脚背等。

2. 击打和抗击打训练应注意的问题

（1）无论抗击能力还是击打能力，都必须循序渐进，不能急于求成。

（2）力量要由轻到重，使身体逐渐适应后，再增大练习强度，直至能承受较大力量的击打，或者敢于用力打击比较坚硬的物体。

（3）训练时，要精神高度集中，不能开玩笑或者漫不经心。

（4）训练后要放松，对重点练习部位进行冷敷。

第四节　跆拳道运动员心理训练与智能训练

一、心理训练

运动心理训练是指有计划、有目的地对运动员在心理方面进行调节、适应及提高的过程。运动员的心理状态对其技战术水平发挥具有重要影响。运动员的体能、技战术等一般表现比较稳定，而心理状态往往会产生较大的波动。跆拳道是身体直接接触的实战对抗项目，对运动员的自信心、胆量和勇气、意志品质、情绪控制等要求很高，因此跆拳道运动员的心理训练自然成为训练的重要组成部分。

运动员可以通过学习掌握心理方法，逐渐形成心理技能，从而能够更好地实现对心理状态的调控。心理方法如同运动技术的方法，需要通过有效的训练才能熟练掌握与运用。跆拳道运动员常用的心理训练方法包括放松、注意集中、表象演练、目标设置、自我谈话。

（一）放松训练

放松训练是以暗示语集中注意、调节呼吸，使肌肉得到充分放松，从而调节中枢神经系统兴奋性的过程。跆拳道比赛充满着压力和紧张，放松技术能够使运动员的压力得到缓解，焦虑和紧张程度得到降低。放松技能分为身体放松和心理放松。放松方法可以在赛前和赛中使用。

身体放松普遍使用的方法是渐进性肌肉放松训练。基本的方法为：首先使身体某块肌肉紧张起来，然后对其进行放松，整个身体从头到脚每个部位的肌肉都要逐一进行放松，以达到全面放松的目的。放松的过程中可以采用提示语“放松”。刚开始练习时间为 15 分钟左右，经过训练可以达到在 20~30 秒内得到放松。当整个过程需要几秒钟时，就可以在特定的情境中应用了。耗时较长的放松练习适用于平时的训练和有足够时间的比赛间隔，快速放松技巧则适用于比赛的过程中。

常用的放松方法有渐进式放松法、自生放松法和超觉冥想。不同的放松方法可能适用于不同的对象和不同的情境。运动员要根据自己的特点总结放松的技巧，形成自己的放松技能。比如，跆拳道比赛中，暗示自己“身体放松”“肩部放松”，就能够解除或部分解除身体过于紧张的状态。局间休息时，做几次深呼吸，呼气时有意放松身体，可以达到解除紧张、调节状态的作用。

（二）注意集中训练

注意集中是坚持全神贯注于一个确定的目标，不为其他内外刺激的干扰而产生分心的能力。通过注意集中的训练可以提高注意的稳定性和注意集中程度，实现把意识从其他事物上收回以便更有效地处理当前事物。优秀运动员被无关事物分心的可能性更小，他们把更多的注意力集中到与任务相关的因素上，而不是聚焦于结果或忧虑。

跆拳道比赛中运动员可能受到很多信息的刺激，他们需要对这些信息进行选择性注意，把注意力分配到核心内容上去。选择对比赛有益的信息进行注意的集中，对无益于比赛的信息进行屏蔽，不去注意（见表 5–4–1）。

表 5–4–1　跆拳道运动员的注意内容

内容	核心注意	辅助注意	方法
有益的注意	自己的技战术策略，对手当前的行动	教练提醒事项、比分情况、比赛时间、对手的变化	集中
无益的注意	观众的反应、广播的声音、对手教练的情绪、刚刚成功或失误的行为、失败了怎么办、获胜了该干什么、对裁判的过度注意……		忽略 屏蔽 不去注意

在跆拳道比赛中，双方都处在攻防状态时，运动员的注意力要始终集中在核心事项上，即对手的行动和自己的应对策略上。在比赛间隙，如裁判暂停、整理护具、局间休息等情况下，才可以对辅助注意事项进行注意，迅速进行了解，获得对技战术策略有用的信息。

模拟训练是提高运动员注意能力的重要手段。通过对模拟训练精心的设计，可以使运动员获得更多有用的经验。如面对比赛压力集中注意的训练，可以请领导、家长、更多的不熟悉的观众来观看实战，提高运动员在面对压力时的注意集中能力。

通过设置各种干扰事项，可以有针对性地锻炼运动员忽略无用信息，集中注意在核心事项上的能力，排除各种干扰，专注于比赛或训练。也可以通过对一个事件的专注来训练一般性注意力，提高注意的指向性、注意力的保持时间等素质。如关注钟表的声音、分辨周围环境的声音、感觉自己的心跳、观察动物的运动等。

（三）表象演练

表现演练是指在暗示语的指导下，在头脑中反复想象某种技术动作或运动情境，从而提高运动技能和情绪控制能力的过程。表象能力被优秀的运动员所重视，他们的表象能力都比较强。表象演练成为运动员赛前准备的一项重要内容。

表象能力是运动员进行生动的表象和对表象加以控制的能力。这种能力需要进行训练才能更加熟练和更好地控制。表象包括外部表象和内部表象，外部表象类似摄像机对自己行动的记录，内部表象是自己运动时自身的感受。大多数表象都是两者的结合。动觉表象比静态表象对运动员有更好的训练效果。身心放松有助于提高表象练习效果。

表象演练有利于建立和巩固正确动作的动力定型，有助于加快动作的熟练和加深动作记忆，赛前的完美技术表象演练，有助于运动员充满自信。

表象演练的主要内容：

（1）成功的画面。

（2）完美的技术，可以具体到技术细节，如横踢技术的蹬地、转动、膝关节角度变化等。

（3）比赛的环境，比赛时的各种感觉。

（4）战胜各种困难局面的画面。

（5）成功应用战术策略的画面。

表象训练可以每天1~2次，每次3~10分钟。从简单的表象开始，然后建立复杂的表象。可以先慢速进行，熟练后再对表象速度进行更好的控制。表象演练只有经过长期练习才能收到更好的效果，在训练和比赛中也才能得到更好的应用。表象练习要和身体的实际练习相结合。

（四）目标设置

目标设置是指对动机性活动将要到达的最后结果进行规划。目标就是行为的目的，运动员设置有效的目标能够调动训练和比赛的积极性，增加自身的努力和认真程度。目标还能够集中运动员的能量，激发运动员的潜能，增加其克服困难的意志力。因此，目标设置是运动员训练和比赛中的一个重要内容。具有清晰目标比“尽力而为”更能激发运动员的潜力。

目标设置要符合运动员的具体情况，与简单的目标、没有目标、空洞的目标相比，具体的目标、可以达到的目标对训练和比赛更有帮助。太困难的目标会给运动员带来更多的压力，容易导致运动员出现不好的状态，很容易的目标则不能达到更好的训练效果。只有经过最大努力能够达到的目标才能充分调动运动员的潜力和全身心的参与。长期目标分解为若干个短期目标会更有利于目标的实现。

运动员要学会合理设置训练和比赛目标。设置目标时可以认真听取教练员的意见。跆拳道运动员设置目标主要包括技术目标、战术目标、体能目标、成绩目标等。

（五）自我谈话

自我谈话就是自己对自己说话，通过说话达到调整状态、清晰目标的目的。自我谈话对运动员能够产生不同的影响。消极的自我谈话导致不佳的运动表现，积极的自我谈话导致优秀的运动表现。运动员要善于发现不合理的认识，及时使用更有建设性的思维来替代（见表5-4-2）。

表 5-4-2　自我谈话思维替代举例

消极思维	积极思维
我没有天赋，训练没有任何意义	我看到优秀运动员都是刻苦训练才取得成功的，如果我正确练习的话，也能取得成功
裁判不公，这场比赛我完了	我没办法左右裁判，我能够做的就是集中注意力打好接下来的比赛，我比赛发挥得好，裁判不公也没关系
教练一定认为我没希望，他从不帮助我	他是整个队的教练，明天我要问问他我最应该在哪方面努力也许我现在做得不错，需要时教练肯定就会给予指导
我不想失败	不冒险什么也得不到，只要我尽力了，我就没有失败。
今天偷懒放松一下，下次努力	现在努力，下次就会轻松，如果我尽力，我就会享受训练，我会很高兴
对方太厉害了，我肯定输了	他越是厉害，我就越要努力战胜他，坚持到底就是胜利，挑战自我，战胜自己
胡思乱想	集中精力

积极思维和对事物的认识是良好自我谈话的基础。运用自我谈话能够提高运动员努力程度、改变情绪、集中注意力、降低焦虑水平、明确和矫正行为偏差。无论在训练、比赛还是平时生活中，自我谈话都是一个好的策略。运动员要培养自我谈话的习惯，主动学习自我谈话技巧，在训练、比赛和生活中加以运用。

二、智能训练

跆拳道运动员除了具备技能、体能等直接作用于专项的能力外，还要具备较高的智能。智能是能够针对某一个特定的目标，找到通向并实现这一目标正确路线的能力。智能水平高，有利于理论知识的学习掌握，有利于专项技能的理解、掌握和运用。跆拳道比赛中找到对方的弱点进行攻击，是智能在跆拳道运动中的一种表现形式。根据对手的行为习惯，在非常短的时间作出及时反应并采取有效的行动，同样是运动员快速分析计算的一种智能表现。运动员在比赛中的分析判断、战术运用、应变能力、时机和距离的把握等，都是其智慧应用的过程。因此智能训练已成为现代跆拳道训练中不可缺少的组成部分，是提高训练质量的重要环节。

（一）智能的结构与内容

运动员智能由理论知识、学习能力和思维决策三部分构成（图 5-4-1）。理论知识是智能的基础和材料，学习能力是智能的表现，思维决策能力是智能的核心和应用。三个部分有着密切的联系，构成了跆拳道运动员智能的训练内容框架。

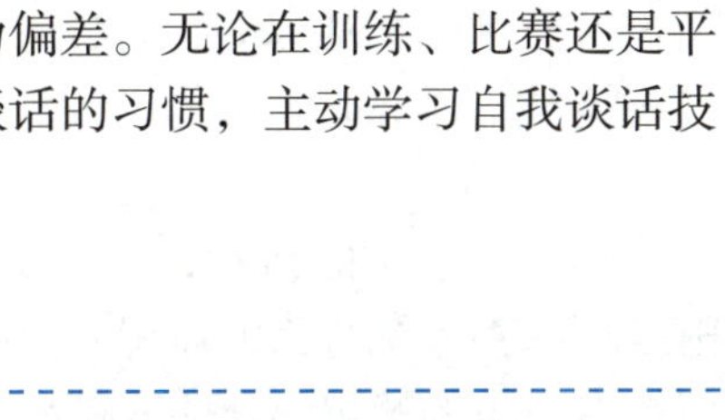

图 5-4-1

1. 理论知识

实际解决某种问题，必须与这个领域的文化相结合。

跆拳道相关的理论知识就是跆拳道领域的文化，运动员必须加以掌握，才能够有针对性和高效地解决问题。掌握相关知识，有助于提高运动员的观察能力、接受能力、理解能力和训练效率，有助于拓展思维、开阔视野，突破个人思维的限制，实现技战术创新，有助于提高运动员比赛的战术运用能力和应变能力。

跆拳道运动员应该学习掌握的理论知识包括人体运动基础知识、专项知识、训练知识、社会学知识等。主要内容如下：

（1）跆拳道规则与裁判方法。

（2）责任与礼仪。

（3）跆拳道项目发展历史。

（4）跆拳道技战术内容和参赛知识。

（5）生物力学原理。

（6）人体构成与机能。

（7）训练学方法。

（8）跆拳道技术、战术的训练方法。

（9）跆拳道体能训练方法。

（10）运动心理学。

（11）损伤的预防与体重控制。

（12）训练与比赛的营养补充。

（13）人际沟通。

2. 学习

学习是基本的认知活动，是经验与知识的积累过程，是对外部事物前后关联的把握和理解以便改善系统行为的过程。自我反思、自我观察、自我认知是个体内省学习的过程。学习不仅指有组织的知识、技能、策略的学习，也包括态度、行为准则等方面的学习。跆拳道运动中的学习可以广义界定为，运动员以自己现有的跆拳道相关知识、技能、态度等为基础，通过与环境信息、教练员与运动员、理论知识等有关信息进行双向的相互作用，来形成、充实或优化自己的知识、技能和态度的过程。勤奋学习有利于发挥运动员个体头脑中的潜能，初学跆拳道的运动员对跆拳道的认知能力较差，经过一段时间的学习和训练，对跆拳道运动的认识逐渐深入，观察能力、判断能力、接受能力和理解能力都会逐渐增强。

通过学习，运动员可以掌握跆拳道运动需要的各种知识与技能。

（1）获取系统知识。

（2）处理信息的能力。对跆拳道学习、训练和比赛中的简单问题以及复杂问题，通过所掌握的技能重组，按照自己的目标进行处理解决。

（3）支配自己的注意、记忆和思维的能力。调动和管理自己的学习过程，有效地控制自己的学习行为。

（4）态度。影响个人对某种事物、人物及事件所采取的行动。对专业是否热爱，对集体的认识等。

（5）运动技能。对跆拳道技术的熟练掌握、技巧策略的掌握。

因此，运动员的学习能力是提高其专业综合素质的重要能力，是提升个人竞技能力的重要工具。

3. 思维与决策

思维是具有意识的人脑对于客观现实的本质属性、内部规律性的自觉的、间接的和概括的反映。通过思维，人可以认识那些没有直接作用于人的事物的属性，也可以预见事物的发展变化过程。通过思维可以从事物的表面现象探索事物发展变化的本质规律。思维能够反作用于实践，指导实践，变成理论，并揭示事物发展的可能性。人体思维的形态主要有感知思维、形象思维、逻辑思维和灵感思维。概念、判断、推理、表象、想象、联想、顿悟等是思维涉及的主要内容和方法。

通过思维可以对跆拳道运动中涉及的问题进行由表及里的认识，对跆拳道技战术教学训练规律、实战比赛获胜规律、理论知识和创新等不断进行深入探索。新的认识和发现，反过来用于指导实践，将会促进实践的不断提高。

解决问题的方法有的是唯一的，有的则是多选的。一般来讲，从众多方法中择优的过程就是决策。首先决策者要清楚所有可能的解决方法以及每项选择可能带来的后果，然后根据具体情境进行抉择。如对手使用后横踢进攻，应对的方法有多种，选择其中的一个方法来应对就是决策的过程。这个过程可能依据个人偏好及具体情况会有所不同（见表 5-4-3）。

表 5-4-3　跆拳道实战中的一个决策问题

对手方法	多种应对方法	决策的复杂性因素		
		情境和条件	个人决策偏好	风险控制
闭式站位时，使用前横踢进攻	1. 后踢反击 2. 后旋踢反击 3. 前横踢反击 4. 格挡 5. 靠近 + 格挡 6. 步法后移拉开 7. 下劈踢迎击 8. 侧踢迎击 9. 双飞反击 ……	1. 发生在哪一局 2. 当时比分情况（领先、落后、平局） 3. 犯规情况 4. 距离结束时间 5. 对手状态及可能的变化 6. 自身状态 ……	1. 稳妥型（领先求稳，积极防守，择机扩大比分） 2. 冒险型（无论领先与落后都积极扩大比分，大胆使用技术） 3. 保守型（谨慎行动） 4. 随机变化型（更灵活的表现）	1 选择擅长的技术 2. 有后续手段 3. 求助教练 ……

比赛决策的最简方法是在最快想到的因素基础上进行合理的推理，找出一个至少满足最低要求的应对方法，立刻作出选择并迅速执行。比如，第三局最后 10 秒钟，对手领先我 3 分，满足不输掉比赛的最低要求就是要在第三局结束前获得 3 分，取得平局，然后进入第四局。或者是在 10 秒时间内获得 4 分及以上分数，而对方不再得分，则我方在比赛结束时获得了领先，达到反败为胜的结果。由此可知，在此情境下，一个很典型的策略就是创造机会攻击对手头部，这就是决策的结果。当对手对自己的头部防守非常严密时，我方可以采用攻击躯干的方法吸引对手的注意，主动创造击头的时机和空间。如果对手发现我方意图，对头部防守仍然非常严密，这时就改变策略，通过攻击躯干得分去争取赢得比赛。

跆拳道比赛中的决策是以丰富的跆拳道知识和技能为基础的。优秀的运动员拥有大量的跆拳道方面的知识、经验、概念和程序的储备。这些储备都是经过精细加工和组织化的，需要时能够迅速从记忆中提取出来。优秀运动员通过大量的技战术训练，储存了各种情况下实现比赛获胜的有效方法，在比赛局势非常复杂的情况下，也能够迅速采取有效的行动。在比赛中，优秀运动员表现出技战术的流畅性、灵活性、有效性和超常的发挥，原因可能是优秀运动员能够简化思维过程，直接提取、变化和执行行动策略，以及突破常规定势的创新能力。

成绩优异的运动员往往能够显示出使复杂局面简单化、快速决策与执行和创造性决策的特点。

（二）智能的训练

1. 理论知识的学习

运动员可以通过教练有计划的组织，通过自学等对跆拳道相关的理论文化知识进行系统学习。

因为技战术和身体训练会占去教练员和运动员大量的时间和精力，而且大多数运动员对理论学习的兴趣低于对技术和战术的学习，所以运动员的理论学习往往容易被忽略。这种情况必须加以改变，理论学习的益处会潜移默化地对训练产生积极影响。随着运动员理论知识的不断丰富，他们对训练的接受能力、理解能力、举一反三的创造性都将会有所提高，训练效率也将会得到提升。因此，理论学习应该成为跆拳道运动员训练的重要组成部分。

理论知识的学习可以采用课堂教学的形式，也可以穿插到技术训练当中。专题讲座、知识竞赛、指定图书阅读、经验交流、专题讨论等都是有效的组织形式。教练员要精心策划和认真执行。

2. 思维与决策能力培养

思维和决策能力的培养可以采取以下方法：

（1）启发运动员对事物进行观察，养成平时观察、分析的习惯。对身边的事物，对和专项相关的现象，多问为什么，使运动员养成主动分析问题和主动提问的习惯。逐渐通过自己掌握的理论知识和思维方法对事物进行分析、探索。对不理解的问题和现象，要及时求教，通过读书、请教教练和身边的有能力回答的人，使问题得到澄清，不存疑问。

（2）通过案例分析，获得思维和决策的间接经验。通过观看优秀运动员的比赛录像，对主要环节进行仔细深入的分析，可以获得宝贵的间接经验。各种不同情况下，优秀运动员采取的成功行动策略，可以为自己参加比赛积累丰富的思维和决策素材。深入分析可以从以下几方面着手：① 分析采取某个策略成功的原因。② 分析还可能采取几种应对策略，为什么没有采取这几种可能的策略。③ 遇到这种情况我会采取哪种策略。④ 各种策略的优劣分析。⑤ 遇到相似情况怎样处理等。这些深入的分析对提高运动员比赛思维能力和决策能力是一个非常可行的练习。这种深入分析，最好在教练的指导下进行，首先自己分析，然后请教练或者有经验的队友对自己的分析进行评价，看看教练和队友的认识，逐渐提高自己的水平。

（3）在比赛中善于观察学习。运动员参加一次大赛，一般会获得比平时训练更多的收获。因为真正的比赛能够亲身体会到思维和决策的过程。正确地思维、有效地决策可使运动员得到平时难以得到的深刻情绪体验，自己的记忆会非常深刻，无论成功和失误都会给自己带来宝贵的经验。通过观察其他队员的比赛，会学习到实用的策略，通过教练的指挥和指导，学习到观察判断对手的方法和技巧等。平时的教学实战、交流实战同样都是学习的好机会。

（4）对技战术进行讨论分析是训练运动员智能的一个有效方法。讨论可以听到不同的人对一个事情的认识，可以拓宽思路，发现自己可能忽略的细节。和高水平的运动员及教练员一起讨论，通过有计划的交流、分析、讨论、辩论、总结，可以有效地提升自己的思维和决策水平。但应该注意的是，在讨论时最好有专家在场，保证讨论的质量。对不同问题解决方法的认同与怀疑、钻研与探索以及批判的态度，是发展独立思考能力的基础。

（5）模拟比赛情境进行实战训练，是训练运动员实战思维和决策的最常用方法。这种方法往往能够取得很好的效果。训练时模拟的条件设置要合理，要根据运动员的水平设置情境，使运动员逐渐提高比赛中的智能运用水平。

（6）教练员在技战术教学和训练中，要有意识地把分析问题、思考问题、问题解决等习惯贯穿其中，对运动员的智能提高、智能运用的自觉性以及思维习惯的养成很有帮助。

（7）书写实战总结、写训练日记等习惯，可以培养细致和专心的好习惯，在这种习惯中往往会得到意外的灵感和收获，对运动员提高智能水平会起到较大帮助。

第五节　跆拳道训练计划的制订

一、制订跆拳道训练计划的依据与基本要求

跆拳道训练计划是在运动训练过程开始之前，对训练活动预先做出的一种理论设计。

（一）制订跆拳道训练计划的依据

制订训练计划必须遵循跆拳道运动的客观发展规律和运动员的现实状况进行。制订计划时主要依据以下几个方面：

1. 跆拳道训练目标

制订跆拳道训练计划首先必须确定训练的目标，训练目标是制订训练计划的最主要依据。需按照所要达到的长期与近期、总体与局部、直接与间接目标来进行设计。

2. 运动员的现实状态

运动员的现实状态是跆拳道训练的起始点，是向未来状态转移的基础。制订训练计划时，应将训练目标与运动员的现实状态结合起来通盘考虑。这样所制订的训练计划具有针对性，才能获得良好的实施效果。

3. 跆拳道运动训练的客观发展规律

跆拳道运动训练具有自身内在的客观发展规律，这些规律主要包括：人体生物适应性变化规律，竞技状态形成与周期性发展规律，跆拳道专项能力的形成规律，运动负荷与恢复的规律，跆拳道规则的变化以及电子护具的应用等。只有遵循这些规律来制订训练计划，控制训练过程，才能最终达到预期的训练目标。

4. 实施训练计划的客观条件

在制订训练计划时需要考虑训练以场地大小与可使用时间、教练员数量、运动员的可支配训练时间、运动员的营养条件、恢复治疗条件等，以保证训练计划的可操作性。

（二）制订跆拳道训练计划的基本要求

1. 教练员和相关科研人员共同制订训练计划

教练员是跆拳道训练的主导，对训练计划提出总体设想和规划。此前应与其他相关学科的

专家和科研人员共同研究商讨，从各个角度征求与听取意见，最后确定训练计划的内容，这是保证训练计划和训练过程科学化的重要条件。

另外，运动员是跆拳道训练的主体，训练计划的制订应有运动员的参与。这样的结果不仅能保证训练计划的客观性、科学性，而且还能得到运动员的认同、理解和支持，对训练计划的实施和训练目标的实现，具有积极有利的促进作用。

2. 保证训练计划中各种内容的整体性和系统性

跆拳道训练过程具有系统性和连续性的特点。各类训练计划的制订都是一个系统连贯、多层次的系列安排。基础训练计划的内容与安排是高水平计划内容的基础，是逐渐递进与提升的关系。

3. 要处理好主观愿望和实际可行性之间的关系

制订训练计划时，要把主观愿望和实际可行两者统一起来，才能保证训练计划的科学性和实效性。根据客观实际情况和运动员的现实状态，提出未来的各种指标和要求，既不可操之过急提出脱离实际的过高要求，又不能过于保守。

4. 正确的指导思想和创新精神相结合

在制订训练计划时应根据跆拳道项目的规律和特点，运动员（运动队）的现实状态，并结合训练的总体目标，确立总体指导思想。这种指导思想应随着现实状况和各种内、外部条件的改变，而不断有所变化和创新。总之，训练指导思想是随着实际情况的改变而变化，其中创新是必不可少的，没有创新就没有生命力，也就无法取得优势和保持优势。

5. 保证训练计划的直观性、简明性和实用性

训练计划的制订应尽量文字简练，一目了然。对于具体安排的内容一般不再进行过多的解释和说明，同时也应注意计划的直观性、实用性，以图表为主，辅以必要的简单文字说明。表格一般多用于表示训练目标、任务、内容、手段、负荷量度和比赛等一系列定量指标，图示多用于反映负荷的动态变化及各种内容安排的比重和对比关系，文字说明多用于计划中各种内容的说明部分和无法用图表反映的内容部分。计划中的各种内容应尽可能做到具体、明确和量化，以便于训练计划的定期检查、分析和评定。

6. 训练计划的稳定性和可变性

训练计划的制订应尽可能客观和合理，训练计划越科学，计划的稳定性就越强，反之就越不稳定。

由于训练计划是对实现未来状态目标过程的一种理论上的规划和设计，它会受到许多不可预测性变化因素的影响，实施过程中有必要对原训练计划进行必要的修改和调整，以进一步提高训练计划的科学性与实效性。训练计划的变更，必须在获取正确反馈信息、认真分析处理这些信息的基础上，采取有针对性的方法和手段来进行。

二、跆拳道训练计划的制订

（一）多年训练计划的制订

多年训练计划是从跆拳道运动员开始训练，到成为优秀运动员和保持优秀运动成绩全过程所设计的长期远景规划。多年训练计划的制订是保证长期系统、科学训练的必要条件。多年

训练计划的时间跨度较长，一般在 10～20 年，根据时间的长短可分为“全过程多年训练计划”和“区间性多年训练计划”。

1. 全过程多年训练计划的阶段划分

对跆拳道运动员长期、系统的训练过程进行合理的阶段划分，是一项很重要的工作。很多国家的专家、学者都非常重视全过程多年训练计划的划分问题。当今国内外研究成果的共同点是把全过程多年训练计划分为四个阶段，即基础训练、专项提高、最佳竞技状态和竞技保持阶段（表 5-5-1）。

表 5-5-1　多年训练计划阶段划分表

<table>
<tr><th>阶段</th><th>主要任务</th><th>年限</th><th>训练的重点内容及顺序</th><th>负荷特点</th></tr>
<tr><td>基础训练阶段</td><td>发展一般运动能力</td><td>3～5</td><td>1. 协调能力，基本运动能力
2. 多项基本技术
3. 一般心理品质</td><td>循序渐进
留有余地</td></tr>
<tr><td>专项提高阶段</td><td>提高专项竞技能力</td><td>4～6</td><td rowspan="2">1. 专项技、战术
2. 专项运动素质
3. 专项心理品质
4. 训练理论知识</td><td>逐年增加
逼近极限</td></tr>
<tr><td>最佳竞技阶段</td><td>创造专项优异成绩</td><td>4～6</td><td>在高水平
区间起伏</td></tr>
<tr><td>竞技保持阶段</td><td>努力保持专项竞技水平</td><td>2～4</td><td>1. 心理稳定性
2. 专项技、战术
3. 专项运动素质
4. 训练理论知识</td><td>保持强度
明显减量</td></tr>
</table>

（摘引自田麦久．论运动训练过程［M］．成都：四川教育出版社．1988．）

表中所划分的各阶段有着不同的训练任务、训练内容和负荷特点，对运动负荷的总体安排提出不同阶段的要求。其中最佳竞技阶段是最重要的核心阶段，在这一阶段中，运动员所表现出来的竞技水平的高低，可以作为对运动员多年训练效果的主要评价；基础训练阶段和专项提高阶段训练内容的安排和实施，服从于最佳竞技阶段；而竞技能力保持阶段，可以看做是最佳竞技阶段的延续。

2. 区间性多年训练计划的制订

全过程多年训练是由许多特定的时间区域所组成，这些时间区域在整个训练过程中可以称为一个区间。对于两年以上的区间训练过程的规划设计，可称作区间性多年训练计划。如两届奥运会之间的四年训练计划，大学四年学习期间的训练计划等。全过程多年训练计划只是一个框架式的宏观规划，而区间性多年训练计划则更为深入和具体。跆拳道运动员区间性多年训练计划要充分考虑年龄等因素，在训练过程中有所侧重，各个阶段紧密衔接，使竞技水平渐进性发展提高（表 5-5-2）。

表 5-5-2 跆拳道运动员多年训练计划

阶段	年龄	技术	体能	战术
基础训练阶段	14 岁以下	1. 基本功训练 2. 基本技术训练	全面的一般运动素质训练，包括：力量、速度、反应、灵敏、协调、柔韧、基础耐力等	简单战术
专项提高阶段	15～18 岁	1. 全面的技术训练 2. 掌握难度技术 3. 巩固、改进和提高难度技术	1. 全面发展一般体能 2. 发展专项体能	1. 基本战术训练 2. 特长战术训练
最佳竞技阶段	19～23 岁			
竞技保持阶段	24 岁以上	1. 专项技、战术 2. 个人特长技术	专项运动体能的保持	个人精细战术

（二）年度训练计划的制订

年度训练计划一般根据当年的比赛时间（国际、国内、省内）和任务来制订。它是跆拳道教练员和运动员在年度训练过程中，实施训练行为所必须依据的重要文件，也是组织多年系统训练过程的基本单位。

1. 年度周期的划分

年度周期划分是根据不同的比赛性质将一个年度训练过程，划分为更小的训练阶段。周期的划分使整个训练工作更利于管理和实施，并保证最佳竞技状态出现在重大比赛中。周期类型主要包括单周期、双周期和多周期。

（1）单周期。一个年度训练过程按一个完整的大周期组织和实施训练，称为单周期安排。主要包括一个准备期、一个比赛期和一个过渡期。全国青年跆拳道锦标赛、全国少年跆拳道锦标赛或省市的跆拳道比赛一般都是按单周期进行训练安排的。

（2）双周期。全年度训练的全过程中，安排两个完整的周期，组织和实施的训练称为双周期。主要包括两个准备期、两个比赛期和两个过渡期。双周期的安排是现代运动训练计划中最常用和最有效的周期安排模式。目前根据我国的跆拳道竞赛计划，一般都是每年进行两次大的全国比赛，即上半年的全国锦标赛和下半年的全国冠军赛，因此，我国各省市跆拳道一线队伍都按双周期安排训练。

（3）多周期。全年包括三个或三个以上的大周期年度训练过程，称为多周期。这种安排模式的基本要求是，运动员必须能在 2～3 个月的训练时间内获得良好的竞技状态，并能通过比赛充分表现出来，这就需要更为有效的科学训练方法和恢复手段，以及更加理想的比赛条件。由于国家队的赛事多，一般需要采用多周期的训练安排。

2. 年度训练中各阶段的训练内容和负荷特点

在年度训练计划中，无论是单周期还是双周期的安排，每一个大周期都包括准备期、比赛期和过渡期三个阶段。每一个阶段的训练目的、内容和负荷具有不同的形式和特点，训练的负荷量和负荷强度有着不同的变化特征曲线（图 5-5-1）。

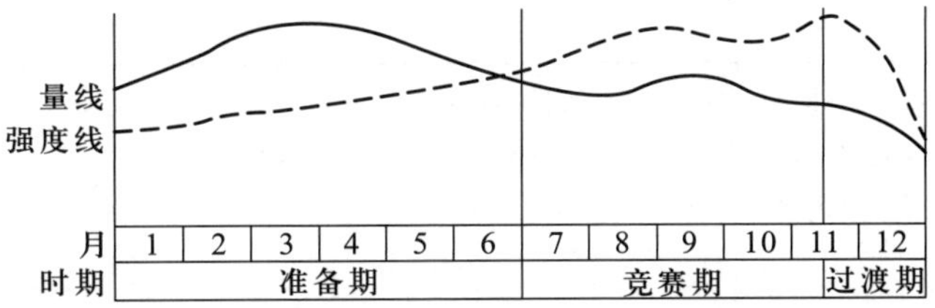

图 5-5-1　年度单周期训练负荷曲线（马特维耶夫，1965）

（1）准备期。准备期是训练周期的第一阶段，主要目的是全面发展和提高竞技能力各因素的训练水平，为比赛期获得良好的竞技状态做好全面准备，打下良好的基础。在体能方面主要是发展一般身体素质和机体能力，逐步发展专项素质和以专项为主，逐步提高专项技术和战术的训练水平，并在训练中发展运动员必备的心理品质，如意志品质、注意力品质等。另外，还要对运动员进行必要的智能和思想作风的培养。该时期特点是负荷量大，负荷强度中或小，并随着比赛期的接近，负荷强度逐渐增大，负荷量逐渐减小。

（2）比赛期。主要目的是获得最佳运动成绩，并尽量保持运动成绩。通过准备期的训练，运动员的总体竞技能力水平得到提高，专项素质、专项技术和战术以及心理品质、智能水平都表现出一种具有专项化特点的状态。比赛期的训练要进一步调整运动员的竞技状态，根据比赛的需要，发展运动员的核心竞技能力。同时做好参赛的各种准备，形成稳定的竞技状态，使运动员能够在比赛中充分发挥实力，创造优异的运动成绩，在比赛时表现出最佳竞技状态。运动负荷表现出运动强度大、训练量减小的特点。该阶段要注意将运动员的心理状态调整到适宜水平。

（3）过渡期。运动员在比赛过程中，承受了较大的生理和心理负荷，能量消耗较大，如果这种高负荷的压力持续时间过长，运动员会发生过度疲劳现象，因此赛后要通过过渡期进行调整，为下一阶段训练做好准备。使用积极性恢复方法和自然性恢复方法，消除疲劳和治疗伤病，从而达到恢复调整的目的。这一时期主要采用较低负荷的积极训练，训练的强度和量都比较小。

3. 年度训练计划的示例

跆拳道队 2012 年训练计划

一、队伍基本情况分析	（一）队伍现状 （略） （二）备战全运会重点运动员情况 （略）

续表

二、全年训练的基本任务	1. 针对大道电子护具的技战术能力储备 2. 提高巩固运动员的专项体能、专项力量 3. 坚持正确的训练指导思想，团结协作，提高全队的整体作战能力
三、年度素质、技战术指标、成绩目标及基本训练手段	（一）重点运动员的身体素质指标 （略） （二）技战术指标 所有主力队员提高全面的技术和技术连续能力。 （三）成绩指标 完成年度赛金牌一枚和奖牌一枚 （四）基本训练手段 以体能技术靶、连续靶、移动靶、应对靶和攻防练习、条件实战、实战为主

续表

四、周期划分、各阶段训练任务、时数及训练的基本手段	（一）年度训练计划中周期的安排 第一周期 准备期 3～4 个月（2011 年 11 中—2012 年 1 月底） 任务：加强运动员的管理；明确运动员的训练目标；提高全面的身体素质；强化个人技术能力，技术连续能力；提高专项技术水平 手段：以体能技术靶、连续靶、应对靶、人靶为主 比赛期 1 个半月（2 月初—3 月中） 任务：发展专项素质；提高技战术能力；培养稳定的竞技状态；调整最佳竞技状态；参加比赛 手段：以移动靶、人靶和攻防实战练习为主 调整期半个月（3 月中—4 月底） 任务：比赛总结，积极恢复，制订下阶段训练计划 手段：以改进技术和自我练习为主 第二周期 准备期 5 个月（4 月初—8 月底） 任务：加强运动员的管理；强化技战术能力；解决比赛中暴露出的问题；进一步完善技术能力；强化个人技术能力 手段：以移动靶、应对靶、人靶和攻防练习为主 比赛期 2 个月（9 月初—10 月底） 任务：提高专项体能；强化技术的熟练应用；基本形成个人的技战术打法风格；调整最佳竞技状态；参加比赛 手段：以固定靶、人靶和条件实战为主 调整期半个月（11 月初—11 月中） 任务：总结比赛，积极恢复；制订冬训计划 手段：总结研讨会；以改进技术和自我练习为主 （二）训练时数 准备期周训练课次平均为：10～12；周训练时数平均为：25～27 比赛期周训练课次平均为：8～10；周训练时数平均为：22～24 恢复期周训练课次平均为：6～8；周训练时数平均为：20～22 （三）各阶段训练内容比例 准备期：战术 10%/ 专项素质和体能 40%/ 技术 40%/ 其他 10% 比赛期：技术 10%/ 战术 60%/ 专项体能 20%/ 其他 10% 调整期：技术 40%/ 调整总结 40%/ 其他 20%

续表

<table>
<tr><td>五、训练负荷、比赛、综合考核、测定各项技术指标的安排</td><td>（一）全年训练负荷
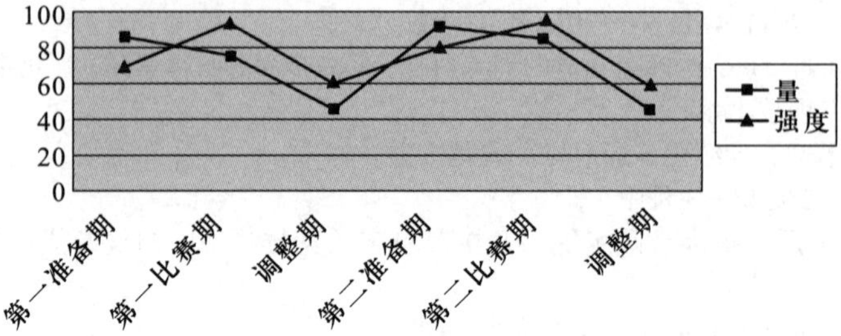

（二）比赛安排
1. 竞技性比赛（全国锦标赛、全国冠军赛）
2. 训练性比赛——安排在准备期后半段
3. 检查性比赛——某一阶段任务完成后安排
4. 适应性比赛（热身赛、交流）——安排在赛前
（三）考核安排
综合考核时间为冬训前一周和冬训结束后的一周内进行
（四）身体机能和技术指标测试
1. 两个周期各需 3~5 次测试
2. 其余各阶段及结束时进行 1~2 次
3. 战术、技术评定每周 1 次</td></tr>
<tr><td>六、实施计划的措施</td><td>（一）加强队伍的管理，对运动员进行思想教育，培养团队精神，增强责任感和队伍凝聚力
（二）运动员机能测试与评定需体科所的定期配合进行
（三）加强重点运动员伤病的治疗和医务监督，购置训练场地的配套用品以及新型电子护具等训练器材
（四）采用请进来、走出去的办法来解决训练问题
（五）建立运动员档案</td></tr>
<tr><td>七、训练部门意见</td><td>竞训科意见：
签章
主管领导意见：
签字：
年 月 日</td></tr>
</table>

跆拳道队年度训练计划表

时期		第一准备期		第一比赛期		过渡期	第二准备期		第二比赛期		过渡期
阶段		一般准备	专门准备	赛前	比赛		一般准备	专门准备	赛前	比赛	
主要任务		加强运动员的管理，明确运动员的训练目标，提高全面的身体素质，学习、掌握跆拳道“三基本”		发展专项素质，熟练掌握基本技术，提高技战术能力，培养稳定的竞技状态		比赛总结，积极恢复，制订下阶段训练计划	加强运动员的管理，强化技战术能力，解决比赛中暴露出的问题，进一步完善技术能力		提高专项体能，强化技术的熟练应用，基本形成个人的技战术打法风格		比赛总结，积极恢复，制订冬训计划
		提高全面的身体素质，强化个人技术能力	提高专项技术水平，培养实战意识	发展专项素质，提高技战术能力	调整最佳竞技状态，参加比赛		强化个人技术能力，加强战术练习	解决问题，加强实战练习	强化技术的应用，形成个人的打法风格	调整最佳竞技状态，参加比赛	
训练方法		以变换法、间歇法为主	以间歇法、重复法为主	以间歇法、重复法为主	以综合法、比赛法为主	以游戏法、变换法为主	以变换法、间歇法为主	以间歇法、重复法为主	以间歇法、重复法为主	以综合法、比赛法为主	以游戏法、变换法为主
手段	素质	以跑跳及器械练习为主	以跑跳及器械练习为主	以专项踢击及器械练习为主	以一般性恢复练习为主	以跑跳练习为主	以跑跳及器械练习为主	以跑跳及器械练习为主	以专项踢击及器械练习为主	以一般性恢复练习为主	以跑跳练习为主
	技战术	以口令靶、固定靶为主	以固定靶、移动靶为主	以移动靶、人靶和攻防练习为主	比赛和一般性恢复练习为主	以改进技术和自我练习为主	以移动靶、自由喂靶为主	以自由喂靶、人靶和攻防练习为主	以固定靶、人靶和条件实战为主	比赛和一般性恢复练习为主	以改进技术和自我练习为主
负荷	量	中→大→	最大→大→	中→	中→小→	小或中	中→大→	最大→大→	中→	中→小→	小或中
	强度	小→	小→中→	中→大→	大→最大→	最小	小→	小→中→	中→大→	大→最大→	最小
周											

月	1	2	3	4	5	6	7	8	9	10	11	12

注：第一比赛期为全国锦标赛，第二比赛期为全国冠军赛

（三）阶段训练计划的制订

阶段训练是指在全年训练过程中，某一特定时间范围内的训练，一般为0.5~6个月的时间。在一个周期中，一般划分为三个阶段，即准备、比赛和过渡阶段。各阶段时间的长短，根据比赛的时间和项目的特点而定。有的阶段计划划分得更细一些，如准备阶段再划分为一般准备和专项准备阶段，比赛阶段又划分为比赛前期和比赛期等。每个阶段都有不同的任务和要求。

跆拳道阶段训练计划示例：

跆拳道队2010—2011年度冬训计划

一、前言

重点介绍队伍的情况，包括队伍在这一年的训练比赛中的收获和存在的不足，重点运动员的情况分析等。

二、指导思想

以某运动会为目标，围绕重点级别，发展后备力量。紧抓跆拳道项目竞赛制胜规律，严格科学地贯彻“三从一大”的训练原则和“两严”方针，倡导科学训练，提高训练的时效性，解放思想，大胆创新，突出专项训练，全面地提高运动员的技战术能力和身体素质。

三、训练任务

1. 打造精神，继承和发扬跆拳道前辈们刻苦训练和敢打敢拼的作风
2. 积极备战2010年全国冠军赛，争取更好的成绩
3. 提高进攻战术能力和连续应对能力
4. 提高全面的专项身体能力

四、目标

1. 完成针对电子护具的技术改进和战术能力的储备
2. 完成2010年度全国冠军赛的备战和参赛工作，争取一枚银牌
3. 完成2011年度全国锦标赛的备战和参赛工作，争取一枚银牌和一枚奖牌

五、训练内容、方法、手段

训练内容		方法和手段
技能部分	1. 基本技术的改进和熟练：全面的技术掌握 2. 技术的应用踢击能力训练：提高技术进攻、反攻以及应对踢击的能力 3. 技战术训练：正确进攻的方法和捕捉机会的能力，技术正确决策能力，连续进攻、反攻以及交手回合间的连续能力	1. 步法、空击/双人脚靶/分解/条件/辅助训练手段，主要时间安排在早操、技术训练课、技术素质训练课中 2. 脚靶/人靶/反应靶/自由靶/双人配对固定攻反/专项理论讲解和分析，训练时间主要安排在技术课中 3. 双人配对条件对抗/实战训练/技术理论讲解/录像分析/战例讲解，训练时间主要安排在技战术课中
专项素质	1. 专项柔韧素质 2. 专项爆发力 3. 专项步法移动和弹跳能力 4. 专项协调、灵敏素质	1. 压腿/摆腿主要安排在早操、准备活动、训练间歇、课后业余时间 2. 口令靶/皮条抗阻/负重/辅助手段，主要安排在专项素质课中

续表

	训练内容	方法和手段
专项素质	5. 有氧、无氧混合交替供能的专项体能	3. 辅助身体练习，主要安排在准备活动和课后专项素质训练中 4. 变速训练 / 间歇训练，贯穿在大量技术和专项素质训练课中
智能心理训练	1. 技术应用原理和相生相克的关系 2. 项目特点、规律，制胜因素的把握 3. 技术发展趋势和规则变化后的调整 4. 项目心理品质的培养——强对抗心理	智能和心理品质的训练内容贯穿在所有平时的训练生活和管理中

六、阶段训练时间安排和内容比例

时间安排	2010.11.8—2010.12.12	2010.12.13—2011.1.30	2011.1.31—2011.2.6	2011.2.7—2011.3.20
主要训练工作	统一思想，重新定位， 树立目标， 冠军赛的备战和参赛	进攻技术应用能力， 进攻战术意识和能力， 攻防转换战术意识和能力， 专项身体素质	春节调整， 进攻、转身技术和身体训练	适应性训练， 赛前训练， 模拟战术训练
内容比例	战术 70% 专项素质体能 20% 技术 10%	技术 30% 战术 50% 专项素质和体能 20%	素质体能 40% 技术 40% 战术 10%	技术 15% 战术 65% 专项体能 20%

每阶段周训练主要内容和时间安排

第一阶段：2010.11.7—2010.12.8

（1）重点队员存在问题的分析和确认。

（2）强化专项体能，提高进攻技术在对抗中的应用能力。

（3）针对电子护具的专门训练。

时间	早操（50 分钟） 田径场	上午（2 小时） 训练馆 / 力量馆	下午（2 小时） 训练馆	晚上（1.5 小时） 训练馆
内容	步法和技术的修正，有氧能力	进攻技战术训练， 力量、体能	技术应用、技术连接及应对训练	个人技术训练

第二阶段：2010.12.10—2011.1.30

（1）加强责任感和使命感的意识培养。

（2）提高有氧能力，加强小肌群力量。

（3）提高进攻战术意识及转身技战术应用能力。

时间	早操（50 分钟） 田径场	上午（2 小时） 训练馆 / 力量馆	下午（2 小时） 训练馆	晚上（1.5 小时） 训练馆
内容	步法和技术的修正， 有氧能力	进攻技战术训练， 小肌群力量和爆发力训练	专项技术及应对训练	个人技术训练

第三阶段：2011.1.31—2011.2.6

（1）进攻、转身技术训练。

（2）进攻转换意识训练。

（3）体能力量训练。

第四阶段：2011.2.7—2011.3.20

（1）进攻转换技战术能力训练。

（2）专项体能、模拟战术对抗的强化训练。

（3）赛前适应训练及参赛工作。

（4）赛后总结以及冬训总结。

时间	早操（50 分钟） 田径场	上午（2 小时） 训练馆 / 力量馆	下午（2 小时） 训练馆
内容	步法、协调、柔韧	技战术应用训练， 力量训练	专项技术能力训练

七、保障措施

1. 加强队伍的管理，对运动员进行思想教育，培养团队精神，增强凝聚力

2. 高标准、严要求，从实战出发要求每一堂训练课

3. 伤病的治疗、营养、医务监督等保障问题

4. 训练经费和器材等保障问题

（四）周计划的制订

周训练过程是实施运动训练行为的最重要和最基本的单位。一周的训练也可称作一个小训练周期，周训练计划为每天、每次课的训练确立基本的方向和训练安排。根据训练的目的、任务和内容的不同，可把周训练计划分为基本训练周、赛前周、比赛周以及恢复周四种类型。基本训练周计划的主要任务是通过施加运动负荷使人体产生新的生物适应现象，从而不断提高竞技能力水平。在全年训练过程中，基本训练周计划采用得最多。在准备期的训练中，基本训练周是最主要的类型，而在比赛期的赛前阶段和赛间训练阶段，主要也是运用基本训练周的模式进行。基本周又可分为加量周和加强度周两种类型，在训练中可根据不同的训练目的、训练阶段，采用不同的类型。在需要给运动员机体施加强烈刺激时，还可组织实施具有不同特点的强化训练周。

赛前训练周直接为运动员参加比赛而展开，主要针对提高决定专项运动成绩的核心要素，技术训练以完整训练为主，战术训练则结合个人特点进行安排。

比赛周负荷较低，训练量要严格控制，为比赛形成良好的竞技状态服务。

恢复周主要任务是消除运动员的身心疲劳。恢复周的训练负荷小，训练内容更加灵活，以一般性身体练习和游戏等练习为主。

在周训练计划内容的安排中，训练目标是内容安排的主要依据。而运动员机体对负荷后的反应及恢复状况则决定各种训练内容安排的组合方式。少年运动员每周训练 3~4 次，随着年龄和水平的提高，周训练次数可提高到 12~14 次，每次训练 2 小时左右。周训练计划要根据运动员的具体情况制定，训练负荷要注意有节奏的变化，注意积极性休息和恢复，保证训练质量。

周训练计划示例：

跆拳道周训练计划

训练任务	1. 提高运动员的体能 2. 提高进攻和反击技术组合质量，培养运动员连续攻击意识 3. 严格要求，提高运动员的心理调节能力						
日期 内容	星期一 （19 日）	星期二 （20 日）	星期三 （21 日）	星期四 （22 日）	星期五 （23 日）	星期六 （24 日）	星期日 （25 日）
上午 9:00—11:00	基本技术	攻反技术组合	比赛录像分析	休息	力量练习	攻反技术组合 体能练习	休息
下午 3:00—5:00	攻反技术组合 体能练习	力量练习	攻反技术组合 体能练习	足球练习	攻反技术组合 体能练习	（田径场） 有氧跑 柔韧练习	休息
晚训 19:00—20:30	休息 治疗与康复	个人技术训练	休息 治疗与康复	休息 治疗与康复	个人技术训练	休息 治疗与康复	晚点名 21:30

备注：注重训练课后的整理放松练习，保证身体的恢复。

（五）课训练计划的制订

跆拳道训练课是组织训练活动的最基本单位，也可称为训练单元。无论是多年、全年、还是周训练计划，都必须通过每次训练课的组织形式予以贯彻和落实。因此，课训练计划是与运动员的训练、生活、学习联系最紧密、关系最直接的微观训练计划，也是最具体、详细、精确的训练计划。

1. 跆拳道训练课的基本结构

通常，训练课是由三个部分组成，包括准备部分、基本部分和结束部分。一般来讲，一堂完整的训练课中，这三部分的时间比例是 2 : 7 : 1。

（1）准备部分。准备部分的内容是由宣布课的基本任务和组织准备活动两部分组成。准备活动是训练课准备部分最常用的专业术语，意指为完成课的训练任务而做好生理和心理两个方面承受运动负荷的准备，并为即将开始的训练活动或比赛创造良好的内环境。准备活动是由一般准备活动和专项准备活动组合而成的。

一般准备活动又称为“热身运动”，主要目的就是为了提高身体的温度。在做一般性准备活动时，要循序渐进地增加强度，可先进行 5~10 分钟的慢跑，然后进行 10 分钟左右的一般行进操或原地关节操，强度一般控制在每分钟心率120~140次的范围。通过一般性准备活动可以提高中枢神经系统的兴奋性和机体的工作能力，加快代谢过程，使运动员能够更加有效地发挥机体的运动能力。在实际训练中，一般以运动员开始出汗作为准备活动结束的时间，因为出汗表明体内温度已经升高。另外，在进行一般性准备活动的过程中，运动员还要为训练课的基本部分做好充分的精神和心理上的准备。要集中注意力，暗示和鼓励自己认真完成训练任务。

专项准备活动是在一般性准备活动之后，结合跆拳道专项训练或比赛的需要而进行的专门性活动。主要是做一些与跆拳道专项相关的基本功练习和柔韧练习，这些练习应该和本次训练课的内容有较多的关联。如步法移动的基本功练习，战术训练的反应提膝练习以及放松攻防练习等。专项准备活动一般需要10~20分钟，在训练课中，一般和专项准备活动所需要的总时间为30~40分钟。

（2）基本部分。跆拳道训练课的基本部分是课时训练计划的主要内容，训练目标的实现和训练课计划的实施，都是在基本部分的训练中完成的。基本部分由四部分内容组成，即主要训练内容、训练手段方法、运动负荷和动作要求。训练内容是指竞技能力的具体构成因素及其组成要素，如某一技术动作的细节或某一战术能力的强化等；训练手段是指所采用的具体技术动作练习或战术练习形式；运动负荷是指练习手段所施于运动员机体的负荷刺激，一般具体到某一练习手段所练习的组数和次数；动作要求是指对技术动作或练习形式的具体规定。

（3）结束部分。结束部分的内容由两部分组成，即放松活动和课的小结。在训练课基本部分结束时，人体的总体机能水平处于一种较低状态，在这种机体疲劳状态下，进行有针对性的整理活动是极为必要的。不仅可防止由于强度的突然变化所导致的不利生理和心理反应，更可通过整理活动促进机体的恢复速度，使血液中堆积的血乳酸更快消失，使各运动器官和肌肉、心理变化过程等，尽快恢复或接近至运动前的状态。结束部分的最后几分钟里，教练员应以简短的语言对整个训练课进行归纳与总结。

2. 跆拳道训练课的教案内容

跆拳道训练课教案是跆拳道训练过程基本单元的设计方案，是教练员从事训练工作的依据。因此，充分认真备课、科学制订训练教案是顺利完成训练任务的先决条件，也是提高跆拳道教练员业务水平和训练能力的重要措施之一。

一般认为，训练课教案的主要栏目是教案眉目、训练任务、课的部分、课的内容、组织安排、时间、运动负荷和课后小结等项目。各个项目内容包括许多具体内容，如课的眉目应说明时间、地点、人数、组别、天气等；训练任务应分清学习、复习、巩固、提高、强化、发展某一具体内容方面的任务；训练内容分为体能、技能、战术能力、心理、智能等某一具体的内容及其规格和标准；课的部分应分为准备部分、基本部分、结束部分，以及各部分的具体内容安排；运动负荷应详细说明负荷强度、量的具体安排，其中负荷强度可以以速度、力量、难度等指标说明，负荷量可以以次数、组数、总量指标来说明；组织安排主要包括训练方法、组织形式、练习手段和基本要求等。

跆拳道课时训练计划示例：

第＊次课时训练计划

训练时间：2010 年 12 月 13 日　　星期一　　　训练地点：跆拳道馆

<table>
<tr><td rowspan="2">训练
任务
目标</td><td rowspan="2">1. 提高连续攻击能力
2. 提高动作频率与协调能力</td><td>课训练负荷</td><td>时间</td></tr>
<tr><td>中</td><td>120 min</td></tr>
<tr><td rowspan="3">训
练
内
容
与
组
织</td><td colspan="2">一、准备部分（30 min）
（一）行进间热身（牵拉、跑跳、专项提膝）
（二）柔韧练习</td><td>15:00
—
15:30</td></tr>
<tr><td colspan="2">二、基本部分（70 min）
（一）步法提膝练习（30 min）
内容：前滑提膝、快步提膝、前滑 + 后滑提膝、前滑 + 撤步提膝
要求：重心控制要好，连接顺畅、快速
训练组织：行进间来回完成 2 趟。教练员认真观察队员完成情况，提出要求，及时指导
（二）两个技术的组合练习（40 min）
内容：前滑横踢 + 横踢、快步横踢 + 横踢、横踢 + 旋风踢、横踢 + 后踢、横踢 + 下劈踢、横踢 + 双飞踢
要求：技术规范，连接顺畅，重心控制要好
训练组织：每个组合行进间来回完成 2 趟。教练员提出要求，及时指导</td><td>15:30
—
16:40</td></tr>
<tr><td colspan="2">三、结束部分（20 min）
（一）慢跑 5 分钟
（二）集体拉伸练习</td><td>16:40
—
17:00</td></tr>
<tr><td>课后
小结</td><td colspan="3">训练人数______，病假人数______，见习人数______。

教练员签名：__________</td></tr>
</table>

第六节　跆拳道运动员常见损伤的预防与处理

跆拳道是一种以腿法为主的对抗性较强的体育项目，其技术动作幅度大，参与工作的肌肉和关节多，在击破和实战中还涉及和硬物及对手的身体接触。跆拳道教师、教练和练习者有必要掌握跆拳道运动中常见损伤的预防与处理知识。

一、跆拳道运动中的常见损伤

1. 挫伤

肌肉挫伤的发生率最高，多见于大腿肌肉和小腿肌肉，其次是足背部的背伸肌群。主要是与对手发生撞击导致，或者因为踢击硬物（沙包、木板、砖瓦）接触不当而造成。

2. 拉伤

肌肉或韧带的过度拉伸会造成拉伤。肌纤维和韧带因为超过范围的活动，用力不协调，不当的压腿或超范围踢腿都可能造成不同程度的拉伤。

3. 关节扭伤

关节的扭伤以踝关节最为常见，其次为膝关节、骶髂关节，上肢发生扭伤较少。关节力量不足、动作失去平衡、踢空、外力作用、技术动作不规范及场地不合要求等，是发生关节扭伤的主要原因。

4. 意外损伤

在实战对抗中，常因判断失误、防守不当、精神不集中等发生意外损伤。比如，眼部挫伤、眉裂、鼻黏膜出血、口腔黏膜损伤、牙齿断裂、颧骨骨折、肋骨骨折、下颌损伤、颅脑损伤（击晕）、阴囊血肿等。

二、跆拳道损伤的预防

尽管跆拳道运动中要避免损伤难度较大，但通过有效的预防手段完全可以减少损伤的发生。只要在运动训练和比赛中认真做好各个方面的工作，遵循科学训练的原则，采取有效措施，努力消除各种致伤因素，就能够做到少受伤或不受伤。每名教练员和运动员必须高度重视损伤的预防，落实到训练过程中。

1. 增强防伤意识

在比赛和训练过程中，认真贯彻预防为主、安全第一的方针。提高教练员、运动员对创伤预防的认识，杜绝一切不安全因素，把造成创伤的隐患降到最低点。

2. 科学安排训练和比赛

教练员要根据练习者的具体情况制订合理科学的训练计划。制订计划需要考虑学员的身体健康、运动基础、身体素质发展等情况，循序渐进地增加练习难度和运动负荷。教练员还要时时监控练习者的身体情况和训练情况，预防造成损伤的苗头出现。

3. 认真做好各项准备活动和训练后的整理活动

准备活动是为了增加运动员中枢神经的兴奋性，使人体尽快地进入运动状态，使得训练和比赛一开始就能发挥最大的工作效率。因此准备活动要充分，要有针对性，除一般的热身以外还应该加强做与训练和比赛内容相关的专项准备活动。

对于比赛和训练中负荷较大和容易受伤的部位，要做重点的准备活动，在不同季节、不同气温下，训练内容不同，准备活动的时间和内容也应该做相应的调整、以使身体有充分的准备进入比赛和训练。

每次训练结束后都要进行必要的整理活动，对肌肉和关节进行拉伸和放松，这对消除训练疲劳将起到重要作用。

4. 加强易受伤部位的训练

力量差是发生损伤的一个重要原因，人体生理解剖相对薄弱的部位在大负荷运动下容易发生损伤。因此加强薄弱部位的损伤和易受伤部位的训练，提高肌肉力量，发展肌肉弹性和伸展性，是预防创伤的一种积极手段。踝关节、膝关节以及腰部是跆拳道运动员应该重点监控的部位。

5. 加强对运动员的医务监督

（1）选材时要做好详细的伤病及相关因素的检查，对于跆拳道运动员而言，下肢的检查尤为重要，如存在二分髌骨、髌骨软骨病、副舟骨等，就不适宜从事跆拳道运动。

（2）加强运动员的自我监督。根据跆拳道项目的特点，除内脏器官的机能检查外，还需制定一些对下肢的自我检查监督的方法。如运动前做单腿起试验，若出现膝关节疼痛或膝软，即有膝关节软骨病的可能。如果运动员在自我监督的过程中出现阳性体征，就应该及时就医。医务人员根据运动员的伤情，给出训练建议和及时的治疗。

6. 做好包扎防护，排除致伤隐患

在训练与比赛前做好必要的包扎，实战时戴好头盔、牙套、护手、护臂、护裆、护腿、护身等护具。训练时带好护膝、护踝、护腰、道鞋等保护用品（图 5-6-1）。

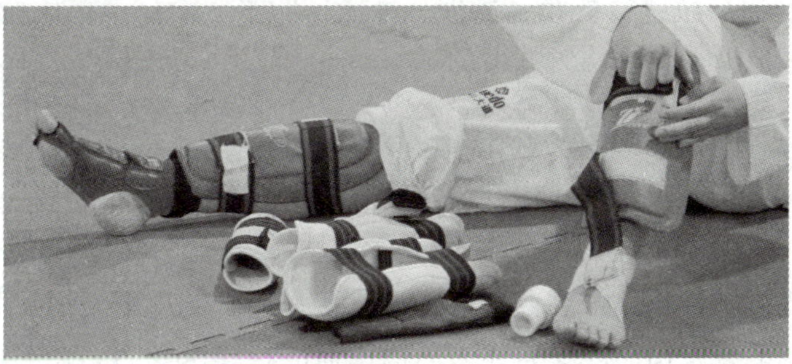

图 5-6-1

保持场地的干净整洁，避免因场地的湿滑或者不平整导致损伤。力量训练时，教练或同伴要做好必要的保护与帮助。

三、跆拳道常见损伤的处理

如发生损伤一定要在专业医生的指导下，按照科学的方法和程序进行处理（图 5-6-2）。

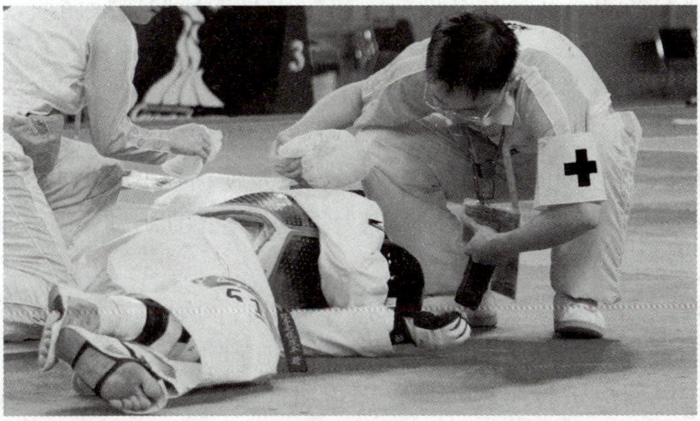

图 5-6-2

（一）肌肉僵硬与酸痛

在跆拳道运动过程中，腿部肌肉是活动的“核心”。由于肌肉在运动时新陈代谢率大大提高，从而使局部肌肉内部温度升高，肌肉的黏滞性降低。运动刺激使肌肉的兴奋性提高，主动肌和对抗肌之间的协调性增强，肌组织的能量消耗和氧的消耗量增高。剧烈运动中，肌肉工作产生的代谢产物大量积聚，导致毛细血管开放，血流量增加。在运动强度过大、出汗过多引起体内电解质减少、气温急剧变化和准备活动不充分时，可能出现肌肉痉挛。“痉挛学说”认为，肌肉的运动引起局部缺血使 P 物质产生，P 物质刺激内痛觉神经末梢，引起肌肉疼痛，疼痛反射性引起肌肉痉挛，使局部缺血更加严重，如此形成恶性循环，使人体在运动后出现肌肉的延迟性疼痛。延迟性疼痛的出现与是否经常受到训练有关，与运动强度成正比关系。

治疗方法：

主要通过物理治疗的手段改善局部的血液循环，促进代谢。

1. 按摩治疗

在肌肉僵硬与酸痛部位进行抚摸、揉捏、推压、叩击、牵拉，指压血海、足三里、承山、三阴交等穴位，促进血液循环，缓解疲劳。

2. 物理疗法

可进行电疗、中频、高频、磁疗、热疗、红外线、超声波治疗等，升高局部组织温度，改善局部血液循环和营养，增强组织代谢，提高组织再生能力，促进机体的修复。

（二）肌肉挫伤

挫伤是指体表受到钝性物体或者其他外力的直接作用，使皮下组织、肌肉、韧带等组织造成闭合性损伤。挫伤的程度由组织受到压力后内出血的程度来判断。在跆拳道的运动中，大小腿的挫伤、足背肌肉的挫伤较为常见。一般在对抗过程中踢击和撞击容易导致肿胀、疼痛，严重的会导致肌肉内形成血肿。

治疗方法：

（1）急性损伤时，受伤肢体应休息 24～48 小时，此间应采取间断性冷敷、加压包扎、抬高患肢等措施，控制减少受伤部位的出血肿胀，控制血肿形成，避免组织再次受伤。

（2）损伤早期主要通过活血化淤的方法：外敷新伤药，内服三七片、七里散促进淤血的吸收。

（3）后期是外敷旧伤药，针灸、红外线、热疗等改善局部血液循环，提高组织再生能力，促进损伤的修复。

（三）肌肉拉伤

拉伤是指肌肉筋膜及肌腱附近的组织受牵拉性外力所致的组织部分撕裂或完全撕裂，可有继发出血、肿胀、淤血、血肿和肌肉保护性痉挛，以及使损伤肌肉的收缩功能发生障碍。肌肉拉伤主要发生在肌－腱移行部位或肌腹，表现为程度不等的肌纤维或肌－腱机构的损伤。

治疗方法：

（1）急性损伤时，受伤肢体应休息 24～48 小时，此间应采取间断性冷敷、加压包扎、抬高患肢等措施，控制减少受伤部位的出血肿胀，控制血肿形成，避免组织再次受伤。

（2）在出血停止以后应进行手法理筋，循着肌纤维的走向做轻按摩推压，促进肌纤维的修复。

（3）通过物理治疗改善血液循环，提高组织再生能力，促进组织恢复。

（四）踝关节扭伤

在跆拳道运动中，踝关节的扭伤是常见的损伤，发生原因主要是平时训练时动作不规范，或者动作不慎导致内外踝韧带的损伤，甚至是内外踝骨折。

治疗方法：

（1）在急性损伤的时候，主要采取 RICE 原则：立即停止运动、抬高患肢、冷敷和加压包扎，以减少局部的出血肿胀。

（2）在急性期症状消退后，应补气养血、活血化淤、理筋，促进韧带的修复。可以在手法理筋后，外敷新伤药，加压包扎，防止再次损伤。如果伤情需要，在医生指导下内服加味八珍汤，十全大补汤等。

（五）膝关节扭伤

由于跆拳道实战准备时膝关节处于半屈位，此时体重对膝关节的压力成相对比较大的角度，并且在运动中既要弯曲又有强制性旋转，膝关节承受较大的负荷来维持身体的平衡和稳定。跆拳道运动员在跳跃、快速移动、击踢和突然转向变换体位完成特定动作时，所受到的外力大而复杂，如果膝关节周围韧带和肌肉力量不足，或者技术错误和受到外力作用，就很容易引起损伤。

治疗方法：

（1）早期在冷敷治疗后，即可外敷新伤药，加压包扎。内服活血化淤三七片、七里散、云南白药、制香片等。在出血停止后，还可以局部轻手法，向心性按摩，促进血液循环，消肿止痛。

（2）中、后期肿胀减轻后，局部可以外敷旧伤药加海桐皮、牛膝、续断等。内服强筋丸。做抚摸、揉捏、搓、推压等手法，针灸血海、阴陵泉、三阴交等穴位。加强膝关节的功能锻炼。

（3）膝关节构成比较复杂，受伤情况需要专业医生确诊，并进行后续的针对性治疗。对于严重的膝关节损伤，如半月板问题、韧带（内外侧副韧带，十字交叉韧带）断裂问题等，需要根据伤情决定保守治疗还是手术治疗。

（六）腰部损伤

腰部是连接上下肢保持躯体稳定、平衡的纽带，各种腿法技术都需要腰部的转动发力。如果跆拳道运动员腰背肌力量不足，或者技术不合理，则很容易导致腰部损伤发生。跆拳道运动中腰肌劳损、棘上棘间韧带损伤、脊椎小关节错位等损伤比较常见。

治疗方法：

（1）在腰部扭伤早期，应俯卧休息，避免任何使肌肉或者韧带受到牵扯的运动。外敷活血化淤、消肿止痛的新伤药。肿胀较明显者，宜用梅花针叩打痛点，用火罐至少量淤血渗出。

（2）有滑膜嵌顿宜轻手法进行抚摸、揉、推、搓解痉止痛，活血通络。然后进行斜扳或者旋转复位。对于骶髂关节扭伤者，可先采用按压法，然后牵抖法复位。

（七）指腕关节受伤

指腕关节的损伤在跆拳道运动中较为少见，主要发生在对抗过程中，不慎踢中指腕关节导致损伤。一般是导致指间关节韧带、掌指关节的关节软骨充血肿胀。情况严重时也会出现指间关节脱位、腕关节三角软骨盘挫伤、掌骨骨折等。

治疗方法：

（1）指腕关节单纯性扭挫伤，在冷疗之后，将新伤药水浸于脱脂棉上敷于患部，将患部包扎固定于功能位。内服三七散或者七里散。肿痛减轻后，外敷旧伤药，内服正骨紫金丹。

（2）指间关节脱位，应及时进行手法复位。局部以新伤药水浸脱脂棉敷于患部，加压包扎。内服三七散、七里散等活血化淤。

（3）指骨、掌骨骨折，宜请专业医生早期进行骨折手法复位，小夹板外固定3~4周。内服十全大补丸等补气养血、活血化淤药物，促进骨折愈合。在解除固定之后，应加强功能锻炼，促进功能恢复。对于骨折情况较严重者，经手法无法复位的，应及时进行手术治疗。术后及时进行康复锻炼，促进功能恢复。

（八）脱臼

如果肌肉力量薄弱，运动时动作不规范，发力超过了关节肌肉力量的承受范围，或者外力的作用，就有可能导致脱臼发生。跆拳道运动中发生肩关节、肘关节和髋关节脱臼的情况偶然可以见到。

治疗方法：

（1）在确认没有骨折的情况下，尽快手法复位，避免组织液过多渗出。复位需要专业人员进行操作。

（2）脱臼情况复杂，不能手法复位的，需要手术切开后进行复位。

（3）复位后的康复阶段，应加强受伤关节周围肌群的力量锻炼，使关节更加稳定。伤者还要根据康复方案及时进行康复训练。

（九）骨折

骨折在跆拳道运动中属于比较严重的损伤，一般发生在对抗过程中，上肢、下肢、肋部、下颌都有可能受到击打或撞击而发生骨折。

治疗方法：

（1）临时固定。如有骨折发生，依据不同的部位，由医务人员采用相应的固定方法，用夹板、绷带等把骨折部位固定包扎起来，限制骨折端的活动，避免续发损伤。

（2）送医院进行进一步诊断和治疗。

（3）中药治疗。骨折的早期，由于骨折往往伴随气血两伤，故早期应补气养血，活血化淤，常用加味八珍汤。在中后期宜接骨强筋，内服接骨片、整骨紫金丹，促进骨折的愈合。

（4）功能锻炼。根据医生和康复计划进行康复锻炼。

（十）裆部受伤

裆部的受伤在跆拳道的对抗过程中时有发生，一般由对手的踢击或提膝过低引起。

治疗方法：

裆部受伤会引起剧烈疼痛，稍事休息即可得到缓解。轻微的受伤，可采用轻微地跳动方法来进行缓解。严重的要请专业医生检查，或送医院治疗。

（十一）面部受伤

面部的损伤在跆拳道中比较少见，主要是在比赛或者激烈对抗中，拳的误伤、腿部高位击打，致面部肿胀、皮肤破裂，严重时会导致面部骨折。

治疗方法：

（1）单纯面部软组织损伤的患者，在损伤后应立即冰敷处理，以减少局部肿胀、疼痛。待出血停止后，宜热敷处理，促进面部的血液循环和淤血的吸收。

（2）面部有皮肤破裂的患者，若破损面积较大，应及时到医院缝合止血。

（3）有面部骨折的患者，宜及时送往医院进行复位，避免延误时间造成复位困难。对于手法复位无效者，应及时手术切开复位。早期内服补气养血活血的加味八珍汤，中后期内服接骨丸。

（十二）脑震荡

脑震荡在跆拳道对抗过程中，一般发生在技术水平不在一个层次的运动员之间。在高位横踢或者下劈踢击头时容易发生。伤后导致广泛性脑组织功能障碍而无器质性改变。

治疗方法：

（1）进行现场急救与处理，然后及时送医院治疗。

（2）伤后为了避免遗漏颅内其他继发病变，应住院观察1~2天，待病情稳定后，回家继续卧床休息7~10天。期间需注意伤员意识、瞳孔、脉搏、呼吸的变化。

（十三）痉挛

痉挛一般是指肌肉痉挛，也可以理解为肌肉很强烈地收缩，并伴有颤动，这时人的意志不能控制。在跆拳道运动中主要发生在小腿，也叫腓肠肌痉挛。主要由于在训练和比赛过程中出汗过多，导致体液中无机盐缺失所致。

治疗方法：

（1）在急性腿抽筋时，自己或同伴用力使脚背上翘至最大幅度，拉伸痉挛肌肉，并固定在此位置上，一般在30秒钟内即可解除痉挛。然后保持脚背上翘位置约3分钟，以巩固疗效。其他部位发生痉挛时，也可采用拉伸痉挛肌肉的方法治疗。

（2）口服糖盐水，以补充体液丢失的盐分。适当补充维生素，以促进肌肉疲劳的恢复。

第七节　跆拳道运动员体重控制

跆拳道是按照体重级别进行比赛的对抗性项目。因此训练和比赛总要涉及级别选择和体重的控制问题。对体重相关知识的了解，会帮助运动员合理控制体重，合理选择体重级别，在训练和比赛中不因体重而影响比赛技战术的发挥。

一、跆拳道运动员赛前控降体重的理论基础

体重是人的身体成分的总重量。体重是反映人体骨骼、肌肉的发育程度以及肥胖程度的指标，也是反映人体体型的一项指标。身体成分是指组成人体各个组织器官的总成分，其生理组成由体脂（脂肪体重）和去脂体重（瘦体重）两部分组成。

体重 = 去脂体重 + 体脂

去脂体重包括肌肉、骨骼、器官、体液以及皮肤等非脂肪组织。身体成分通常用体脂百分

数来表示：

体脂百分数 = 体脂重量 / 体重 ×100%

运动员的体重变化要以身体成分的概念来表达才具有客观性和科学性。运动员只有把自己控降体重保持在合理的范围之内，才能充分发挥自身体能，提高技术质量。

跆拳道运动员进行控降体重的主要目的是减去组织中多余的脂肪和水分，减少多余的脂肪和水分，一般不影响机体正常机能的稳定与平衡。但如果超过一定的限度，就会导致细胞内结合水分丧失，使中枢神经系统和机体某些内环境的功能紊乱。运动员会出现精神不振、身体机能状况下降、运动能力减弱和血液黏滞性增大等情况，最后影响运动成绩的发挥。

教练员必须给运动员制订建立在对运动员身体成分客观评价基础之上的控重计划，寻求每个跆拳道运动员控降体重的最佳值。在控制体重过程中，要有合理的营养保证，科学的训练安排，采取有效的措施及时调整身体成分的结构比例。如果教练员对运动员的体重级别规划得好，运动员平时有较好的饮食习惯和生活习惯，就能够保持自己的最佳体重，比赛时就能够轻松地通过称重，免去降体重带来的诸多麻烦和困难。运动员和教练员要清醒地认识到，大幅度降重是不得已的办法，要尽量避免。

二、跆拳道运动员控降体重的方法

跆拳道运动员控降体重的方法大体可以分为缓降方法和急降方法两大类，其目的均为减轻身体的重量。缓降方法与急降方法所依据的原理不同。

缓降方法是依据负热能平衡原理，采取限制能量摄入、增加能量支出或限制能量摄入和增加能量支出相结合的方法，其实质是以减少体脂来减轻体重，进程缓慢，周期较长。

急降方法多是采取急剧限制人体所需物质摄入法或排除水分法，其实质是减少去脂体重（主要是水）来减轻体重，进程快速，周期较短。

“缓降”对运动员的体能等负面影响较小，是跆拳道主要的降重方法。运动员要作好体重级别的选择，提前做好降重计划，有条不紊地进行。

“急降”的方法，一般适用于多出比赛体重 2 千克左右的运动员采用。如果平时超过比赛体重较多，快速降重就很容易导致运动员的体能、心理以及身体机能受到较大的负面影响，严重的还会导致健康问题。因此一定要慎用，尽量避免。

训练实践中，往往将两种降重方法有机结合起来使用。

（一）缓降体重的主要方法

1. 限制饮食

限制饮食就是指限制摄入脂肪和过量的糖类物质，其实质是限制能量的摄取量，造成热能负平衡，达到消耗体脂、减轻体重的目的。一般认为在比赛前 2~4 周开始有计划地控降饮食。通常能量摄入要限制在每天 18~31 卡 / 千克，大约使每日热能亏空 1 000~1 500 卡。饮食上少吃大块的高热量食物，吃一些精肉、牛奶、水果、蔬菜，保证糖类的摄入量，避免因肌糖原缺乏而造成的疲劳、乏力。还要注意补充人体自身不能合成的物质，如氨基酸、微量元素、无机盐、维生素等。

有研究表明，少量多次进食比一次性摄入全天的热量更有利于降低体重。

2. 增加运动

热能的负平衡除了减少热能的摄入以外，还可以增加机体的热能消耗，运动就是增加机体消耗的主要方式之一。中小强度、时间较长（60 分钟左右）的有氧运动对于减少体脂、保持去脂体重效果较好。

3. 限制饮食与增加运动相结合

缓降体重最主要的目的和最理想的状态就是消耗体脂，同时维持去脂体重不变。限制饮食与增加运动相结合使能量摄入的限制量有所放宽，避免限制饮食量造成去脂体重的丢失，同时保留了运动降重的优点。

4. 中药配合调理法

在控降体重的过程中配合中医药的调理，有助于提高或保持运动员的机能状态。中医调理在于滋阴补气养血，主要以西洋参、人参、熟制三七等通过采用系统的中医药调理方法，配合传统降体重方法控制运动员体重。具体用药以泽泄、白术等为基础方，气虚为主者加人参大补元气、生津安神、补脾益肺，阴虚为主者加西洋参以补气养阴、益肺生津，血虚为主者则用药较为特殊，采用熟制三七，能活血化淤、消肿定痛，有补血之效。

（二）急降体重的主要方法

1. 限制人体所需物质摄入法

限制饮食和饮水总量，每日饮水量限制在 500~600 毫升范围内。食物中的盐摄取量在 5~6 克之间，在比赛前 1~2 周内实施，可降低体重 3 千克左右。这种方法要保证必需的营养物质，使食物保持低糖、低盐、高钾。另外，还可以通过胰高血素、降钙素、蛙皮素、胆囊收缩素等药物手段控降食欲，但不主张用药物给运动员控降体重。

2. 排除水分法

水在人体中占有很大的比重，排除人体内的水分能够达到快速控降体重的目的。主要有三种方式：首先是热浴法，采用盐水沐浴、热蒸气或干燥空气浴，这是一种强制性的过激的控降体重方法。一次可降 2 千克左右，通常在比赛前 1~2 天使用。但这种方法存在一定的危险性，会对运动员的身体造成一定的危害。因此，热浴法应在医生的严格监督下进行，防止机体大量脱水，引起严重的后果。其次是运动排汗法，穿上透气性较差的运动服进行各种练习，如多做一些力量性练习和耐力性练习。力量性练习保持肌肉质量和加快代谢速度，耐力性练习消耗更多的热量。这种方法大约一天能减少体重约 2 千克。穿透气性较差的衣服跑步，也是控降体重中常用的急降方法。

（三）控制体重的注意事项

（1）合理选择体重级别。根据现有的身高、年龄、体重选择跆拳道比赛的体重级别，过度控制体重是不科学的，应该加以避免。

（2）加强医务监督。运动员降体重的过程中，必须获得医生的允许，并在医生的监督下进行。如果在控制体重的过程中出现问题，应该及时加以处理，防止更加严重的问题出现。

（3）保证运动员基本的营养。对饮食的限制是有限度的，保证健康的情况下控制体重是基本原则，不能违背。

（4）严禁使用违禁药物。

三、跆拳道运动员控降体重后的恢复

跆拳道运动员在称重后应采用科学的手段进行升降体重后的恢复。

因为部分运动员在控降体重过程中可能对自身机体造成较大的影响，合理的恢复可以使运动员在短时间内恢复自身状态。不科学合理的恢复手段，不仅影响运动员的比赛发挥和运动成绩，而且还会造成身体上的伤害。

运动员在称重后要选择易消化富含热量的食物，并且少量多餐，保证摄入食物营养的消化吸收。切记要避免暴饮暴食，暴饮导致身体瞬间补充大量水分，容易造成身体水肿，暴食会带来肠胃不适等诸多疾病。不良的进食方式还会影响休息，必须加以注意。

在赛后一星期内多食含糖、蛋白质、维生素和无机盐多的食物，少食含脂类多的食物，逐渐恢复正常饮食和训练。

第八节　跆拳道教练员基本能力及培养

一、跆拳道教练员应具备的基本素质

教练员的基本素质主要体现在三个方面：职业意识——愿意献身体育事业，训练中充满热情与爱心。业务能力——善于学习，不断提高自身业务水平，科学地向学生传授知识，并能注意发展学生的智力。心理素质——突出表现在具有高度的自觉性和坚忍不拔的品质以及和谐的人际关系上。

跆拳道教练员的工作主要包括选拔运动员、组建运动队、制订训练和比赛计划、具体组织和指导训练过程与比赛活动、对运动员进行全面教育和管理等。在全面工作的基础上，其核心任务就是在队内树立良好队风，全面提高运动员及整个运动队的技术、战术水平，在比赛中取得优异成绩。

教练员对运动队负有全面的责任，是一个运动队的组织者和领导者，在训练和比赛、教育和管理过程中起着主导作用。运动员整体素质、运动水平的高低与教练员的指导和管理水平有着密切的关系。

一个优秀的教练员在整个工作中所表现出来的综合能力是多方面的，并且具有各自突出的个性、风格和特点。作为一名合格的跆拳道教练员，必须具备以下的基本素质：

（一）牢固的事业心和良好的道德品质

作为一名跆拳道教练员，应热爱自己所从事的跆拳道运动，要有为跆拳道事业献身的精神，在这种精神动力下，才有可能长期、全身心地投入到所从事的事业中去。

工作中不能仅满足于取得一些优异成绩，而是要心怀为我国跆拳道项目整体水平提高而努力的远大目标，要为跆拳道项目从科学理论到训练方法的改进和发展作出贡献，还要具有为本国、本地区、本民族争光的高度责任感。

教练员良好的职业道德应体现在各个方面。例如，以身作则，以自己的人格魅力来影响运动员；正直诚实，有团结协作精神；不弄虚作假；尊重与善于调动整个运动队每个相关人员的积极性；发挥队伍每个人的特长，提高整个队伍的凝聚力。

（二）掌握跆拳道的专业知识并具有创新精神

跆拳道教练员应掌握跆拳道的专项理论知识，努力学习并认识跆拳道运动项目的性质、特征和制胜规律。

现今随着社会的进步，竞技体育运动训练的科学理论与方法不断更新，沿用以往的传统方法只会使训练工作的效果事倍功半。因此，教练员在继承和应用已有的科学成果指导训练的同时，还应根据跆拳道项目的内在特点、制胜规律和运动员的实际情况，不断地进行调整和有针对性的改进工作。胸怀敢于创新、可持续发展的思想，把现代科学的训练理念和实践经验很好地结合起来，以新的思维方式，探索与研究训练理论和方法，敢于创造新的技战术，并大胆付诸实践，使训练工作充满活力。

（三）多学科的基础知识

运动训练所涉及的学科颇多，除了跆拳道运动的专项训练理论外，还包括了科学选材、医务监督、营养与恢复、心理训练、思想教育、管理等与运动训练相关的诸多学科。

例如选材，如何选拔出具有发展潜力的“苗子”进行训练，需要在掌握科学选材的知识基础上才能进行。跆拳道属同场对抗类项目，比赛当中对抗激烈，需要加强医务监督和伤病的防治；训练中向生理极限进行挑战，就需及时掌握运动员身体生理、生化指标的变化；随着运动水平的提高，心理训练已成为运动训练中的重要组成部分等，都要求教练员除了要掌握一些自然科学基础知识外，还需要掌握一些社会人文学科的基础知识。

（四）较强的教育管理能力

教练员对运动员的教育和管理，除了要具有相关的基本知识，还要有方法和技巧。首先要深入细致地了解运动员的思想活动，协调处理好运动队内外的各种关系。既要对运动员严格要求与管理，又要尊重运动员，关心和爱护他们。教育和帮助运动员解决好思想和训练中出现的各种问题，才能保证完成训练任务和培养人才的使命。

方法简单、粗暴的命令式教练员是得不到运动员尊重的，这样的教练员在某种程度上看起来会起到很好的管理效果，但长远来看这种教练员已经不能适应现在社会发展的需要。只有在人格上平等地对待运动员，既做运动员的“良师”，又做运动员的“益友”，才能有效地做好教育和管理工作。

（五）敏锐的洞察力和良好的心理素质

跆拳道训练是一个长期和系统的过程，这个过程是教练员不断地发现问题和解决问题的过程，特别是在激烈的跆拳道比赛中，教练员必须要有敏锐的洞察能力，才不会被一些表面现象所迷惑，才能在各种复杂的情况下发现问题。在此基础上还要有丰富的想象力和思维能力，才能够及时找出解决问题的有效方法，客观、理智地处理一切问题。教练员还应具有坚强的意志品质，经得起困难和失败的考验，不屈不挠地追求自己的目标。这些都是作为一名跆拳道教练员应具备的心理素质。

（六）社会交往及协调能力

社会交往及协调能力是教练员为做好本职工作，创造良好工作环境所应具备的能力。协调人际关系是教练员在训练过程中首先要遇到的问题。例如，与运动员之间建立良好的师生关系是进行正常训练的基本要求，此外还要处理好与运动员家长、与其他教练员之间、与上级领导和相关管理人员之间的关系等。总之，教练员必须协调好各方面的关系，才能为运动员和自身创造一个有利于训练的宽裕的空间与和谐的训练环境。

二、跆拳道教练员如何科学选材

跆拳道运动员的科学选材是根据跆拳道运动项目的特点和要求，用现代科学的手段和方法，通过客观指标的测试，全面综合评价与预测，把先天条件优越、适合从事此项运动的人才从小选拔出来，进行系统的培养，并且不断地监测其发展趋势，实现逐级优选的一个过程。在选材过程中应考虑的因素包括：遗传、年龄、竞技能力（形态、机能、素质、心理）、专项（项目的特点要求）等方面。

（一）遗传选材

许多研究认为，没有运动天赋就不可能出现优异成绩。遗传学的观点认为，一切人体的外在表现，都是遗传基因和环境因素相互作用的结果。所谓遗传度，是指某一特定性状在遗传和环境因素两者变异中所占的比例，用遗传因素和百分比（%）或度（°）来表示。凡性状以遗传因素为主其遗传度就高，以环境因素为主其遗传度就低。如女子身高遗传度为92%，说明环境因素仅为8%，是一个后天很难改变的遗传指标。跆拳道项目的特点就是以踢击为主的搏击类项目，因此身高腿长的运动员会在距离上占有优势，选材中需将运动员身高、腿长遗传度作为重点考虑的因素。身体形态各遗传度，男女之间有一定差别。身体素质的各种性状，是受多基因遗传控制的。而心理、智力与运动员个性特征主要受遗传因素的影响，一旦形成，就相当稳定，难以改变。

科学选材主要应从身体形态、身体素质、心理素质等方面考虑。一些主要指标遗传度如表5-8-1所示。

表5-8-1 选材主要指标遗传度

形态	%	素质	%	心理	%
身高	75 92	反应速度	75	基本情绪	75
体重	85 42	动作速度	50～73	思考能力	72
坐高	68 85	动作频率	30～73	意志坚韧	83
下肢长	77 92	柔韧性	70	活力	79
骨盆宽	75 85	相对力量	64	心理状态	60

注：形态%中数字前为男后为女（资料来源：曾凡辉等. 运动员科学选材［M］. 北京：人民体育出版社，1992.）

（二）年龄（骨龄）选材

跆拳道运动员选材的适宜年龄是指初达最高成绩的年龄，减去所需要的训练年限，其差即为跆拳道初级选材的年龄。常用适宜年龄区间来表示，且采用生物年龄作为标准。成材的年龄范围，就是有机体适合于此项运动的各种形态机能最旺盛的年龄段。运动员要达到较高的竞技运动水平，就必须有相应的训练年限和比赛经历来支撑。达到不同等级运动成绩的时间是相对稳定的，从一个等级上升到另一个等级，平均需要 1~2.5 年，而当运动员达到健将级标准后，要向世界先进水平奋斗，一般认为最有天赋的运动员需要 5~10 年的时间。

骨龄选材一般采用手腕部 X 光片来判断，以此来区别发育的类型（早熟、晚熟、正常型）。发育较晚且发育持续时间正常的，或者开始发育时间正常，而发育时间较长的这类儿童少年具有巨大的发展潜力。骨龄与第二性征的关系密切，通过第二性征分度与骨龄的相关系数就可推导出身体发育程度。

（三）身体形态选材

虽然运动员参赛的级别不同，但身高腿长在实战中都会占有优势。这是因为重心高便于起腿，对方也难以击中躯干，且头部不容易被击中；进攻的距离长，控制的距离也长，易击中对手的头部。形态方面的选择包括以下几个指标：身高、体重、下肢长、小腿长、跟腱长、小腿围。常采用一些复合指标，如体重 / 身高、下肢长 / 身高、小腿长 / 下肢长，这些指数与成绩的相关程度更高。

龚循谦对我国优秀运动员的身体形态指标进行了研究（表 5-8-2），可以作为选材的参考。

表 5-8-2　我国优秀跆拳道运动员形态指标平均数

指标	女子小级别	女子大级别	男子小级别	男子大级别
身高（cm）	172.0 ± 5.54	180.9 ± 2.63	177.3 ± 4.025	189.4 ± 5.19
体重（kg）	56.12 ± 4.64	70.6 ± 4.08	62.84 ± 4.11	81.4 ± 7.16
体重 / 身高	0.33	0.39	0.35	0.42

（引自龚循谦. 中国跆拳道运动员选材指标体系的初步研究［D］. 江西师范大学. 2006.）

（四）身体素质选材

跆拳道项目的特点决定了在运动员良好的身体素质中，速度是关键。运动员的动作速度快，表现在单位时间内的出腿次数多，动作频率快，反应速度快，短距离的位移快，改变重心的速度快。

对一个运动员来说，力量是基础，选材时要对力量素质进行全面的评价。各级别中大级别运动员在击打力度上的得分要高于小级别运动员，所以对大级别运动员的力量要求更严格。力量素质的可塑性很强，选材时应考虑运动员的年龄、训练年限和发育程度。在选材中应以爆发力为主，通常测试的指标为纵跳、立定跳远。

耐力素质是保障。跆拳道正式比赛为 3 回合制，每回合 2 分钟，所有场次都需要集中在 1 天内打完。所以耐力素质很重要，首先是速度耐力，即每场比赛自始至终都要有充沛的体力，保证在比赛中正常发挥和有效地运用技术和战术；同时也包括力量耐力，即必须具备长时间激烈对抗中有效打击和防御对手的能力，而这些耐力至少保持到整个比赛结束，否则就难以取得比赛的最后胜利，在选材中一般测试 1 500 米跑、连续踢靶等。

柔韧则是以腿法为主技术所必须具备的一项素质。柔韧性指人体关节、肌肉、韧带的活动范围与伸展能力。跆拳道竞赛规则不断地完善，技术向高度方向发展（击头 3 分、转身技术击头 4 分）。因此，对运动员腿部和腰髋的柔韧性有极高的要求，纵、横叉、体前屈、关节柔韧性是评价跆拳道运动员柔韧素质的重要指标。

跆拳道技术动作是一个全身协调统一且复杂的过程，需要运动员有较高的灵敏性和协调性，选材时主要测试运动员 10 米 ×4 往返跑、模拟动作追人、踢移动靶及旋转动作，要求其具有在各种复杂条件下，能够协调、迅速、准确、有效地完成各种动作的能力。

（五）心理素质选材

跆拳道运动实践表明，意志品质和心理稳定性是在比赛中，对对手的各项技战术变化作出正确的判断、瞬间完成攻防动作和应答反应，充分发挥战术水平的保证。长期的刻苦训练，一是要有坚强的意志品质；二是在比赛中要有战胜对手、不甘失败的精神；三是要思维敏捷、头脑冷静，在训练和比赛中能够及时、准确地理解教练的指导意图，并且能够有效地运用到实践中；四是情绪要稳定，能够及时进入状态，不受外界干扰，沉着应战。

1. 意志品质测验

目的：测量运动员的意志品质特征。

方法：使用梁承谋、付全、于晶（2003）的《高级运动员意志量表 BTL-YZ-1》进行测验。《高级运动员意志量表 BTL-YZ-1》将意志品质的结构扩展为 6 个方面，并作为该量表的 6 个维度，即坚韧性、顽强性、果断性、自控力、目标清晰度、自信心。

2. 情绪测验

目的：测量运动员的情绪状态。

方法：使用张力为的《赛前情绪量表—T》进行测验。

该量表将运动员的赛前情绪作为特质来测量。在该量表中，特质自信、躯体特质焦虑、个人失败特质焦虑和社会期待特质焦虑有 4 个分量表体现，每表各含 8 个条目。

3. 性格测验

目的：测量运动员的性格特征。

方法：使用漆昌柱（1995）的《WT 运动员性格测量表（WTCAIA）》进行测验。

该量表以坚韧、兴奋、社交、理智、自控、情绪、进取和灵活 8 种特质为测量目标。

（六）运动技能选材

运动技能选材是指运用科学诊断和经验判断的方法，对备选运动员的技术和战术能力进行分析和评价，从而选拔有发展潜力运动员的过程。运动技能选材有其明显的层次特点，即基础选材—初级选材—中级选材—高级选材。

跆拳道技术选材的内容包括技术的合理性、稳定性和全面性。跆拳道技术包括步法、拳法和腿法，在选材时首先要看运动员技术动作的合理性，即看技术动作的规范性和协调性；稳定性也就是看运动员在踢击时的重心控制能力；再看其掌握技术是否全面。

测评方法大致可分为观察法和询问法。最常见的观察法是通过现场观察运动员的技术动作；询问法是以口头或文字提问的方式，让被试者回答技术动作的要领或完成动作的自我感觉，最后给出评价的方法。

战术选材的测评内容包括战术意识、战术行动和战术理论知识。战术意识是运动员在实战比赛中所表现出来的有目的、有预见性地决定行动和对付对手的思维活动；战术行动是在实战比赛中表现出来的战术的质量、数量和效果。战术理论知识包括跆拳道战术运用原则、战术指导思想和各种攻防策略等方面。

跆拳道战术选材的测评方法可分为观察法、询问法和心理测试法等。

三、教练员对运动训练的指导

指导运动训练是跆拳道教练员的中心工作任务，这是一个以实践活动为主的过程，其中教练员起着主导作用。运动训练的最终目的就是提高运动员的运动水平和争取优异成绩。

指导运动训练，跆拳道教练员应做好以下几方面的工作：

（一）确立运动训练的目标

作为一名跆拳道教练员，在组建运动队、选拔运动员后必须制定训练目标。训练目标分阶段性目标和最终目标。训练工作应追求预期效果，使指导工作具有目的性和方向性，这个效果反映在训练的“质”和“量”两个方面，两者的统一，就是运动训练的目标。目标的确立可激发教练员的责任感和进取精神，提高教练员对训练工作的自觉性和主动性。

运动训练目标不易定量，但科学性较强、相对稳定。教练员在构划这种状态模式时，需要遵循一定原则，以保证运动训练目标的科学性和可靠性。这些原则集中反映在以下几个方面：

1. 训练目标的客观性原则

运动训练目标作为教练员的行动目的是职业的需要，因此确定训练目标，在正确的战略指导思想下，应依据客观实际，实事求是地确立运动员通过训练可以达到的目标。

2. 训练目标的方向性原则

训练目标的方向是确立训练目标的基础。应强调训练目标方向的理论指导作用与教练员的实践经验相结合，对确立训练目标的积极作用。忽视与偏重某一方的作用，都会违背运动训练的基本规律，是不符合客观实际的。

3. 训练目标的可分性原则

运动训练目标在整体上讲具有宏观性、全面性的特点。但它又是可以根据某些具体的目标、任务和要求进行分解的。多年训练目标，可以分解成年度、阶段以及周、课目标等。训练目标只有在合理分解的前提下，才能使现实状态转化成目标状态，训练目标这种抽象概括的东西也才能转化成运动员的竞技水平。

4. 训练目标的完整性原则

一个完整的训练目标，应是一个多因素的目标状态。这种多因素的目标状态是一个统一且多层次的有序系统，即包括运动成绩指标、竞技能力指标、阶段序列指标。无论是长期、中期，还是近期训练目标，都应当包括这三个层次的内容，才能构成一个完整的训练目标。从这个完整的训练目标的结构上讲，运动成绩指标是预期结果的总体指标，竞技能力指标是实施总体指标发展过程中的具体指标，阶段序列指标则是实现总体指标的不同训练时期连续的阶段指标的组合。因此，运动训练过程的时间跨度越大，对训练目标完整性的要求就越高。

（二）确立训练任务，科学制订训练计划

训练任务是依据训练目标和运动员现实状态诊断的结果，在不同阶段所确定的要达到的训练指标。训练计划则是依据所确立的训练任务，在总体训练目标的指导下，对未来的训练活动预先做出的理论设计。

训练计划对运动训练起着指导、监督、检查和评价作用。教练员则根据训练目标的不同标准，从训练的时间跨度上，把训练计划分为多年训练计划、年度训练计划、阶段训练计划、周训练计划及课时训练计划五种类型。多年训练计划和年度训练计划，主要用于系统地安排较长

时间的训练，计划的内容属于框架式的，不要过于详尽；而周训练计划与课时训练计划，则属于训练实施中较具体的计划，不仅要全面、详细，还要考虑训练中有较多的变化，有时在计划内容上需要有一定的调整和修正。

制订训练计划，应遵循整体性原则、稳定性原则、连续性原则和可控性原则。

（三）科学控制训练过程，合理选择训练方法

运动训练是落实训练计划的复杂过程，在这个过程中，应选择科学的训练方法和手段，指导运动员进行实践。影响运动训练的因素很多，其中运动负荷和恢复尤为重要。其他如场地、器材和设备、营养、规则的变化及某些社会因素也应一并考虑。

跆拳道运动训练所采用的方法、手段，要遵循其比赛制胜规律，符合跆拳道项目的特点。由于运动员具有明显的个体差异，整个运动训练过程中必须“因人而异、区别对待”。即使是同一名运动员，在不同的训练阶段也会有不同的特点。因此，训练的方法和手段也要不断地进行调整。

在控制训练过程中，教练员在发挥主导作用的同时，应注意发挥运动员的主体作用，要求运动员对运动训练中的安排予以积极配合，以便取得最佳效果。

（四）科学总结与评价训练效果

教练员在指导训练的过程中，要不断进行科学的总结与评价训练效果，将其作为改进运动训练的反馈与依据。经常结合运动训练计划的阶段性目标和总体目标，做好相应的总结工作，每次训练课后都应有小结，每个阶段也应有总结。总结时主要对所采用的训练方法所取得的效果进行评价。

教练员的日常记录可以作为评价的依据，选择操作简便、具有代表性的测定项目，以测试结果的定量数据，对训练效果作出评价。教练员在总结和评价训练效果时，应把自己的指导工作作为重点来考虑，不能只在运动员和其他客观因素中找问题。

比赛是检查和评价运动训练效果的较为客观真实的方法。但因比赛的形式（训练性比赛、教学比赛、检查性比赛、一般性比赛、重大比赛等）不同，最后所反映的结果的真实性也会受到一定影响。因此，不能简单地把比赛结果与运动训练效果等同看待，应深入进行分析研究，才能得出正确的结论。

四、教练员对比赛的准备与指导

运动员通过比赛所取得的成绩是其运动水平、竞技能力和教练员指导水平的最终检验。平时虽具有较高水平的竞技能力，但在比赛时教练员指挥不当，则很难发挥和表现；相反，临场指挥水平高，技战术运用得当，运动员也可能会超水平发挥取得良好成绩。

指导比赛是按照竞赛规则和比赛任务，根据本队运动员和比赛对手的现实情况，结合比赛的环境条件，制订好比赛预案，提前做好准备并在比赛中贯彻执行。其内容包括：赛前准备工作、赛期工作、临场指挥和赛后总结等。

（一）赛前的准备工作

赛前准备工作是顺利完成比赛任务的重要环节，主要包括对参赛队和主要对手以及比赛环境的调查分析和赛前训练。

教练员要注意收集有关资料，详细记录和进行统计处理，以获得准确的数据。掌握全面准确的信息，便于深入细致地进行分析研究，可作为有针对性地安排赛前训练的重要依据。

（1）对比赛对手的调查。可以通过现场观看比赛、观看比赛录像等直接的方法或调查访问、查阅资料等间接的方法，重点了解比赛对手最近的有关情况。主要包括以下六个方面：

对手的参赛级别、身高、年龄、身体素质、心理特征、技术特点、伤病情况、比赛经验、参加重大比赛的场次和取得的名次、成绩等；战术运用的特点；优势和薄弱环节；比赛作风和斗志；教练员的指挥特点；可能出现的变化方式。

（2）对本方运动员的分析。主要靠教练员平时积累的资料，结合运动员的身体条件、赛前机能状态、身体素质、心理素质、技术水平、比赛动机、比赛经验和应变能力等现状，进行全面的分析和综合比较。

（3）对比赛环境的调查。教练员要尽早了解比赛地的地理、气候、饮食、住宿、观众特点，以及有无时差等与比赛有关的环境条件，以便早做适应性准备。如条件许可，还应提前去实地考察，以获得准确的信息。

（4）了解裁判员的情况。每个裁判员都有自己的特点和习惯，在对比赛的判定上有一定的差异。因此教练员要事先了解裁判员的情况，以便恰当安排技术动作和战术配合等。

（二）赛前训练

赛前训练是为适应比赛，具有很强针对性的训练。赛前训练的主要任务是保持运动员的身体机能和素质水平，强化个人技术，解决薄弱环节，提高技战术质量，增强信心，以保证在比赛时达到最佳竞技状态。赛前训练要做好以下几方面的工作：

（1）合理安排训练内容。适当减少体能训练的比重，体能训练应以跆拳道专项素质为主，全面素质为辅，能起到维持和保证的作用即可。

技术训练要因人而异、区别对待，重点是加强薄弱环节的练习和个人特长技术的强化。加大战术训练比重，特别要根据个人实际情况有针对性地进行技战术演练。

（2）科学调整运动负荷。训练安排应符合跆拳道比赛特点，运动负荷应逐渐降低，保证强度，不宜过多延长训练时间。运动量的调整应使运动员平时训练积累的疲劳逐步得到恢复，并不再产生新的疲劳积累。

（3）密切结合比赛特点的练习方法和手段。一般采用以下方法：

① 在对抗条件下进行技战术训练：既可增加练习强度、实战性，又可提高应变能力。

② 增加模拟比赛对手的练习：选择与比赛对手相似的同伴，模拟其技战术打法特点，进行对抗性练习，提高赛前训练的针对性。

③ 模拟比赛环境条件的练习：为了提高对正式比赛环境的适应，还应模拟比赛日程、时间安排、场地条件、观众条件等来安排训练。如在较远的地区比赛，必须要考虑时差的调整。如时差在两个小时以上，就必须提前逐步调整运动员对时差的适应，如时差过大，甚至要安排白天休息、晚上训练。时差越大，调整的时期应越早。此外，也有时差虽然不大，但气候差异较大的情况，对此也应提前做好适应性准备。

④ 适当安排测验和教学比赛：安排测验，是使运动员适应“裁判”的有效方法。安排在公开条件下教学比赛，能使运动员适应“观众”。通过测验和教学比赛，可检查训练效果，及时发现问题和采取对策，在提高适应能力的同时，积累比赛经验与实战能力。

（4）重视心理状态的培养。越是重大的比赛，运动员的心理因素就越重要。良好的心理准备是比赛中技战术发挥的重要保证。心理状态的培养主要包括以下几个方面：

① 明确比赛任务，正确认识自己和比赛对手的实力，端正比赛动机，增强自信心。

② 培养运动员掌握一定的自我心理训练方法，提高心理过程的控制能力和自我调节能力，保持稳定积极的情绪，防止出现焦虑和紧张，主动排除一切干扰，将注意力集中在比赛的准备上。

③ 培养运动员勇于克服困难、顽强拼搏的意志品质。

④ 提高运动员的比赛欲望。

（5）加强生活管理和医务监督。赛前训练阶段，教练员要加强对运动员的休息、营养、卫生等方面的管理和医务监督，要保证运动员良好的健康状态和防止伤病的发生。

（三）赛期的指导工作

赛期工作是指从进入赛区到比赛全部结束期间的工作。在这个期间，教练员的主要任务是结合具体情况执行比赛方案，保证运动员顺利完成比赛任务。具体工作包括以下几个方面：

1. 做好思想工作

赛期应密切注意运动员的思想活动，针对队员不同情况，充分估计可能会出现的问题，深入细致地做好思想工作。还要教育运动员在整个比赛期间，遵守赛区的纪律和规章制度。

2. 进一步了解比赛对手

进入赛区后要通过观看训练和适应性的比赛活动，进一步了解参赛对手的最新情况。当正式比赛开始后，可以对主要对手在其比赛时的表现进行专门的统计，充分了解对手的具体情况、特长与弱点。

3. 制订比赛预案

详细周密的比赛预案是打好每场比赛的重要保证。主要包括个人技术、体力分配、个人战术的运用等，要充分估计比赛中可能出现的困难，制定应变措施。比赛预案确定后，应提前安排针对性训练，使运动员进一步熟悉和适应。

（四）临场指挥

临场指挥是教练员根据比赛方案，结合临场变化情况指导运动员灵活作战的过程。运动员场上表现的竞技能力，是包括教练员在内的本方整个训练工作的集中与综合反映。临场指挥是否得当，会直接影响比赛的胜负和运动员水平的发挥。

我们通常把教练员临场指挥能力称之为指挥艺术。所谓艺术，是指具有创造性的方式、方法。比赛中的各种客观现象虽具有一定规律性，但教练员在解决和处理临场问题时，还是取决于本人的主观认识和对客观环境的了解，以及个人处理问题的技巧及方式、方法。所以，教练员的临场指挥，不是一种统一、机械的活动模式，而是教练员主观能力的创造性发挥，并具有表演力和应变力等方面特征的实践活动。从这项实践活动的表现形式和其效果来讲，富有艺术创造的特点。

指挥艺术，作为教练员实施临场指导的重要特征，在其运用过程中特别是在指导的细节上，具有鲜明的个性特征。临场指挥应做好以下几点：

（1）做好赛前准备活动。赛前准备活动的任务是使运动员做好比赛的身体和心理准备。应安排运动员提前进入赛场，尽快适应比赛环境。身体活动可由教练员或运动员领做，也可让运动员自己按事先的要求去做，准备活动量要适中，时间不宜过长，达到以最佳身体状态进入比赛为宜。心理准备应采取措施对赛前冷漠、过度兴奋和紧张的运动员进行心理调整，以保持适度的兴奋状态为宜。

（2）比赛间歇时间的指导。跆拳道一场比赛分为 3 局，局间休息 1 分钟，教练员应事先做好准备，以简明扼要的语言，提出要求与具体措施。特别是在处于不利的情况下，应注意控制自己的情绪，不能激动和埋怨，以免给运动员造成心理压力，带来消极影响，比赛中的指导，应以鼓励为主。

（五）赛后总结工作

赛后总结分赛中各场次总结与全部比赛完毕的全面总结。每一场比赛后的及时总结，可对下一场的比赛起到明确方向、发挥优势、弥补不足、争取胜利的积极作用。这时的总结也可与下一场比赛前的准备会结合起来进行。全部比赛结束后的总结，应是综合性的，从成功的经验和失败的教训，找出本队的主要特长和弱点，客观评价前一阶段训练的效果，为下阶段的训练安排提供依据。

1. 总结的指导思想

总结要实事求是，主要以客观量化数据作为依据。对比赛的胜负评价要一分为二，特别是在比赛成绩好时要多找不足，在比赛成绩差时要充分肯定优点。重点应从主观方面多找问题，如比赛作风、技战术的运用与发挥、结合比赛对手实例进行分析。总结内容应全面，但重点要放在对今后的训练和比赛有指导意义的问题上。赛后总结针对性要强，防止流于形式。

2. 总结的主要内容

（1）比赛任务完成情况，是否达到预定的目标。

（2）比赛方案是否符合实际，贯彻执行得如何。

（3）教练员提出的要求、临场指挥是否得当。

（4）技战术运用的效果。

（5）运动员比赛作风、心理状态和技战术发挥情况。

（6）思想工作、后勤保证、医务监督等是否到位。

（7）主要收获和存在问题，改进的措施和下一阶段的设想等。

赛后总结时应注意表扬和鼓励有进步的运动员，对发挥不好的运动员要善意地指出其不足之处，对比赛作风和思想上出现问题的运动员，要开展批评与自我批评，进行教育和帮助。通过总结应使全队更加团结，更加具有凝聚力与斗志。

五、教练员对运动员（队）的教育管理

（一）教育管理工作的重要性

实践证明，科学选材、科学训练、科学的教育管理是影响一个运动队整体水平的三大要素。科学有效的教育管理，是顺利完成训练和比赛任务的重要保证，对培养和造就有道德、有理想、守纪律、训练比赛作风过硬的优秀运动员（队）有着重要作用，应充分重视。

运动员的成才，需要长期的培养过程，而他（她）们正处于生长发育过程中，身心发展变化最为显著的阶段，其思想、素质、技术、性格等各方面“可塑性”很强。此阶段由于各方面

的不稳定性，辨别是非的能力不强，易受外界社会环境因素影响。教练员应充分了解运动员身心发展变化的特点及个体情况，结合比赛的目标、任务、训练，采取科学的方法和手段，做好教育管理工作。

（二）教育管理的内容与任务

1. 加强思想教育

以积累渐进方式对运动员进行国情、形势和传统教育，培养他们的爱国主义和集体主义精神，逐步树立起正确的人生观和价值观，树立为发展竞技运动水平贡献自己力量的事业心和责任感。在训练和比赛中刻苦顽强、积极主动，心中怀有努力成为体育运动事业需要的优秀人才的远大理想。

2. 重视道德品质培养

跆拳道项目贯穿“以礼始，以礼终”的武德精神培养。加强精神文明教育，使运动员热爱生活、自觉遵守社会道德规范、积极参加有益的社会活动，做个正直诚实、尊敬他人、具有爱心、助人为乐、敢于向不良现象做斗争的人。特别是要注意培养其在比赛中尊重观众、尊重对手、尊重裁判和服从裁判的良好体育道德作风。

3. 树立良好的队风

教练员从建队开始就要重视抓好队风建设。个人作风是队风的基础，了解和掌握运动员思想活动的真实情况，有针对性地进行作风教育。要善于发现运动员的优点、特长和进步，注意保护运动员的自尊心和积极性；支持和鼓励运动员提出合理意见和要求；及时表扬好人好事；调动一切积极因素，增强集体荣誉感，树立正气。对不良作风和行为，要及时批评制止，形成积极向上、勇于拼搏的优良队风。

4. 加强组织纪律性教育

严明的纪律是完成各项工作任务的重要保证。要教育运动员增强组织观念，提高遵守纪律的自觉性。对于违反纪律的运动员，以批评和自我批评的方式，耐心细致地做好说服教育工作。要使全体队员认识到纪律的严肃性和重要性，达到教育的目的。

5. 加强生活制度管理，合理安排业余生活

除学习和训练外，充裕的业余生活时间，良好的生活习惯和丰富的业余活动，可为青少年运动员健康成长提供宽松条件。合理安排与制定生活管理制度（作息、请假、卫生、文明礼貌等），使其自觉养成良好的生活习惯。

业余生活的安排，应采取有组织地安排和个人自由安排相结合的方式进行。引导运动员参加健康有益的娱乐活动，如看电影、听音乐、欣赏绘画、书法、读书、棋牌及游戏活动等，活动中加强与运动员之间的情感交流。合理的安排与引导可使个人兴趣得到满足，身心放松的同时，又能在丰富多彩的活动中陶冶情操。对一些有害于运动员身心健康的活动要采取适当的方式严格禁止。

6. 抓好文化学习管理

青少年运动员正处在增长知识的重要阶段，文化学习对运动员的一生都有重大影响，对于运动成绩的提高也有重要作用。教练员在抓好训练的同时，要经常与家长和文化课教师保持联系，了解与督促运动员的文化学习。同时，应对青少年运动员进行一定的生理、心理知识教育，使运动员了解必要的科学知识，正确对待和处理自己青春发育期中遇到的各种问题。

（三）教育管理工作的基本方法和措施

（1）建立学习制度，有计划地安排运动员的理论学习，根据形势需要安排必要的辅导报告和专题讲座，请模范先进人物作报告或组织参观学习；向运动员推荐有教育意义的书籍和文章，定期组织讨论，要求写出心得体会。

（2）建立评比优秀运动员制度和其他评选先进的制度，开展各种竞优评选活动，对训练、学习和工作成绩突出的运动员给予必要的精神鼓励和物质奖励。培养一批先进的骨干力量，起到模范带头作用。

（3）积极调动社会、家庭和学校等方面的力量，发挥作用，协同对运动员进行教育。

（4）加强法制教育和制度管理，严格按规章制度办事。执行纪律时对运动员要一视同仁、公平、公正、赏罚分明。

（5）充分发扬民主，加强监督。创造条件让运动员参与管理，定期评议，对全队工作起到监督作用。

（四）做好教育管理工作对教练员的要求

1. 高度认识思想教育工作的重要性

教练员应充分认识抓思想教育工作的重要性。只有做到抓思想工作与抓训练同步，才能保证训练按要求顺利进行。

2. 掌握科学教育管理的专门知识

教育管理工作是一门科学，教练员应注意学习教育学、心理学、管理学、社会学、行为科学等有关知识，不断研究和改进教育管理的工作方法，提高教育管理工作能力。

3. 正确处理与运动员的关系

做好教育管理工作，既要严格要求、大胆管理，又要关心和爱护运动员，热心帮助他们解决思想、生活、学习和训练中的困难。要与运动员之间建立相互尊重、信任和平等的人际关系，成为运动员的良师益友。

4. 以身作则、言传身教

身教胜于言教，教练员首先要严于律己，处处以身作则，为人师表，在各方面成为运动员的表率。这样，才能真正提高教育管理的实际效果。

思考与作业

1. 简述跆拳道训练的概念。
2. 跆拳道训练原则有哪些？贯彻这些原则应注意哪些问题？
3. 跆拳道技术的训练方法主要有哪些？如何应用？
4. 跆拳道战术的训练方法主要有哪些？如何应用？
5. 说明心理和智能训练在跆拳道训练中的重要性。
6. 跆拳道智能训练应包括哪些内容？
7. 编写跆拳道训练课教案一份（内容为针对青年运动员体能训练）。
8. 合格的跆拳道教练员应该具备哪些素质？

6

第六章 跆拳道竞赛

跆拳道竞赛是检验教学训练效果、激发学生和运动员兴趣、提高运动技术水平的重要手段。跆拳道竞赛包括锦标赛、冠军赛、精英赛、段位赛、大奖赛、巡回赛、邀请赛、对抗赛、交流赛以及俱乐部、道馆学校之间的各类形式和规模的比赛。本章介绍跆拳道竞赛的组织、跆拳道竞赛技术官员及职责、跆拳道竞赛的编排工作、跆拳道竞赛所需物品、跆拳道竞赛规则与裁判法的主要内容、裁判手势与口令等。

通过对本章内容的学习，可以全面了解跆拳道竞赛常识，获得组织竞赛、担任技术官员的相关知识。

第一节　跆拳道竞赛的组织

跆拳道竞赛组织工作包括赛前、赛中和赛后三个部分。

一、赛前的准备工作

赛前做好计划和预案，为比赛做好充分准备，是比赛顺利进行的基础。

（一）成立组织机构

根据比赛性质和规模，成立竞赛组织委员会，负责赛前的各种准备工作。组委会主要由竞赛组、裁判组、后勤保障组、宣传组、保卫组等组成。具体工作有确定比赛名称、地点、比赛规模（参加单位与人数），做好经费预算，筹集经费等。

（二）制定竞赛规程

竞赛规程是竞赛的指导性文件，由主办单位根据竞赛目的、任务、性质、规模等具体情况制定。竞赛规程一般应在赛前三个月发出，以确保参赛各队有充分的准备时间。

竞赛规程主要包括竞赛日期和地点、参加单位及资格、竞赛项目、参加办法、竞赛方法、录取名次及奖励、报名及报到日期和地点、参赛经费、技术官员以及裁判人员选派方法等。

（三）其他具体准备工作

根据组委会分工，相应的部门开始进入工作状态，在运动队和技术官员到达赛场前，要做好后勤保障工作（包括接待、交通、票务、车辆、安保、食宿、医务），赛事准备工作（包括赛程编排、秩序册印刷、护具、体重秤、电子计时记分系统、成绩处理系统、录像审议系统、竞赛器材准备、运动队训练场地、比赛需要的表格）等的落实。

组委会要派专门人员进行检查，工作人员要及时向相关部门反馈工作进展情况，确保准备工作的顺利完成。

（四）安排赛程和竞赛日程

在安全顺利的原则指导下，根据赛会比赛时间规定、项目级别多少、各级别参赛人数，科学合理地安排赛程。不论参赛人数多少，同一级别的所有比赛原则上应在一天内结束。根据场地和运动员人数，应该保证运动员在两场比赛之间有时间恢复体力，同时考虑保证竞赛进程和竞赛效果。根据比赛规模和重要程度相应做好开幕式、颁奖仪式和闭幕式安排。

（五）编制与下发秩序册

《秩序册》在报名截止日期后开始编制。要经专门人员反复核实，保证准确无误和印刷美观。主要内容包括贺词（可不设）、竞赛规程、组委会及组织机构名单、技术代表、竞赛监督委员会名单、仲裁委员会名单、裁判组名单、各代表队名单、大会活动及竞赛日程、参赛人员统计及其有关内容。参赛队报到时下发各队伍。

（六）组织领队、教练员、裁判员联席会

赛前一天，运动队报到后召开领队、教练员和裁判员联席会议，向各参赛队提出大会要求和有关规定，最后确认参赛队伍和参赛运动员名单，通报有关情况，就各队提出的问题交换意见。

（七）裁判员、教练员等赛前培训

竞赛规则如有变动，一般由主办单位跆拳道协会裁判委员会于赛前举办裁判员、教练员学习班组织学习。

大会指定裁判员须提前报到，进行赛前培训、实习及服装准备等工作。技术代表和裁判长负责检查比赛场地等，发现问题及时处理。

引导员和颁奖礼仪小姐要由专业人员培训。

二、竞赛期间的工作

（一）技术官员按照岗位和职责工作

仲裁组、录像审议组、裁判组、编排记录组按照要求进行工作，按照公平公正原则和裁判规则规定执裁，及时记录和公布比赛成绩。按照规定时间组织第二天比赛队员称重，并记录上交编排记录组备案，将不合格队员的比赛资格取消。各部门要在每单元比赛任务结束后进行总结，不断提高工作质量。

场次器材组、医务组、安保组、宣传组要及时到位，认真负责，确保比赛顺利进行。

颁奖组认真组织好每天赛后的颁奖仪式。

相关人员要做好赛会体育道德风尚奖、最佳技术奖、优秀裁判员等的评定工作。

（二）临场裁判员的工作程序与步骤

1. 裁判员工作步骤

（1）赛前。裁判员要认真学习竞赛规则、规程和裁判法；熟悉竞赛程序；认真准备比赛场地、设备、表格、用具、服装等；在身体和心理上做好工作准备。

（2）赛中。裁判员各就其位，各司其职，在比赛期间高度集中注意力，排除一切外界干扰，全力保证比赛公正顺利进行。

（3）赛后。每场、每节比赛及整个竞赛结束后及时总结经验教训，不断提高执裁水平。赛事活动结束后，写出裁判工作书面总结，上交有关部门。

2. 裁判员进场与退场

（1）进场。每节或每场比赛开始前，临场裁判组按位置顺序列队入场，要求按规定着装，步伐整齐，精神面貌好。到达各自位置后，听主裁判口令，相互行礼，各就其位。

主、副裁判轮换时，主裁判行至副裁判面前，行礼后换位。

（2）退场。临场裁判员全体起立，互相行礼，顺序列队退场。

三、竞赛结束期工作

竞赛结束期要统计打印比赛成绩上交裁判长宣读，保存比赛记录材料，组织闭幕式，印发成绩册，做好赛会的总结工作，及参赛队伍和工作人员离会的相关工作。

第二节　跆拳道竞赛技术官员及职责

跆拳道比赛技术官员包括赛风赛纪督察组、技术代表、竞赛监督委员会、审议委员和裁判员等。

一、赛风赛纪督察组

各类跆拳道竞赛可根据需要设立赛风赛纪督察组，成员由若干具有行政管理、跆拳道竞赛和裁判专业背景的资深人士组成。其职责为监督和检查各项竞赛及赛风赛纪工作、依据《跆拳道竞赛纪律处罚办法》等文件对违背有关规定和体育道德的当事人、运动队进行处罚。

二、技术代表

中国跆协主办的全国性比赛，技术代表由中国跆协技术委员会推荐，中国跆协秘书长任命。技术代表的职责为全面指导、监督竞赛和裁判工作，同时履行竞赛监督委员的职责。技术代表在与竞赛监督委员会进行磋商后，有权利对比赛和所有技术事宜作出最终裁决。如出现竞赛规则中没有描述的问题，技术代表有最终决定权。如有必要，技术代表可以在比赛中要求主裁判员以召集合议等形式处理问题。

三、竞赛监督委员会

竞赛监督委员会成员须由具备丰富的跆拳道竞赛经验和裁判知识的资深人士担任。各类跆拳道竞赛须设立竞赛监督委员会，由若干委员组成并行使职责。其职责为协助技术代表处理竞赛事宜和技术问题，并确保竞赛的顺利进行；受理、审议、裁决运动队的申诉；对审议委员和裁判员的表现进行评估；在比赛中处理竞赛管理和处罚问题。

四、审议委员

审议委员须由国际级裁判员或资深的国家级裁判员担任。每块比赛场地设 1 名审议委员和 1 名审议委员助理；审议委员与场上运动员属同一单位或有连带关系时须回避；审议委员应在 1 分钟内对即时录像进行审议，并告知主裁判员审议结果。

五、裁判员及相关人员

裁判员需要达到以下条件要求：在中国跆协登记注册有效，同时属于中国跆协个人会员，持有中国跆协或世跆联颁发的有效裁判员资格证书；参加由中国跆协定期组织举办的裁判员培训班并通过考核；裁判员须穿着中国跆协指定的裁判员服装，禁止携带妨碍比赛的物品。

配备与岗位设置：使用普通护具时，一般须设1名主裁判员和4名边裁判员；使用电子感应护具时，一般须设1名主裁判员和3名边裁判员；主裁判员或边裁判员与场上运动员属同一单位或有连带关系时须回避。

裁判员及其相关人员的职责：

（一）主裁判员

主裁判员依据本规则的规定，掌握和控制整场比赛，确保比赛安全、公正、精彩；比赛过程中根据场上情况即时发出“开始”“分开”“暂停”“继续”“计时”“扣分”“警告”“结束”等口令，并判定胜负。

主裁判员上场前要做好热身活动，并保证着装与仪表整洁，不得携带可能对选手有伤害的物品（手表、金属物等）。集中注意力，排除干扰。口令与手势要及时、准确、清晰，尽量减少比赛的中断，不要做不必要的、多余的手势。与两名运动员保持三角形的位置关系，以便观察判断并及时控制比赛。

（二）边裁判员

边裁判员即时记分；对“优势判定”进行独立评判；如实回答主裁判员的问询；及时提醒主裁判员对比赛中出现的明显计分错误进行合议。

（三）技术助理（TA）

在比赛进行过程中，技术助理须时刻关注显示屏幕的得分，警告判罚和时间显示是否正确，如出现问题，及时通知主裁判员；与系统操作员或记录员保持沟通，及时通知主裁判员暂停或继续比赛；填写比赛记录表，内容包括所有的比分，判罚和录像审议结果。

（四）编排记录长

编排记录长协助技术代表做好赛前准备工作，负责编排记录组的工作，审查运动员报名表，参与编制秩序册；处理运动员弃权、变更，抽签组织，编排场地、场次等事宜并向裁判组通报情况；准备各种竞赛表格并发送有关裁判组；负责核实、登记并及时公布比赛成绩；将下阶段比赛秩序及时通报有关部门；及时将各级别比赛结果经核实无误后送交技术代表；整理资料，编写成绩册，协助组委会及时印制竞赛成绩册。

（五）记录员

记录员负责比赛暂停、休息计时；按照主裁判员的指令记录并公布加、减分；记录比赛结果和获胜方式；公布分数和犯规判罚。

（六）检录长

检录长负责检录组的各项工作，保证比赛顺利进行。根据赛程安排，指挥检录员按时点名，认真检查参赛运动员着装是否符合规定；负责发放、回收护具；处理运动员弃权问题，及时通报有关裁判组；协助大会做好开幕式、发奖、闭幕式等项工作；检录员根据检录长的安排，完成检录组的工作。

（七）电子裁判

电子裁判根据规则和规程要求，操作电子计时记分设备，保证设备运转正常。

（八）宣告员

宣告员熟悉跆拳道竞赛规则及跆拳道运动知识，具有一定语言表达能力。适时介绍跆拳道比赛基本知识及竞赛特点，适当介绍运动员及运动队基本情况；介绍赛会概况，宣布竞赛开始、结束、级别场次，介绍临场裁判、双方运动员。

六、医务监督

赛事组委会医生应在运动员受伤时对其进行及时治疗、抢救；协助主裁判员对运动员的“伪装受伤”“击倒”等情况进行及时判断；协助裁判员对运动员进行赛前检查。

第三节　跆拳道竞赛的编排工作

一、编排任务、原则、工作程序、竞赛表格

（一）任务

根据竞赛规程确定比赛对阵和比赛场次顺序，使比赛圆满顺利进行。

（二）原则

（1）掌握竞赛规程精神，细致安排竞赛日程和场次。

（2）不论参赛人数多少，同一级别的所有比赛在同一天内结束。

（3）安排场次的原则是有利于运动员的安全、体力恢复、竞赛进程和比赛精彩。

（三）工作的程序

根据各参赛单位参加人数、竞赛组别，做好汇总表，按照组委会日程进行编排。

（1）编排时首先审查名单，检查各队人数、级别、年龄等是否符合规程规定。

（2）根据编排原则排出初稿，送竞赛组织领导和组织委员会审核。

（3）抽签前各级别校对名单，纠正出错和遗漏等，然后按组别、级别进行电脑抽签或者人工抽签。

（4）根据编排原则进行场次编排。

（5）打印复印，分发到各参赛队。

（6）根据胜负来确定下一轮比赛对手，及时产生下一轮对阵表，通知检录处做好下一轮比赛的准备工作，使比赛顺利进行。

① 使用电子计时计分器同成绩处理系统连接的情况下，计算机成绩处理系统会自动产生下一轮对阵，及时打印对阵表，比赛结束后能及时统计各级别名次、各单位奖牌以及团体总分等。

② 未使用该系统，则根据规则要求尽快做出下一轮对阵表，使比赛顺利进行，赛事结束后统计好各级别名次、团体总分等，确保颁奖等工作的顺利进行。

（四）编印竞赛表格

赛前复印好各种竞赛表格，主要有：比赛记录表、优势判定卡、副裁判计分表、申诉表及申诉判定表、录像审议记录表等。

二、编排方法

（一）单败淘汰赛制的编排

单败淘汰是跆拳道比赛常用的赛制。比赛编排的顺序和方法如下：

1. 总场次 = 总人数 - 总级别

2. 总时间 = 男子比赛总时间 + 女子比赛总时间

（1）男子比赛总时间 = 总场 × 单场（2 分钟 ×3 局 +2 分钟）

（2）女子比赛总时间 = 总场 × 单场（2 分钟 ×3 局 +2 分钟）

3. 根据以上时间确定单元比赛场次数和比赛天数，确定竞赛日程表

4. 抽签前校对名单、抽签（电脑自动、人工）

（1）准备抽签用品（电脑、抽签箱、乒乓球等）。

（2）电脑自动产生对阵表，人工画出对阵表。

比赛运动员位号的计算与确定方法为：最外层签号之和 $=2^n+1$，n 代表轮次，2 和 1 为常数，比赛时轮次是反过来从高轮次向低轮次进行（图 6-3-1）。

（3）场次的编排：根据当天比赛级别统一编排场次顺序。图 6-3-2 和图 6-3-3 是以两个级别 1 块场地比赛为例的单败淘汰场次编排方法。

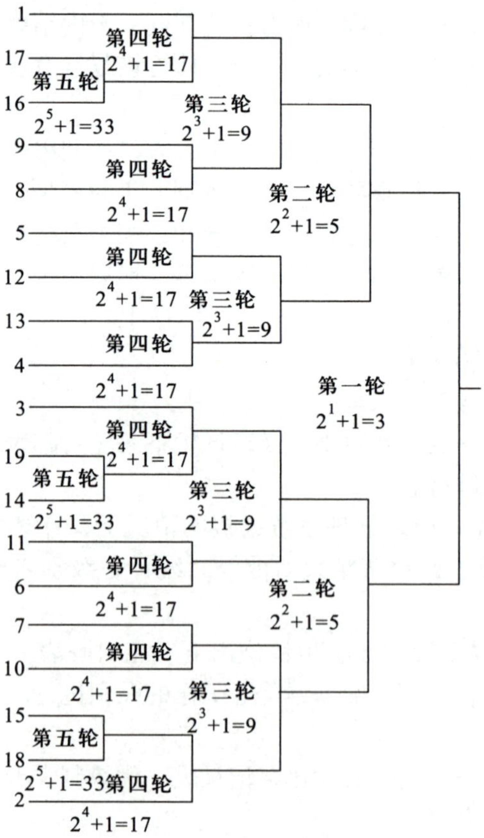

图 6-3-1　比赛位号及轮次表

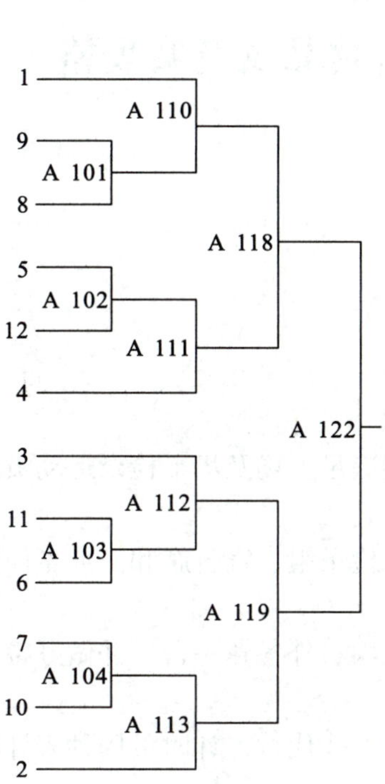

图 6-3-2　场次编排 2-1

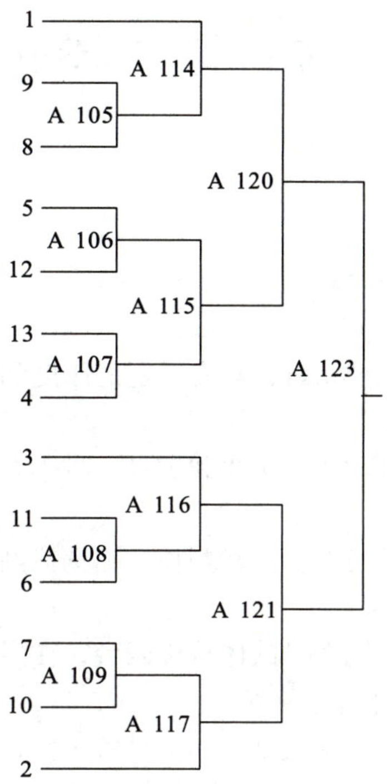

图 6-3-3　场次编排 2-2

（二）循环赛制的编排（图 6-3-4）

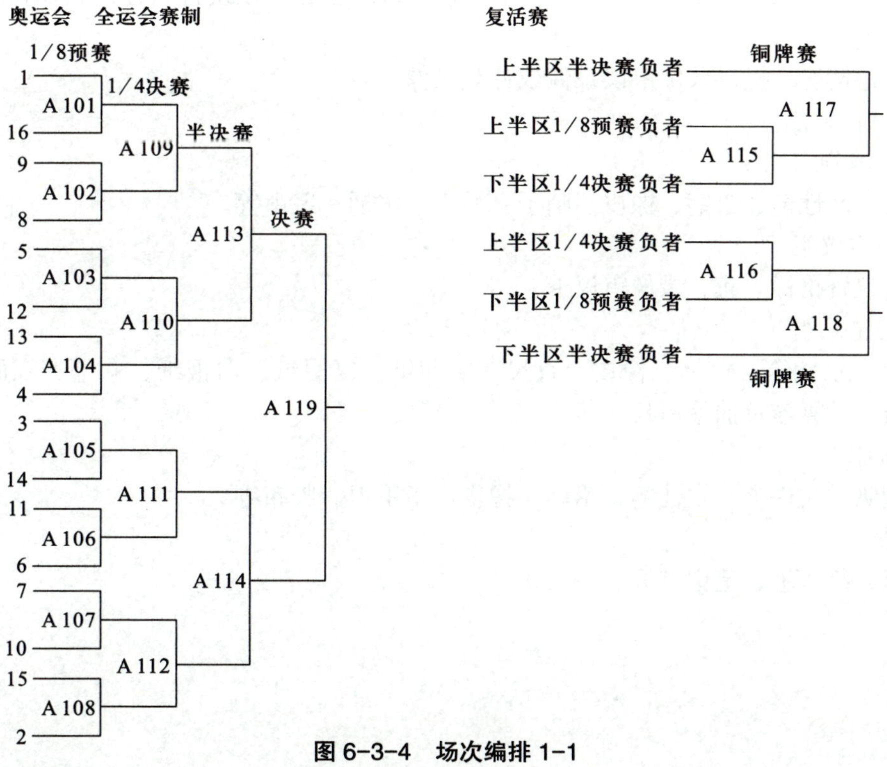

图 6-3-4　场次编排 1-1

第四节 跆拳道竞赛所需物品及竞赛表格

一、竞赛所需物品

（一）主要器材

1. 比赛垫子

经中国跆协认可，具有一定的厚度和弹性。

2. 护具

分青、红两色的头盔和护身，号码齐全，数量能满足上场及场下检录运动员的需要。

3. 桌椅

供仲裁委员会、总裁判长、临场裁判、记录组、检录组、宣告席和医务席使用。

4. 体重称

标准的相同型号的体重称四台，在男、女称重室内、外各备一台，并做好备用准备。

5. 电子计时记分牌

须由中国跆协监制。如不具备条件，可采取手工方式代替，计时员用秒表计时，副裁判员用记分表手工记分，手翻牌报告成绩。

6. 复印机或速印机

7. 计算机和打印机

用于秩序编排和比赛成绩处理，产生对阵表和成绩公告，以及打印各种竞赛表格等。

8. 摄像机

根据场地情况，提供录像审议录像或仲裁录像。

（二）其他物品

1. 临场裁判组

文件夹、水性笔、铅笔、橡皮、哨子、秒表、水桶、毛巾等。

2. 录像审议组

录像审议资格标志旗、录像审议卡

3. 编排记录组

文件夹、水性笔、铅笔、橡皮、直尺、复印纸、复写纸、白报纸、彩笔、双面胶、裁纸刀、公文袋、计算器及抽签用具。

4. 检录组

手提喇叭、文件夹、水性笔、铅笔、橡皮、指甲刀、胶布等。

5. 宣告员

麦克风、纸、笔、笔记本等。

二、竞赛常用表格

（一）竞赛报名表（表 6-4-1）

由主办单位发出比赛通知，内容包括比赛名称、时间、地点、所设项目、级别、年龄、段位限制及其他要求。参赛单位接到通知后在规定时间将报名表一式两份送主办单位和承办单位。

（二）比赛记录表（表 6-4-2）

记录员填写比赛的级别、场次，根据边裁判员的计分情况（电子计分或计分表）记录每局的双方得分、扣分、警告和确定获胜方等，由技术助理（TA）或记录员填写，记录组进行成绩统计。

（三）边裁判计分表（表 6-4-3）

在不具备电子计分设备时，每个副裁判均用计分表记录，比赛结束后将计分表交记录员记录比赛结果。

（四）申诉申请表（表 6-4-4）

如果参赛队伍对比赛判定有异议时，须在本场比赛结束后十分钟内填写申诉表（领队、教练签字），提交仲裁委员会，并按照规定交纳申诉费用。

（五）申诉判定表（表 6-4-5）

经仲裁委员会审定，给出运动队提出申诉的审议结果，并通报双方队伍，同时大会通告。

（六）录像审议记录表（表 6-4-6）

（七）优势判定记录表（表 6-4-7）

表 6-4-1　跆拳道竞赛报名表

单位：　　　　　　　　　　领队：　　　　　　　　　　教练：
联系人：　　　　　　　　　电话：　　　　　　　　　　传真：
通迅地址：　　　　　　　　　　　　　　　　　　　　　邮编：

序号	级别	姓名	性别	出生年月	段位	注册单位	注册号	备注

表 6-4-2　比赛记录表

体重级别：　　　　　　　　日期：　　　　　　　　　　比赛场次：

青　方				红　方		
警告	扣分	得分	局数	得分	扣分	警告
			1			

续表

青　方				红　方		
警告	扣分	得分	局数	得分	扣分	警告
			2			
			3			
			4			
			总分			
			胜负			

K. O 胜	R. S. C 胜	比分胜	分差胜	优势判定胜	弃权胜	失格胜	犯规胜

签字：

表 6-4-3　边裁判计分表（手计分使用）

体重级别：　　　　　　　　　　日期：　　　　　　　　　　比赛场次：

青　方				红　方		
警告	扣分	得分	局数	得分	扣分	警告

签字：

表 6-4-4　申诉申请表

申诉队		比赛级别		比赛时间	
双方运动员	青方		红方		

申诉理由：（时间、地点、内容）

教练员、领队签字：

年　月　日

表 6-4-5　申诉判定表

<table>
<tr><td>申诉队</td><td></td><td>比赛级别</td><td colspan="2"></td><td>比赛时间</td><td></td></tr>
<tr><td>双方运动员</td><td>青方</td><td colspan="2"></td><td>红方</td><td colspan="2"></td></tr>
<tr><td colspan="7">仲裁委员会判定结果：

仲裁主任签字：

双方运动队领队（教练）签字：
年　月　日</td></tr>
</table>

签字：

表 6-4-6　录像审议记录单

<table>
<tr><td>日期</td><td></td><td>场次</td><td colspan="2"></td><td colspan="2">级别</td><td></td></tr>
<tr><td>青方队</td><td colspan="2"></td><td colspan="2">运动员姓名</td><td colspan="3"></td></tr>
<tr><td>红方队</td><td colspan="2"></td><td colspan="2">运动员姓名</td><td colspan="3"></td></tr>
<tr><td rowspan="2">临场裁判员</td><td>主裁判员</td><td>1 号边裁判员</td><td colspan="2">2 号边裁判员</td><td colspan="3">3 号边裁判员</td></tr>
<tr><td></td><td></td><td colspan="2"></td><td colspan="3"></td></tr>
<tr><td rowspan="2">申请方</td><td>青方　□</td><td rowspan="2">发生时间</td><td>第一局□</td><td>第二局□</td><td>第三局□</td><td colspan="2">第四局□</td></tr>
<tr><td>红方　□</td><td>分 /min.
秒 /sec.</td><td>分 /min.
秒 /sec.</td><td>分 /min.
秒 /sec.</td><td colspan="2">分 /min.
秒 /sec.</td></tr>
<tr><td rowspan="2">审议内容</td><td rowspan="2"></td><td rowspan="2">审议结果</td><td colspan="2">维持原判罚　□</td><td colspan="3">备注</td></tr>
<tr><td colspan="2">更改原判罚　□</td><td colspan="3"></td></tr>
<tr><td colspan="8">审议委员签字：________________
仲裁委员签字：________________
技术代表签字：________________
……………………………………………………
注：1. 请在对应内容的□处打“√”。
2. 此表由仲裁委员填写。</td></tr>
</table>

表 6-4-7　优势判定记录表（卡）

青　方	局	红　方
（A） （NT） （AT） （M）	第 4 局	（A） （NT） （AT） （M）

（A）-- 主动性、攻击性　（NT）- 技术动作数量

（AT）- 高难度动作数量　（M）-- 态度及表现

日　期：　　　　　　场　次：　　　　　　裁判签字：

第五节　跆拳道竞赛规则的主要内容

一、跆拳道竞赛规则的要点

（一）比赛场地

比赛场地为水平、无障碍物、八边形的场地（图 6-5-1）。边界线以外需铺设软垫，保护运动员的安全。

比赛场地应铺设有弹性的、平整的、经中国跆协监制或指定的专用比赛垫。必要时，比赛场地可根据实际需要置于一定高度的平台上。为保证运动员的安全，比赛场地边界线外应有与地面夹角小于 30° 的斜坡。

检查（检录）台位置：检查（检录）台应位于比赛场地入口处附近，检查运动员的比赛护具。

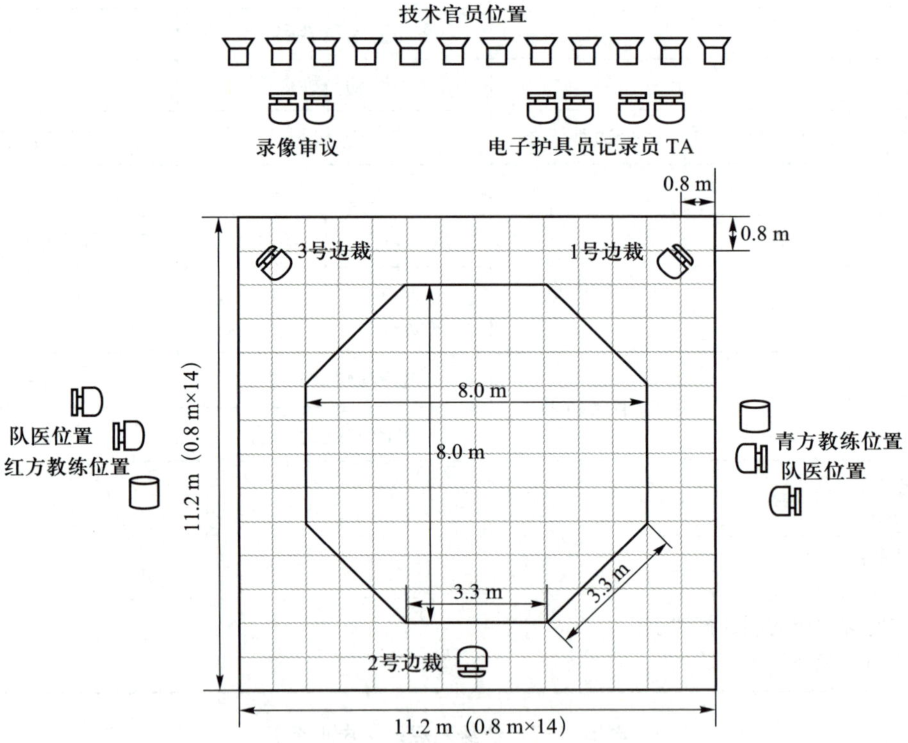

图 6-5-1

（二）运动员

1. 运动员的资格

当年在协会注册的会员，年龄、段位和级位符合要求。

2. 比赛服装和护具

佩戴好护身、头盔、护裆、护臂、护腿、护齿、护手后进入比赛区，其中护裆、护臂、护腿应戴在道服内。除了头盔，头部不得佩戴其他物品。

3. 药物控制

禁止使用被国际奥委会禁用的药品。中国跆协在认为需要时可进行药检，以确认运动员是否违反规定，任何拒绝药检或经药检证明触犯有关规定者，将取消其比赛成绩，并将比赛成绩按顺序递补给其后的运动员。

（三）体重级别

1. 体重分为男、女级别

2. 体重分级

（1）成年组（表 6–5–1）。

表 6–5–1　成年组体重级别

级别（国际标准名称）	男子	女子
Fin（鳍量级）	54 kg 以下	46 kg 以下
Fly（蝇量级）	54 kg～58 kg	46 kg～49 kg
Bantam（雏量级）	58 kg～63 kg	49 kg～53 kg
Feather（羽量级）	63 kg～68 kg	53 kg～57 kg
Light（轻量级）	68 kg～74 kg	57 kg～62 kg
Welter（次中量级）	74 kg～80 kg	62 kg～67 kg
Middle（中量级）	80 kg～87 kg	67 kg～73 kg
Heavy（重量级）	87 kg 以上	73 kg 以上

（2）奥运会、全运会级别（表 6–5–2）。

表 6–5–2　奥运会、全运会体重级别

男子	女子
58 kg 以下	49 kg 以下
58 kg～68 kg	49 kg～57 kg
68 kg～80 kg	57 kg～67 kg
80 kg 以上	67 kg 以上

（3）青年奥运会级别（表 6–5–3）。

表 6–5–3　青年奥运会体重级别

男子	女子
48 kg 以下	44 kg 以下
48 kg～55 kg	44 kg～49 kg
55 kg～63 kg	49 kg～55 kg
63 kg～73 kg	55 kg～63 kg
73 kg 以上	63 kg 以上

（4）世界青年锦标赛、全国青年锦标赛体重级别（表 6-5-4）。

表 6-5-4 青年赛体重级别

级别（国际标准名称）	男子	女子
Fin（鳍量级）	45 kg 以下	42 kg 以下
Fly（蝇量级）	45 kg~48 kg	42 kg~44 kg
Bantam（雏量级）	48 kg~51 kg	44 kg~46 kg
Feather（羽量级）	51 kg~55 kg	46 kg~49 kg
Light（轻量级）	55 kg~59 kg	49 kg~52 kg
Welter（次中量级）	59 kg~63 kg	52 kg~55 kg
Light Middle（轻中量级）	63 kg~68 kg	55 kg~59 kg
Middle（中量级）	68 kg~73 kg	59 kg~63 kg
Light Heavy（轻重量级）	73 kg~78 kg	63 kg~68 kg
Heavy（重量级）	78 kg 以上	68 kg 以上

注：青少年比赛的级别设置，在保证安全的基础上，也可由组委会根据实际情况确定

（四）比赛的种类和方法

1. 比赛种类

（1）个人赛。个人赛一般在同级别体重的运动员之间进行；必要时，可把相邻两个级别合并产生一个新的级别；任何运动员在一次赛事中只允许参加 1 个级别的比赛。

（2）团体赛。

① 按体重级别进行 5 人制团体赛（表 6-5-5）。

表 6-5-5 团体赛体重级别

男子	女子
54 kg 以下	47 kg 以下
54 kg~63 kg	47 kg~54 kg
63 kg~72 kg	54 kg~61 kg
72 kg~82 kg	61 kg~68 kg
82 kg 以上	68 kg 以上

② 按体重级别进行 8 人制团体赛。

③ 按体重级别进行 4 人制团体赛（将 8 个体重级别中相邻两个级别合并成为 4 个级别）。

2. 比赛方式

（1）单败淘汰赛。

（2）复活赛。

（3）循环赛或其他赛制。

（五）比赛时间

每场比赛为 3 局，每局比赛 2 分钟，局间休息 1 分钟。青少年比赛时间可根据情况适当调整。

（六）称量体重

（1）称重方式有两种，一种是各级别在比赛当日的前一天称重，一种是所有级别于第一比赛日前一天称重。

（2）称重时，男运动员着内裤，女运动员着内裤、胸罩，如运动员要求，也允许裸称体重。

（3）称重一次完成，第一次称重不合格时，在规定时间内有一次补称机会。

（4）为了避免称重不合格，组委会应提供一个与正式体重秤相同的体重秤（误差不得超过 0.1 公斤），放在运动员驻地或比赛馆供试称。

（七）比赛程序

1. 点名

该场比赛开始前三分钟点名三次，比赛开始后一分钟仍未到场者，按自动弃权论。

2. 身体与服装检查

点名后，运动员必须接受身体、服装和护具检查，不得携带任何可能给对方运动员造成伤害的物品，运动员不得有任何不服从裁判员检查的表示。

3. 入场

检查合格后，运动员和一名教练员进入比赛场地指定位置。

4. 开始和结束

每局比赛由主裁判员发出“开始”（Shi-jak）口令即开始，主裁判员发出“停”（Keu-man）口令结束。即使主裁判员没有发出“停”（Keu-man）口令，比赛仍将按照规定结束的时间结束。

5. 比赛开始前及结束后的程序

（1）双方相向站立，听到主裁判员发出“立正”（Cha-ryeot）和“敬礼”（Kyeong-rye）的口令和手势时互相敬礼。

（2）主裁判员发出“准备”（Joon-bi）和“开始”（Shi-jak）口令开始比赛。

（3）最后一局结束后，运动员相向站在各自指定位置，主裁判员发出“立正”（Cha-ryeot）和“敬礼”（Kyeong-rye）口令时相互敬礼，之后等待主裁判员宣布判定。

（4）主裁判员举起自己的一侧手臂，宣布同侧方运动员获胜。

（5）运动员退场。

6. 团体赛程序

（1）两个参赛队的所有运动员在运动员位置相向站立，按边界线方向顺序排列。

（2）比赛开始前和结束后的程序按相关规定进行。

（3）双方运动员需到比赛场外指定位置等待每场比赛。

（4）比赛全部结束后，双方队员进场相向列队站立。

（5）主裁判员举起自己的一侧手臂，宣布同侧方参赛队获胜。

（八）允许的技术和攻击的部位

1. 允许的技术

（1）拳的技术。使用直拳技术攻击。

（2）脚的技术。使用踝骨以下脚的部位攻击。

2. 允许被攻击的部位

（1）躯干。允许使用拳和脚的技术攻击躯干被护具包裹的部分，但禁止攻击后背脊柱。

（2）头部。锁骨以上的部位，只允许使用脚的技术攻击。

（九）有效得分

1. 有效得分部位

（1）躯干中部。被护具包裹的躯干部位。

（2）头部。头盔下沿线以上的所有头部部分。

2. 得分的概念

使用允许的技术，准确、有力地击中躯干得分部位时得分；使用允许的技术，准确地击中头部得分部位时得分（脚部的任何部位接触到对方运动员头部，均被视为得分）。

3. 分值

（1）击中躯干计 1 分。

（2）旋转踢技术击中躯干计 3 分。

（3）击中头部得 3 分。

（4）旋转踢技术击中头部得 4 分。

（5）对手被主裁判员读秒的情况下不追加分。

4. 一方运动员被判 2 次“警告”或 1 次“扣分”，另一方运动员得 1 分

5. 比分为 3 局比赛得分的总和

6. 得分无效

使用禁止的动作攻击或在攻击前有犯规行为，得分无效。

（十）计分和公布

1. 有效得分应立即计分并显示

2. 未使用电子感应护具时，由边裁判员用电子计分器或计分表记录得分

3. 使用电子感应护具

（1）躯干部位的有效得分，由电子护具中的感应器自动计分。

（2）头部有效得分，由边裁判员用电子计分器或计分表记录得分。

4. 用电子计分器或计分表记分时，必须有 2 名或 2 名以上的边裁判员计分方为有效

（十一）犯规行为

1. 任何犯规行为由主裁判员判罚。

2. 处罚分为“警告”（Kyong-go）和“扣分”（Gam-jeom）。

3. 两次警告给对方运动员加 1 分，警告次数为奇数时，最后一次不计。

4. 一次“扣分”给对方运动员加 1 分。

5. 犯规行为

（1）判罚“警告”的犯规行为。

① 双脚越出边界线。

② 倒地。

③ 逃避或拖延比赛。

④ 抓、搂抱或推对方运动员。

⑤ 提膝阻挡或者妨碍对方运动员进攻，或提膝超过3秒并无任何进攻技术以阻碍对方运动员进攻。

⑥ 踢击对方运动员腰以下部位。

⑦ 在“Kal-yeo”（分开）后继续进攻对方运动员。

⑧ 用手击打对方运动员头部。

⑨ 用膝部顶撞对方运动员。

⑩ 进攻倒地的运动员。

⑪ 教练员或运动员有不良言行。

（2）判罚“扣分”的犯规行为。

① 不遵从主裁判员的指令和决定。

② 对技术官员的决定进行不恰当的抗议或指责。

③ 对比赛结果有不恰当的干扰或影响企图。

④ 为躲避正常技术动作而逃离比赛区域。如一方运动员为逃避进攻而越出边界线或故意倒地的“警告”行为重复出现时，主裁判员给予“扣分”。

⑤ 明显的故意用手击打对方头部。

⑥ 明显的故意在“分开”口令后进攻对方运动员。

⑦ 明显的故意进攻倒地运动员。

⑧ 明显的故意踢击对方运动员腰部以下。

⑨ 煽动或侮辱对方运动员或教练员。

⑩ 只有注册队医才能进入比赛区域指定医生席位，如有未注册队医或运动队官员进入医生席位，主裁判会要求其退场，并给予该方运动员“扣分”。

⑪ 参赛运动员和教练员其他严重的不良言行或不符合体育精神的行为。

6. 运动员违背竞赛规则或故意不服从主裁判员时，主裁判员可计时一分钟后直接判其“失格败”。

7. 当检查台的裁判员或比赛场地的技术官员认定，或与技术人员商议后认定运动员或教练员有操纵电子护具感应灵敏度或为影响其效果而对电子护进行改变时，主裁判员应宣布该名运动员失去比赛资格。

8. 当一方运动员得到10个“警告”判罚或5个“扣分”判罚，或“警告”和“扣分”判罚累计达5分时，该名运动员为“犯规败”。

9. “警告”和“扣分”为三局比赛总和。

（十二）加时赛和优势判定

三局比赛结束，比分相等，加赛一局，时间为2分钟，由“首先得分”或“优势判定”确定胜负。

1. “首先得分”

（1）任何一方运动员先得分，则比赛结束，先得分者获胜。

（2）由于一方运动员犯规造成另一方运动员得 1 分，则比赛结束，得分者获胜。

2. “优势判定”

（1）加赛局双方均未得分，则进行优势判定。

（2）由电子护具系统统计第 4 局双方未达到得分力度值的有效攻击次数，次数多者获胜；当次数相同时，由电子系统统计整场 4 个比赛局双方的犯规次数，次数少者获胜。

（3）如果有效攻击次数和犯规次数不能分出胜负，则由当场比赛裁判员填写优势判定卡；按少数服从多数的原则进行判定：“优势判定”的依据是第 4 局中运动员表现出的主动性。

（十三）获胜方式

运动员获得比赛胜利的方式有以下 8 种：击倒胜（KO 胜）、主裁判员终止比赛胜（RSC 胜）、比分胜（PTF 胜）、分差胜（PTG 胜：双方运动员在比赛第二局结束时或者第三局进行中，比分差距为 12 分时，主裁判员应停止比赛，宣布比赛结果）、优势判定胜（SUP 胜）、弃权胜（WDR 胜）、失去资格胜（DSQ 胜）、主裁判员判罚犯规胜（PUN 胜）。

（十四）击倒及击倒后的处理程序

运动员在比赛中受到合法攻击后，出现以下三种情况之一，将被判“击倒”：除双脚以外的身体任何部位着地；身体摇晃，丧失继续比赛的意识和能力；主裁判员判定运动员受到强烈击打而不能继续比赛。

1. 运动员受到合法攻击被击倒时，主裁判员将采取的处理程序

（1）主裁判员发出“Kal-yeo”（分开）口令暂停比赛，并将进攻者置于远处。

（2）主裁判员大声向被击倒的运动员从“一”到“十”读秒，每间隔一秒读一次，并用手势表示时间。

（3）即使运动员在读秒过程中表示再战，主裁判员也必须读到“八”，使运动员获得休息，并确认运动员是否恢复，如已恢复就发出“Kye-sok”（继续）口令继续比赛。

（4）主裁判员读到“八”时，被击倒的运动员仍无法表示继续比赛，则读秒至“十”后宣布另一方“击倒胜”。

（5）即使一局或整场比赛时间结束，主裁判员也要继续读秒。

（6）如果双方运动员同时被击倒，如有任何一方尚未恢复，主裁判员将继续读秒。

（7）读秒到“十”后双方都不能恢复，应按击倒前的比分判定胜负。

（8）主裁判员判断一方运动员不能继续比赛，可以不读秒或在读秒过程中判另一方获胜。

2. 比赛结束后的处理

因头部受到击打而被击倒判负的运动员在 30 天内参加比赛，须由代表单位指定的医生证明，并由代表单位有资格的领队或者教练担保。

（十五）比赛中断的处理程序

一方或双方运动员因受伤而中断比赛，主裁判员应采取以下处理程序：

（1）主裁判员发出“Kal-yeo”（分开）口令暂停比赛并发出“Kye-shi”（计时）口令，计时员暂停比赛时间。

（2）允许运动员在一分钟内进行治疗。

（3）运动员即使只受轻伤，一分钟后仍不示意再战，主裁判员判其负。

（4）由扣分犯规行为造成另一方受伤，一分钟后不能恢复比赛，判犯规者负。

（5）双方同时受伤，一分钟后都不能继续进行比赛时，按受伤前双方得分判定胜负。

（6）主裁判员判定一方运动员生命危险，明显神志不清并处于危险状态时，应立即中断比赛，安排急救。如果伤害事故是由扣分犯规行为造成的，判犯规者负；如受伤不是因为“扣分”行为，大会医生或者医务委员会主席认定伤势不严重且该名运动员可以继续比赛，主裁判员应要求受伤运动员继续进行比赛。如受伤运动员拒绝继续比赛，则判为负方。该场比赛胜方由暂停前的比分决定。

如果发生除上述程序以外的、合理并需要中断比赛的情形，主裁判员发出“暂停”（Shi-gan）口令中断比赛，继续比赛则发出“继续”（Kye-sok）口令。

（十六）即时录像审议

（1）比赛中教练员对裁判员的判罚或记分有异议，可向主裁判员申请进行“录像审议”。

（2）教练员提出申请时，主裁判员应询问其申请内容，可以申请录像审议的范围仅限于裁判员运用竞赛规则错误和计分、判罚错误；使用电子护具的比赛中，由电子护具感应器识别的得分不在审议范围内；教练员应在一个技术动作发生后5秒中内对该次动作提出审议申请；教练员一旦举起审议牌，就可被视为使用了该次审议配额。

（3）主裁判员应要求审议委员审议即时录像回放内容，审议须遵循回避原则。

（4）录像审议完毕后，审议委员应告知主裁判员判决结果，审议过程应在1分钟内完成。

（5）每一场比赛中，每名运动员有一次录像审议申请配额。审议成功且相关判罚或记分被更正，将继续保留配额。

（6）一次赛事中，每名运动员的录像审议申请配额不受限制。但是，如果审议失败超过一定次数，将失去继续审议的资格。根据各次赛事规模和水平，技术代表从一次和三次间决定具体配额数量。

（7）审议委员的判决是最终判决，在比赛中和比赛后不接受进一步的申诉。

（8）在运动员身份识别错误、比赛结果判定错误或计分系统有明显错误的情况下，任何边裁判员都可以在比赛中要求合议，并更正判决。一旦裁判员离开比赛场地，任何合议或更改判决的要求将不被接受。

（9）如果审议成功，相关判罚或计分被更正，竞赛监督委员会将在当天比赛结束后对该场比赛进行调查，并对相关执裁官员进行纪律处罚。

二、裁判员手势与口令

（一）比赛开始运动员入场敬礼手势与口令

1. 手势如图（图6-5-2、图6-5-3、图6-5-4、图6-5-5）

2. 口令：chung（青）、hong（红）；Cha-ryeot（立正）、Kyeong-rye（敬礼）

（二）第一局比赛开始手势口令

1. 手势（戴护头图6-5-6、图6-5-7、图6-5-8、图6-5-9）

2. 口令：Joon-bi（准备）、Shi-jak（开始）

图 6-5-2

图 6-5-3

图 6-5-4

图 6-5-5

图 6-5-6

图 6-5-7

图 6-5-8

图 6-5-9

（三）第二局、第三局、第四局比赛开始手势与口令

1. 手势（图 6-5-10、图 6-5-11、图 6-5-12、图 6-5-13、图 6-5-14）
2. 口令：chung（青）、hong（红）；Joon-bi（准备）、Shi-jak（开始）

图 6-5-10

图 6-5-11

图 6-5-12

图 6-5-13

图 6-5-14

（四）第一局、第二局、第三局（平局时）结束手势与口令

1. 手势（图 6-5-15、图 6-5-16、图 6-5-17）
2. 口令：Keu-man（停）

（五）继续比赛手势

1. 手势（图 6-5-18、图 6-5-19）
2. 口令：Kye-sok（继续）

（六）运动员受伤计时手势与口令

1. 手势（图 6-5-20、图 6-5-21）
2. 口令：Kal-yeo（分开）、Kye-shi（计时）

图 6-5-15

图 6-5-16

图 6-5-17

图 6-5-18

图 6-5-19

图 6-5-20

图 6-5-21

（七）请医生上场手势与口令

1. 手势（图 6-5-22、图 6-5-23）
2. 口令：Doctor（医生）

（八）比赛暂停手势与口令

1. 手势（图 6-5-24）
2. 口令：Kal-yeo（分开）

图 6-5-22

图 6-5-23

图 6-5-24

（九）警告手势与口令

1. 手势（图 6-5-25、图 6-5-26、图 6-5-27、图 6-5-28）
2. 口令：Kal-yeo（分开）；chung（青）（或 hong“红”）、Kyong-go（警告）

图 6-5-25

图 6-5-26

图 6-5-27

图 6-5-28

（十）扣分手势与口令

1. 手势（图 6-5-29、图 6-5-30、图 6-5-31、图 6-5-32）
2. 口令：Kal-yeo（分开）；chung（青）（或 hong“红”）、Gam-jeom（扣分）

图 6-5-29

图 6-5-30

图 6-5-31

图 6-5-32

（十一）击倒数数手势与口令

1. 手势（图 6-5-33、图 6-5-34、图 6-5-35）

图 6-5-33

图 6-5-34

图 6-5-35

2. 口令：Kal-yeo（分开）；Ha-nal（1）、Duhl（2）、Seht（3）、Neht（4）、Da-seot（5）、Yeo-seot（6）、Il-gop（7）、Yeo-dul（8）、A-hop（9）、Yeol（10）

（十二）裁判合议手势与口令

1. 手势（图 6-5-36、图 6-5-37、图 6-5-38）

图 6-5-36

图 6-5-37

图 6-5-38

2. 口令：Kal-yeo（分开）

（十三）录像审议手势与口令

1. 手势（图 6-5-39、图 6-5-40、接收与送还录像审议牌图 6-5-41、图 6-5-42、收起录像审议牌图 6-5-43）

2. 口令：Kal-yeo（分开）；chung（青）或 honga 红、Video Replay（录像审议）

图 6-5-39

图 6-5-40

图 6-5-41

图 6-5-42

图 6-5-43

（十四）录像审议委员手势

1. 成功手势（图 6-5-44）

2. 失败手势（图 6-5-45）

（十五）优势判定手势与口令

1. 手势：后退两步（图 6-5-46、图 6-5-47、图 6-5-48、图 6-5-49）

2. Woo-se-girok（优势记录）

图 6-5-44

图 6-5-45

图 6-5-46

图 6-5-47

图 6-5-48

图 6-5-49

（十六）比赛结束敬礼

1. 手势（图 6-5-50、图 6-5-51、摘下护头图 6-5-52、图 6-5-53、5-5-54）
2. 口令：chung（青）、hong（红）；Cha-ryeot（立正）、Kyeong-rye（敬礼）

图 6-5-50

图 6-5-51

图 6-5-52

图 6-5-53

图 6-5-54

（十七）宣判运动员获胜手势与口令

1. 手势（图 6-5-55、图 6-5-56、图 6-5-57“红方获胜是举左手”）
2. 口令：chung Seung（青胜）或 hong Seung（红胜）

图 6-5-55

图 6-5-56

图 6-5-57

（十八）得分无效手势

手势（图 6-5-58、图 6-5-59、图 6-5-60、图 6-5-61）

图 6-5-58

图 6-5-59

图 6-5-60

图 6-5-61

（十九）加分手势口令

1. 手势（图 6-5-62、图 6-5-63、图 6-5-64、图 6-5-65）

2. 口令：Il-jeom（加 1 分）、Eui-jeom（加 2 分）；Sam-jeom（加 3 分）、Sa-jeom（加 4 分）

图 6-5-62

图 6-5-63

图 6-5-64

图 6-5-65

思考与作业

1. 赛会主办方赛前、赛中、赛后需要做哪些工作？
2. 跆拳道比赛包括哪些技术官员？不同技术官员的职责是什么？
3. 请画出有 13 人参加某个级别的跆拳道单败淘汰赛的比赛轮次和对阵表。
4. 请画出跆拳道比赛场地图及规格，并标出主要人员位置。
5. 跆拳道比赛犯规事项有哪些？
6. 比赛获胜方式有哪些？
7. 写出录像审议的申请和处理程序。

7

第七章 跆拳道科学研究

科学研究是指为了增进知识，包括关于人类文化和社会的知识，以及利用这些知识去发明新的技术而进行的系统的创造性工作。也就是对一些现象或问题经过调查、验证、讨论及思维以后，进行推论、分析和综合，从而获得客观事实的创造性工作过程。一般可分五个阶段：选择研究课题阶段、研究设计阶段、搜集资料阶段、整理分析阶段、得出结果阶段。通过对跆拳道的科学研究，不仅可以提高对跆拳道运动的认知水平，培养创新能力，同时对跆拳道的科学发展也是一种不可或缺的贡献。

本章主要介绍跆拳道科学研究现状、科学研究基本方法、本科生毕业论文的撰写与答辩三个部分。内容安排适用于跆拳道专项本科学生学习参考。

第一节　跆拳道科学研究现状

自2000年跆拳道成为奥运会项目后，竞技跆拳道和大众跆拳道都发展迅速。国内外学者研究的领域主要集中在对竞技跆拳道选材、技战术训练、比赛及推广等领域，从生理生化、生物力学、心理学、医学、社会学等角度对跆拳道进行研究，涌现出一大批的科研成果，丰富了跆拳道理论，有力地促进了跆拳道运动的健康发展。

一、跆拳道运动员选材研究

竞技体育的运动员选材是整个训练体系中至关重要的一个环节，成功的选材可以避免不必要的人力、物力和财力的浪费，提高成材率，降低淘汰率。很多学者针对这一方面展开了研究。研究主要集中在运动员的身体形态、运动素质、身体机能和个性心理特征等方面。例如，薛新轩等在其研究中主要是针对青少年跆拳道运动员的体形、运动素质、运动技能、个性心理特征、技术水平和生理生化技能特征提出详细的测评步骤和标准；赵宏鑫借鉴其他项目的选材指标，从跆拳道项目的实际出发，建立了模糊综合评价跆拳道运动员素质的评估模型。跆拳道项目是一个对运动员动作速度和灵敏性要求极高的项目，高炳宏等通过研究认为，依据体型来选材时，应尽量挑选“较低的体脂百分比，较大的瘦体重”的运动员。①

二、跆拳道技战术研究

跆拳道技战术是跆拳道训练的重要组成部分，从项目特征来说也是竞技能力水平的主要决定因素。跆拳道技术是战术设计和执行的基础，运动员只有在掌握一定数量和质量的技术基础上才能实现先进的战术配合；反过来，战术的发展与演变又对跆拳道技术提出新的、更高的要求，从而促进技术不断地发展和更新。因此，加大对跆拳道技术、战术的研究力度是促进跆拳道运动的发展、提高运动员竞技能力水平的有效途径。从目前研究现状来看，对跆拳道技术的研究主要集中在技术动作的生物力学分析、技术动作的训练方法、技术特征和技术动作在实战中的应用频率及成功率等方面；对跆拳道战术的研究主要集中在对战术分类、战术特征、战术运用情况和技战术发展趋势等方面。

跆拳道以踢为主，在实际训练中部分教练员对于运动员的柔韧素质重视不够，特别是髋关节的柔韧，针对横踢、下劈、高位后踢的动作，邹红设计了一套柔韧训练方法，在国家跆拳道队进行实验，提出“需重视柔韧训练”和“注意柔韧素质与力量素质相结合”的建议。②沙里娃在其研究中认为，太极拳练习对跆拳道运动员非智力因素具有促进作用，建议在日常训练中运用太极拳作为跆拳道训练的辅助练习手段。跆拳道训练思路随着运动水平的发展而不断变化，现今大多数的教练员认可“以攻为主，主动进攻”的策略，我国男女运动员直接进攻技术

① 高炳宏，赵秋蓉，刘宝成．跆拳道运动员身体成分和体型的测量与评价［J］．西安体育学院学报，1998，3：33.

② 邹红．跆拳道运动员髋关节柔韧素质拉伸方法的设计［D］．北京体育大学硕士学位论文，2007，6：37.

的使用率较之国外运动员低。谢晓艳在其研究中指出："加强我国跆拳道运动员积极、主动进攻意识，向进攻型'攻防一体化'打法转换，并使之不断完善；注意提高男子运动员的第三局和女子运动员的第一局的主动进攻技术的成功率。"[①] 跆拳道是一对一的格斗项目，在比赛中运用对手的反应延滞期获得时机，通过假动作的成功运用，是获得比赛胜利的重要保障。因此，对假动作即佯攻战术方法和训练手段的研究也引起许多教练员和研究人员的重视。目前，虽然对于跆拳道技战术研究较多，但研究的深度不够，研究方法落后。

三、跆拳道心理学研究

运动员的心理发生微妙的变化就会直接影响到技战术的发挥，稳定的心理素质是运动员比赛中技战术正常发挥的保证。此外，积极、有效的心理训练也被教练员用作一种技战术训练手段。因此，对跆拳道运动员心理方面的研究也是跆拳道科学研究的一个重要方面，获得众多学者的重视。

随着跆拳道技术的发展，比赛中的心理状态以及日常训练中的心理能力运用逐渐得到更多学者的关注。如有学者提出跆拳道的训练目的是"提高迅速募集肌肉的能力和降低比赛时的焦虑程度"[②]，研究结果为跆拳道训练内容的准确把握提供了指导；意象训练法是一种不做实际身体运动，而只在意识中完成对相关内容训练的一种方法，这一方法是对其他训练方法的有效补充，有助于运动员对技术动作表象的建立，合理地运用意象训练法能够有效地改善跆拳道训练的效果；注意瞬脱现象在运动实践中的应用前景引起相关学者的关注，王俊法等运用实验证明了优秀跆拳道运动员相对于普通大学生表现出"注意瞬脱程度轻，持续时间短"的特点，并在研究中针对运动员不同程度的注意瞬脱提出了不同的改善方法，对中度注意瞬脱的运动员可加强"防守反击的技战术训练"，有轻微或完全无注意瞬脱的运动员可以采用'近距离的贴身快速进攻方式的技战术训练"。[③] 此外，跆拳道对于普通练习者的心理影响也是研究的一个重要方向，通过对所查询的文献资料的分析来看，跆拳道练习对练习者心理能力的改善起到了有效的促进作用。

四、跆拳道生物力学研究

生物力学研究是体育科学研究的一种重要手段，它是利用现代科技成果对体育运动中的动作进行量化分析，主要分为运动学和动力学两种分析。跆拳道生物力学研究的范围从主要得分手段延伸到常规技术动作，并对跆拳道训练理论进行深入解释与分析。在对跆拳道进攻和防守技术的要点研究中，通过生物力学的运用总结出：进攻要"快、重、准"，防守要"缓、稳、活"。跆拳道强调踢击速度，教练员可能会直觉地认为，在踢击到目标时身体各关节达到最大

---

① 谢晓艳．对竞技跆拳道主动进攻技术的研究［D］．武汉：武汉体育学院硕士学位论文，2008，4：1.

② S. M. Machado · R. A. L. Osorio · N. S. Silva · M. Magini（2010）Biomechanical analysis of the muscular power of martial arts athletes. Med Biol Eng Comput 48: 573–577.

③ 王俊法．优秀跆拳道运动员注意瞬脱现象分析［J］．上海体育学院学报，2006，1：73–74.

速度，而事实并非如此。通过对踢击技术的生物力学研究，证明了踢击时关节速度峰值出现一般是由近端关节到远端关节这样一个顺序。跆拳道生物力学研究还会经常被应用在对动作的优化解析中，通过研究建立起符合解剖学和生物力学原理的规范技术动作及动作的练习方法。

五、跆拳道生理生化研究

运用生理生化指标对跆拳道运动进行研究较为普遍。研究主要集中在跆拳道运动的能量代谢特点、身体主要器官机能、特定负荷下运动员生理生化指标变化、不同训练手段下运动员生理生化指标变化、大强度训练对运动员免疫系统的影响和高原（模拟高原环境）训练对运动员身体机能的影响等几个方面。

跆拳道比赛中进攻或防守都需积极、快速移动，这要求运动员具备较好的爆发力和无氧供能能力。高炳宏运用录像分析法发现，比赛中运动员每次进攻和防守一般在 0.41~0.54 秒之间完成，所以跆拳道运动员需要具备良好的三磷酸腺苷（ATP）、磷酸肌酸（CP）的储备和供能能力；比赛中步伐频繁的调整，一般在 6.9~7.19 秒之间，因此跆拳道运动对无氧糖酵解供能能力有一定要求；比赛中运动员出现较高的血乳酸（BLA）和心率（HR），表明跆拳道比赛中无氧糖酵解供能占重要地位。该研究说明，应该加强跆拳道运动员的专项速度耐力训练。还有学者们将跆拳道运动员的最大摄氧量与其他项目进行比较，发现跆拳道运动员与优秀田径运动员之间无显著性差异，可见跆拳道运动对有氧代谢能力的要求也较高，在日常训练中也需加以注意。

应用生理生化指标对运动训练过程进行监控既可行又必要，它可以提高训练的科学化程度，避免运动员伤病发生。有学者将心肺机能指标测试运用到训练监控中，通过对不同水平运动员的最大摄氧量比较发现，一般运动员与优秀运动员之间存在明显差异，因而提出加强心肺功能训练的建议。运用运动员的生化指标还可以用于判断运动负荷强度和疲劳程度。亚极限强度运动可使血清肌酸激酶（CK）活性增强到 100~200 U/L，极限运动使血清肌酸激酶活性增强到 500~1 000 U/L，可以通过一次大运动量训练后跆拳道运动员的血清肌酸激酶值判断出负荷强度，此外学者们还运用运动后血尿素值升高幅度以及恢复情况、血清睾酮（T）、皮质醇（C）、睾酮 / 皮质醇比值（T/C）来预防过度疲劳，合理安排训练。[①] 还有研究证明，血乳酸能反映骨骼肌代谢情况，是评价训练效果和进行机能评定最适用的指标；通过对练习后的血乳酸和心率值的测试，可证明一种练习方法或者特定负荷对运动员训练的有效性。有研究证明，在大强度训练以及比赛期间降体重对运动员的免疫能力会产生一定影响。

六、跆拳道训练与营养的研究

训练的效果不仅关乎运动量、运动强度这样的“刺激”，恢复也同样重要。如何加快运动员疲劳的消除和体力的恢复，营养物质的合理补充逐渐引起广大跆拳道教练员的认同和重视，对跆拳道运动员训练中的营养问题展开了深入研究。余中在其研究中证明了银杏液可以增强跆

① 张勇，杨亮．一次性大运动量训练对男性跆拳道运动员生化指标的影响［J］．成都体育学院学报，2009，35（3）：87~88.

拳道运动员的运动能力，并可以“阻抑运动引起的自由基损伤”。① 陈琳实验证明了跆拳道运动员大强度训练后，服用丹参合剂可以“增加细胞的变形能力，增加红细胞的分散性，降低红细胞和血小板的聚集”②。赵文双运用实验证明了主要成分为肉苁蓉、枸杞子的绿健运动饮料，有利于跆拳道运动员大强度训练时机体功能的提高和疲劳恢复。③

七、跆拳道运动伤病方面的研究

对于一个运动员来说，平时训练或比赛中出现伤病在所难免，即使是一般练习者也可能会因为练习方法的不当而造成损伤。伤病处理的结果直接影响到运动员的运动成绩和运动寿命，所以对于跆拳道运动员伤病的研究也十分重要。

由于身体直接对抗、比赛激烈程度高，导致跆拳道运动损伤的报告很常见，而损伤部分集中在膝、足踝、腰，有学者研究认为，出现这样的情况主要是因为运动员准备活动不充分，比赛中注意力不够集中。加拿大的阿尔伯塔大学（University of Alberta）的 Roh 及其同事们针对 1999 年跆拳道锦标赛的录像进行分析，头部受击打多和“运动员身高较矮、反击性踢击、防守缺乏技巧”等因素有关联。④Mohwen 等对加拿大跆拳道冠军赛的受伤记录进行分析，发现男子最为常见的是手或足部，其次是头、颈、脊柱部位；女子最为常见的手或足部。与其他国家相比较，加拿大运动员的受伤比例较低，这也是首次关于跆拳道运动员脊柱功能障碍的报告。⑤ 越来越多的学者开始从不同方面对跆拳道训练、比赛中的安全性问题展开研究。

跆拳道运动损伤有其项目特点，具体治疗方案也应遵循实际情况而定，急性受伤由日常医护人员进行现场处理，然后送往医院；而一些慢损伤极易受忽视，处理不好会影响到运动员的状态，甚至提前结束运动员的运动生涯。

八、跆拳道推广方面的研究

大众练习跆拳道是因为其价值取向，比如跆拳道可以健身、防身、塑造人格等。有学者研究证明，跆拳道训练不但对人的心肺功能有益，而且通过长期练习还能够提高练习者的平衡能力。竞技跆拳道运动的发展推动了跆拳道大众传播，但大众对于跆拳道的认识基本停留在仅有的比赛形式，对于其他内容知之甚少，在一定程度上阻碍了大众跆拳道的发展。众多学者研究证明，社会馆校中的教练员段位不高、学历偏低、专项技术水平不高和意识落后等是限制跆拳

---

① 余中. 银杏液对跆拳道运动员运动能力及自由基代谢的影响［J］. 广州体育学院学报，2001（3）：67~69.

② 陈琳，赵冰，刘骁倩，黄宁宁. 我国跆拳道的发展特点和科研现状及其建议［J］. 湖北体育科技，2007，26（3）：251.

③ 赵文双，额尔敦，马誉友，王军，孟和宝力高，张彦桃. 绿健运动饮料对运动员某些生理指标的影响［J］. 华北国防医药，2007.

④ Roh JO, Watkinson EJ（2002）Video analysis of blows to the head and face at the 1999 World Taekwondo Championships. J Sports Med Phys Fitness. Sep; 42（3）：348–353.

⑤ Mohsen Kazemi, 1 and Willy Pieter（2004）Injuries at a Canadian National Taekwondo Championships: a prospective study. BMC Musculoskeletal Disorders 5:22 This article is available from: http://www.biomedcentral.com/1471–2474/5/22

道在民众中普及与推广的主要原因。

高校是跆拳道普及推广中的一块非常重要的阵地，自跆拳道进入大学成为一门选修课程以来，跆拳道教学开始引起关注。目前跆拳道在高校中开展的主要优势体现在动作简单、安全性高、观赏性强等方面，在练习过程中配合发声不但能体现出精气神，而且也符合大学生这一年龄段人群的心理特征；不足之处主要体现在教学中重技术轻理论、教学方法死板，教材缺乏针对性、内容安排存在问题。因此，跆拳道在高校中开展还有许多问题需要解决。

综上所述，跆拳道科学研究在诸多方面得到发展，总体呈现出研究与实践紧密结合的特点。初步建立了跆拳道选材标准和技、战术研究思路，生物力学、生理生化、心理学方面研究已经具有一定深度，基本确立跆拳道运动损伤特征并在中医治疗上有些尝试，在大众推广方面提出地域性差异并且注重跆拳道健身功能的展现。未来的跆拳道科学研究将更加突出训练实践需要的指向性，实证性研究成果的比例将进一步增加。

第二节　科学研究的基本方法

科学研究是一个十分复杂的探索过程，需要研究者掌握一定数量的科学研究的方法。研究者只有选择科学、得当的研究方法，并严格按照研究方法的要求操作，才能够保证研究过程的科学性和研究结果的客观性、真实性。本节主要对文献法、问卷调查法、访谈法、实验法、数理统计法和逻辑分析法等一些基本的体育科学研究方法进行选编介绍。

一、文献法

文献法是指通过对相关文献的搜集、鉴别、整理，在此基础上对文献进行系统的研究以获取相关科学认识的方法。文献法是一种常用的，也是古老且又富有生命力的科学研究方法。科学研究不是只有通过观察、实验和访谈才能够进行，比如在对事物发展史的研究中文献资料法可能是最主要的一种研究方法。即使是对现状的研究，也不可能完全通过观察和调查进行研究，它还需要对与现状有关的各种文献作出分析，这样才能使研究结果更加科学、全面。

（一）文献的特点

1. 数量大，增长快

就目前现状来说，由于体育科学研究的领域不断扩大、研究内容的交叉，加之体育类期刊不断增加和相关研究书籍的大量问世，目前体育类文献呈现基数大、增长速度快的特点。

2. 学科渗透，内容交叉

世界上任何事物都不是孤立存在的，都会和周围其他事物有着千丝万缕的关系，体育也是如此。体育不仅包含自然科学和社会科学的内容，还与其他许多新兴学科有着密切联系。体育在发展过程中不断吸取、利用其他学科的理论和方法，所以体育类的文献资料也不是孤立的，而是与其他学科相互渗透，在内容上相互交叉的。

3. 重复文献多，创新文献少

从目前能够查阅到的文献来看，不管哪一学科基本上都是如此，同一研究内容在不同期刊上以不同形式反复出现，有时候甚至是在同一期刊的不同期上出现。综观这些文献内容，有创新的寥寥可数，所以它对文献研究者是个考验，研究者必须善于去伪存真，舍弃无价值的文献，才能达到事半功倍的效果。

4. 形式多样，分布分散

所谓的形式多样是指同一内容以不同的载体进行储存或者体现，即文献形式多样化。从常规方面来说，有印刷型和数字型两类，印刷型又包括报纸、学术期刊和专著等；数字型包括磁带、磁盘、光盘以及数据库等。相较纸质文献，数字文献还能够将文献以影音形式进行保存，并在网络上进行传输。分布分散是指由于学科渗透，内容交叉，使得属于同一学科或者同一专业的文献在不同学科上出现；同时，分布分散还体现在载体、地域和时间上的分散。

（二）文献的类型

文献类型本文主要做了两类归纳，即印刷型和数字型。

1. 印刷型文献

印刷型文献是通过各种印刷手段将文字材料呈现在纸张上的文献。它的优点是便于阅读和流传；缺点是体积大，信息密度低。印刷型的文献又可分为图书、期刊、会议文献、科技报告、标准文献、专利文献、学位论文、产品技术资料、档案和政府出版物等类型。

2. 数字型文献

数字型文献是指将那些印刷型的文献、影音文献通过数字化处理，将其转化成数字形式储存在磁带、磁盘、光盘或专门的数据库中。这种文献的存储、阅读和查找利用都必须通过计算机来操作，所以它的优点是信息量大、查找迅速，缺点是使用费用高。

（三）文献法的应用

文献法在科研过程中的应用主要分成下列几个步骤：检索文献、整理与阅读文献、分析与归纳文献和撰写文献综述等。

1. 检索文献

检索文献是文献法在科研过程中应用的第一步，检索的结果直接影响到文献综述的质量，因此这一步是文献法研究过程中非常重要的一步。检索文献主要有两种方式：一是手工检索，二是计算机检索（包括光盘检索）。手工检索是计算机检索的基础，熟悉和掌握书本检索工具的使用方法，是利用计算机检索的基本功。

检索文献分为五步：

（1）分析研究课题，明确检索要求。在准备进行文献检索前首先要分析课题研究内容的实质，弄清所需信息的诸特征，如学科归属、时间界限、所需文献类型等，以确定检索的方向，根据要查证的要点提炼出主题概念，明确哪些是主要概念，哪些是次要概念，并初步定出逻辑配组。它影响到检索结果的质量。

（2）选择检索工具。选取恰当的检索工具是实现成功检索的关键。选择的基本原则是从本单位、本地区现有条件出发，少而精地选择专业对口、质量高的检索工具。例如，通过互联网检索体育资源可以在中国知网（www.cnki.net）、《复印报刊资料》全文数据库、中国期刊网、万方数据库（www.wanfangdata.com.cn）和国外数据库（ccc2.calis.edu.cn）（www.proquest.com）

等中进行。

（3）确定检索策略。选择好检索工具以后就要考虑使用哪种检索方法，确定具体的检索途径，一般检索途径可分为分类途径、主题途径、著者途径和序号途径等，这些是在检索工具的检索途径选择项中操作。一般的检索工具都会根据文献的内容特征和外部特征提供多种检索途径，这样可以大大提高检索的效率。

（4）进行检索。进行检索时要注意不同检索工具的配合使用；检索结果出来后要认真阅读检索内容的摘要，筛选出符合要求的内容，如果检索结果不够理想可以及时修正检索策略。

（5）获取原文。检索到的结果通常不一定是原始文献，所以为了获取原始文献必须做好两项工作，即明确文献的类型、来源出版物名称和原始文献的收藏单位。然后，根据这些信息去获取原始文献。

2. 整理与阅读文献

由于重复文献多，创新文献少，对检索出来的文献在阅读前必须予以整理和分类，研究者要善于去伪存真，对那些有价值的文献进行研读，获取与研究课题有关的信息，这样才能达到事半功倍的效果。对文献的整理和阅读是文献法的重要一环，下面简单介绍阅读文献的原则和方法。

（1）阅读文献的原则。为了从已检索到且整理好的文献中获取有利于课题研究的信息和资料，必须能够正确地阅读文献，正确阅读文献要遵守如下原则：

① 计划性原则：是指从科研的总体设计、供阅读的文献数量、难度和分类等出发作出阅读的具体时间安排。

② 顺序性原则：对文献的阅读不能随意而为之，而是从文献难易、主次、专业与非专业以及论文与专著等方面，按照一定的顺序阅读。一般来说，先阅读一般文献再阅读专业文献；先看一次性文献再看文献综述；先看书籍再看论文；先读难度小的，再读难度大的；先看近期文献再看过去文献等。具体如何阅读还要研究者视具体情况来定，阅读顺序也可以因人而异。

③ 批判性原则：对文献的阅读不能采取“拿来主义”，而是要对文献进行批判的阅读，善于取其精华，去其糟粕。

④ 同步性原则：阅读文献不能在搜集完了文献再去阅读，而是要阅读和搜集同时进行，因为阅读的同时可能会给研究者提供一些更新的信息，使下面的文献搜集效率更高、更科学有效。

（2）阅读文献的方法。阅读是综述文献最重要的一步，只有做到正确阅读才能够有效利用所搜集的文献，完成高质量的文献综述。阅读文献主要分成这样几步：首先是泛读，其次是在泛读的基础上对文献进行取舍，最后是对筛选出来的文献进行精读，在精读过程中将有价值的信息和资料进行整理，并做好读书笔记。

① 泛读过程是一个快速浏览的过程，对所搜集到的资料进行粗略的阅读，在阅读过程中对文献资料进行归类整理，主要是将那些重复的、没有价值的文献与那些有价值的、重要的文献区分开来。

② 在泛读的基础上对归纳出来的文献材料进行再整理，将没有价值的文献直接舍弃或者是摘录下有用信息再舍弃，并对有价值的文献根据课题研究需要安排精读顺序。

③ 精读过程是一个理解消化的过程，对文献材料进行深入探究，对文献内容在理解的基础上进行鉴别，去伪存真，提炼出自己的东西。在阅读时要注意对重要内容进行标记并做好笔

记，养成写读书笔记的习惯。另外，在精读过程中还要注意作好纵向和横向比较，这样才够更客观地去理解、把握文献。

3. 分析与归纳文献

分析与归纳文献是精读过程的延续，它是对有价值文献和读书笔记进行再整理、分类的过程，这一过程直接为撰写文献综述做准备，分析、归纳的好坏直接影响到文献综述的速度和质量。在分析、归纳文献时要注意以下几个方面：

（1）分析、归纳可围绕专业、学科或专题进行。

（2）摘录材料要有选择性，在分析、归纳的基础上辨别真伪，并对摘录材料进行分类，便于写文献综述时查找。

（3）分析、归纳注意纵向、横向比较，做到全面、客观。

（4）经常回顾已摘录的文献。

4. 撰写文献综述

文献综述是文献综合评述的简称，它是在全面搜集有关文献资料的基础上，经过分析、归纳和整理，对一定时期内某一学科或者是某一专题的研究成果和进展进行系统、全面的叙述和评论。文献综述不是对别人研究成果的简单罗列，它还必须有研究者的评论内容，评论内容必须客观、精练、系统和前瞻。文献综述可分为综合性和专题性两种类型。综合性文献综述是针对某一学科或专业，而专题性文献综述则是针对某个问题或研究方法、手段。

（1）文献综述的特征和意义。文献综述的特征体现在它是依据对过去和现在的研究成果的深入分析，指出目前的水平、动态、应解决的问题和预测未来的发展动向，提出自己的观点、意见和建议。它具有内容浓缩化、集中化和系统化的特点。一篇好的文献综述的贡献不比其他类型科研论文小，它可以为那些想对该专题进行深入研究的人节约大量查阅文献资料的时间，使他们迅速地了解到相关专题、领域的历史、进展和存在的问题，使得研究更有针对性。

（2）文献综述的形式和结构。内容决定形式和结构，因为研究的课题、所掌握的材料和结构不同，所以文献综述的形式和结构也会有所不同。但大多数文献综述不外乎有以下几个方面：前言、历史发展、现状分析、趋向预测和建议、参考文献目录。

① 前言主要是说明写作的目的，介绍相关概念、定义以及综述的范围，简要说明相关研究主题的现状或争论焦点，使读者对全文要叙述的问题有一个初步了解。

② 历史发展、现状分析是综述的主体部分，历史发展主要是对该专题研究发展脉络进行梳理，而现状分析则是对主题研究现状进行描述，它包括国内外在这一方向上的研究现状以及其他学科交叉研究现状，同时在陈述过程中还要对相关问题作些必要评述，主体部分应特别注意代表性强、具有科学性和创造性的文献引用和评述。

③ 趋向预测和建议可以作为综述的小结部分，它要对全文主题进行扼要总结，对研究主题作出自己的评论和见解。

④ 参考文献是文献综述的重要组成部分，它不但是对被引用文献作者的尊重，而且可以为阅读者提供查找相关文献的线索。同时，它也是学术规范，所以必须认真编写参考文献。

（3）撰写文献综述的步骤。撰写文献综述的步骤按如下顺序：确定综述主题→收集与主题相关的文献材料→归纳、整理和研读文献资料→撰写综述初稿→修改综述初稿并完成文献综述。

（4）撰写文献综述注意事项。

① 对文献资料的搜集应尽量全面。

② 对所搜集的文献资料要认真研读，注意引用文献的科学性、代表性和可靠性。

③ 对文献内容的引用要如实客观，不得随意改动原文献内容。

④ 认真撰写参考目录，只要是引用过的文献都要标明。

⑤ 别人的观点和自己的观点不可混淆。

二、问卷调查法

问卷调查法是体育科学研究中常用的一种搜集研究所需材料的方法，研究者根据研究，需要经过周密设计将想要调查的问题以书面形式呈现，通过被调查对象认真填写，然后对全部调查问卷进行系统的、科学的统计分析，从而得出相关结论的研究方法。问卷调查法可以分为报刊问卷调查、邮政问卷调查、送发问卷调查、网上问卷调查和电话问卷调查等几种类型。虽然调查方式不同，但是在问卷设计和结构上却有着一致性，所以下面以送发型问卷调查为例加以介绍。

（一）问卷调查法的特点

1. 标准化

问卷调查对所有调查者所使用的问卷都一样，它们有统一的内容和格式，而且在问卷的设计和具体开展过程中要进行信度和效度检验。

2. 直接性

问卷调查过程是一个直接走近被调查对象，而且要求被调查对象亲自对问卷进行如实填写的过程，即使是对一些识字不多的人进行问卷调查，也是在别人协助的情况下完成问卷填写，问卷所填写的内容也是被调查者的意旨，所以它具有直接性，而非间接由他人进行填写的调查过程。

3. 书面形式

不管什么类型的调查问卷都是以书面回答方式来进行的。

（二）调查问卷的结构

调查问卷的结构主要包括封面信、指导语、问题、答案、编码及其他资料等几个方面。

1. 封面信

封面信是一种自我介绍信，是为了让被调查者对调查人有一个基本了解，主要包括调查者的姓名、身份、单位和联系电话等。另外，封面信还要对调查的目的、意义进行简要叙述，并写明对调查对象的希望和要求，回复问卷的方式和时间，调查的匿名原则和保密原则等。封面信要言简意赅，通俗易懂。

2. 指导语

指导语用来指导被调查对象如何正确地填写调查问卷，它主要根据调查问卷所涉及的内容来设计，指导语要简明扼要，通俗易懂。

3. 问题和答案

问题和答案是调查问卷的最主要部分，它包括根据研究目的设计的问题和问题的相关答案选项。该问哪些问题，该怎么问是调查问卷设计中的关键，因为问卷调查是为了获取有利于研究的信息，所以问卷中的问题一定要与研究主题密切相关。答案是调查问卷设计者的预判以及一些常理性内容，它也是调查者想得到的一种客观、真实的信息。

调查问卷的问题根据形式可分为开放式问题和封闭式问题两类。所谓的开放式问题是指只有问题没有答案，答案由被调查者根据自己实际情况进行客观填写；而封闭式问题是指既有问题又有可供被调查者选择的答案。整个问卷的问题不能出现前后矛盾的情况，答案不能出现模棱两可的选项或者诱导选项。

4. 编码

编码是对封闭式问题的答案进行的一种数字转换，这样就可以将被调查者回答的问卷信息输入计算机进行处理和定量分析，即给每一个问题以及问题的答案一个数字作为它的代码。编码可以分为预编码和后编码，预编码是在设计问卷的同时就设计好的编码，后编码是问卷调查结束，进行统计前才进行的编码。

（三）对调查问卷的设计

对调查问卷的设计是一个非常重要的过程，因为问题和答案的设计质量直接关系到调查结果的有效性，影响到课题研究的结果。下面将就设计问卷的基本原则和对问卷中的问题进行排序时的注意事项作简要阐述。

1. 对问卷设计的基本原则

（1）简单易懂原则。问卷的问题要能让被调查者一看就知道是在问什么，通俗易懂，忌出现一些抽象、笼统的词语。

（2）针对性原则。要求每一个问题以及答案都要是专一的、有针对性的，一个问题就只针对一个方面，而不能将几个问题合并成一个问题来问。

（3）准确性原则。表述问题的语言要准确，不要使用模棱两可、含混不清或者是容易产生歧义的词语。例如“你经常参加跆拳道练习吗？”这里的经常就是个模棱两可的词语，因为对于怎样才叫经常不好界定。

（4）客观性原则。即问题的设计不要带有主观情绪，这样很容易诱导被调查者跟着调查者的主观倾向进行回答。例如“你喜欢跆拳道这项非常受年轻人青睐的项目吗？”这个问题就带有明显的个人倾向。

（5）非否定句原则。在问题中不要出现“是否”这样词语，因为有时候会使被调查者的回答与自己的真正想法相反。例如“你是否反对孩子练跆拳道”，答题者回答“是”，可能他是支持孩子练习跆拳道的，而不是不支持。

（6）间接性原则。所谓的间接性并不是说问题要绕弯子，而是针对有些问题可能被测试者不愿意直接回答，或者是涉及隐私。这样的问题一般适宜从侧面间接提问。

2. 对问题排序时应注意的事项

一般来说，一份调查问卷所涉及的问题是多方面的，所以如何对问卷中的问题进行排序也非常重要。总的来说，对问卷中问题排序应从以下几个方面考虑：

（1）按问题的性质或者类别排列，不能将不同性质或者类别的问题穿插排列。例如，对跆拳道练习者调查的问卷，可将练习频度方面的问题、练习心理方面的问题以及费用支出方面的问题等相对集中放在一起。

（2）同一性质或者同一类问题在排序时候要先易后难，先客观方面再主观方面，先封闭式问题后开放式问题。另外，还要考虑问题排列的逻辑性。

（3）涉及时间方面的问题，可以由过去到现在然后至未来进行排序。

（四）调查问卷的效度和信度检验

在研究过程中并不是设计出来的问卷就可以直接使用，因为还涉及问卷问题设计是否切合研究主题；另外，同一份问卷针对同一个体在前后不同时间所测试的结果是否一致，这些都是问卷设计者要考虑的问题。因此，一份问卷在设计出来后要进行效度和信度检验。

1. 问卷效度检验

问卷效度是指问卷在测量某项指标时所具有的准确程度。问卷效度越高，表示调查结果越能满足研究需要。问卷效度分为内容效度、准则效度和结构效度三个方面，每种效度都有自己不同的检验方法。

内容效度是指测量内容或测量指标与测量目标之间的适合性和逻辑相符性，一般来说就是测试所选取的问题是否能够符合测试的目的和要求。对问卷的内容效度的检验一般采用专家判断、统计分析、再测分析和经验评定四种方法。

准则效度指的是测试对某个测试内容的预测性的好坏。对准则效度的检验则采用相关分析、区分度分析和命中率分析三种方法。

结构效度是指测验是否测量了某个理论构想或特质。例如，你想了解一个人对跆拳道的喜欢程度，调查他在跆拳道方面相关花费、每周练习次数和阅读跆拳道方面书籍等，这些与被测试者对跆拳道的喜欢程度呈正相关，说明问卷具有结构效度。对结构效度的检验可采用因素分析、标准化测验的相关度、聚合效度与区分效度三种方法。

2. 问卷的信度检验

问卷的信度是指问卷测试的可靠程度。它表现为测试结果的一贯性、一致性、再现性和稳定性。但是信度只是一个相对概念，并非绝对的一致、再现或稳定，而是一个程度上或多或少的问题。没有一个测验是绝对可靠的，只能是相对的，所以问卷的信度也只是告诉我们问卷测试结果的可信程度。问卷的信度检验从类型上分有重测信度、复本信度和分半信度三种基本类型。

重测信度指的是用同一量表对同一组被测试对象进行有一定时间间隔的两次或多次测试，所测得的结果的一致程度。再测的结果通过计算得出相关系数，该相关系数可以用来表示再测信度。值得注意的是再测信度会受到两次测验的间隔时间的影响，间隔时间太短前次测试会有练习作用，间隔时间太久可能有些测试内容会随着测试对象的心智成熟而不能客观真实反映问卷的信度。

复本信度指的是对同一对象实施两个同一性质的问卷调查，所得结果的一致程度。复本信度是通过两个测验得分的相关系数来表示，因此复本测试的前提是必须要有两份能够同样反映相同测试目的的问卷。复本信度的不足之处也在于前一次测试可能会成为后一次测试的练习；另外，由于要设计两个复本，这样也无形中增加了工作量。

分半信度指的是将一个问卷分成对等的两半后，被测试者在这两个部分所得分数的一致程度。在测试没有复本且只能进行一次的情况下，通常采用分半法求两个部分的相关系数。最常用的分半法是奇数－偶数法，即将单号问题分成一组，双号问题分为一组。由于是分半的，所以有时候可能会降低问卷的信度；另外，对于速度类的测试分半法不适宜。

三、访谈调查法

访谈调查法又简称访谈法，它是研究者通过与被访问者以口头交谈的方式来收集调查资料的一种研究方法，是社会调查的常用方法。访谈法通常都是采用面对面的方式进行，有时也会采用电话访谈的方法，不管哪种方法它们所遵循的原则都基本相同。

（一）访谈法的优点与不足

1. 访谈调查法的优点

（1）访谈法可以让科研人员深入、细致地了解想解决的问题。在访谈过程中，访谈者在与被访者的交流过程中同时会受到启发，让访谈者能够继续深入了解计划中没有考虑到的方面；另外，由于访谈法是面对面进行的，所以访谈者可以观察到被访者的表情、举止以及言谈语气，这对在心理方面研究来说至关重要，它是问卷调查法所无法比拟的。

（2）访谈法的效率较高。因为访谈往往都是被访者愿意接受采访，所以对采访者的提问只要不是涉及隐私等方面的问题都会第一时间做出回答，所以不像问卷调查法那样，发出去的问卷无法保证全部成功收回，且问卷的回答质量也没有保证。

（3）访谈调查具有非常强的灵活性。访问者在做访谈时不一定严格按照事先设计好的问题逐一去问，当被访者突然在某一方面自己主动说明的时候，而这一方面也正好是访谈者想访谈的内容，则访谈者可以因势利导，这样可能会比逐一回答效果更好。另外，访谈者可以灵活掌握访谈的进度以及时间安排，这样也可以大大提高访谈的效果。

2. 访谈调查法的不足

（1）访谈调查对做访谈的人的整体素质要求较高。访谈者的访谈技巧、外在形象以及口音等都会影响访谈的质量；另外，有时候涉及隐私问题时需要访谈者能够灵活应对。

（2）访谈调查法代价较大。由于被访者不一定集中，很多可能与访谈者不在同一城市，这些都导致访谈调查法比较耗费时间、金钱和精力。这是科研支出的一个重要方面，所以也是研究者不得不考虑的问题。

（3）访谈调查在进行量化分析方面略显不足。例如，在对跆拳道进行技术方面研究时，访谈法就不如实验法行之有效。

（二）访谈调查法的基本步骤

访谈调查法开展的基本步骤包括：访谈的前期准备、熟悉访谈对象、进行访谈、访谈后的信息整理等四个方面，有时候可能还会有回访。

1. 访谈的前期准备

（1）制定访谈提纲。访谈者根据访谈要解决的问题，在访谈前要制定好一份详尽的访谈提纲，逐条列出访谈的问题。提纲制定好之后，访谈者首先必须对访谈内容熟悉，避免在访谈中犯低级错误，影响访谈质量；其次，访谈者要熟悉访谈基本步骤，对访谈中可能出现的情况作出预判，以便能使访谈顺利进行。

（2）确定访谈对象。访谈对象的选择情况还直接影响到解决问题的效果，又因为访谈还要考虑时间和费用问题，所以确定访谈对象十分重要。确定访谈对象首先要从想要解决的问题去考虑，所选对象是否最适合于要解决的问题；其次是从科研经费和个人能力方面去考虑访谈对象，例如对跆拳道方面仅作一般的研究就计划去韩国进行实地访谈显然不切实际；最后，确定访谈对象后还要对其进一步深入了解，包括其习惯、专业特长甚至家庭情况，这些都有利于访谈顺利进行。

（3）联系访谈对象。在确定访谈对象之后就要积极与访谈对象建立联系，以便确定访谈时间、地点。

2. 熟悉访谈对象

熟悉访谈对象是为访谈顺利进行做好准备工作，一般来说可以采用下面几种方式：

（1）开门见山式。所谓开门见山式是指直接接近访谈对象，向访谈对象介绍自己，说明访谈的目的、意义，希望能够得到对方的支持。这种方式比较节省时间，效率高，但是可能会影响到访谈效果。这种方式一般比较适合于专家访谈。

（2）自然接近式。自然接近式一般比较适合于大众访谈，且自己最好与这些被访对象有较好的切入点。比如一起打篮球、一起练习跆拳道等具备相同爱好，通过一起活动的过程来切入采访主题。这样的访谈可以消除访谈对象的紧张和戒备心理，访谈效果会较好。

（3）间接式。间接式主要是通过中间介绍人或者介绍信，从而取得与访谈对象沟通的方式。这种方式比较正式，能够引起访谈对象的重视，但有时可能会影响采访的氛围，使被访者比较拘谨。

3. 进行访谈

（1）提问方式。进行访谈是访谈调查法的核心部分，访谈者通过对访谈对象的采访来获取有利于课题研究的信息。提问是访谈中的主要手段，提问技巧影响访谈效果，所以提问技巧是访谈调查法的重中之重。

提问方式多种多样，究竟采用哪种方式可以从三个方面考虑：一是要考虑问题木身的性质和特点，对于那些比较敏感、隐私和尖锐的问题可以采用间接的、迂回的方式提出；二是考虑访谈对象的个人特点，如果访谈对象是个开朗的、健谈的人，可以在自我介绍之后采用直接切入主题的方式，如果与对方比较陌生且对方对自己又持有怀疑时，就要求访谈者要耐心，在先建立信任的基础上再慢慢进入主题；三是分清采访人群，一般对专家进行访谈时可以采用开门见山的方式，在一般情况下他们愿意帮助你解决专业方面的问题，如果是普通人则要视具体情况而定。

（2）记录信息。提问是为了向访谈对象说明自己想了解的内容，记录则是直接获取有价值的信息，所以有效的记录可以捕捉到点点滴滴有价值的信息。

如果在采访过程中采访人只是埋头在那里记，而没有表现出凝听、关注对方的眼神或表情，可能会失去很多有价值的信息。所以合理的记录方式之一是有效地倾听，是指要明白每个问题在采访中的重要性，然后选择性记录重要信息，而不是所有信息都要记；要善于观色，能够读懂访谈对象的言外之意，以便深入了解，可能深入的那部分才是你要记录的那部分；在访谈过程中的记录不只是用笔记录，它还包括用耳朵听，用大脑记，必要时还可以使用录音笔。

4. 访谈后的信息整理

访谈结束后要尽可能在短期内完成对采访信息的整理工作，因为大脑的有些记忆会随时间的推移而消失；另外，在整理过程中还可能会发现一些需要补充或深入了解的内容，便于尽快对访谈对象进行回访，这样可以使访谈的效果更好。

四、实验法

实验法是体育科学研究的重要手段之一，通过实验可以探索体育运动中的一些因果关系。实验法按照不同的标准可以有不同的实验类型，其中大致有如下分类：按实验环境不同可分为实验室实验法和现场实验法；按研究的角度可分为定性实验法和定量实验法；按研究问题的性质可以分为基础实验法和应用实验法；按组织形式不同可分为单组实验法、对照组实验法和多组实验法。不管哪种实验法，其实验的基本要素、实验设计和实验基本程序都大致相同。

（一）实验的基本要素

实验的基本要素主要包括施加因素（自变量）、实验对象和实验结果（因变量）三个要素构成。实验的目的就是通过实验过程来找出自变量与因变量之间所存在的关系。

1. 施加因素（自变量）

施加因素是在实验中专门施加给实验对象的因素，研究者通过实验来检验施加因素是否会对实验对象产生影响。施加因素是依据实验的目的由实验者事先确定的，它可以是一种也可以是一组，但是这样的施加因素必须是可控的，要尽量使其标准化、规范化，尽量保证实验过程的稳定性，且在实验过程中尽量避免非施加因素的干扰。

2. 实验对象

实验对象是课题研究的实验研究总体，是施加因素的实施对象。在体育研究过程中实验对象一般都是人，因为人具有个体差异性，所以在选择实验对象时要考虑很多因素，如实验对象的年龄、性别、生活习惯和受教育程度等。实验对象的样本量要视课题研究的需要来定，一般来说 30 人以下为小样本，30~100 人为大样本，有时候研究可能只是针对一个人进行的个案研究，这种情况多针对一些优秀运动员。

3. 实验结果（因变量）

实验结果是在施加因素影响之后通过实验测得的结果，其中就涉及实验检测指标的选择，指标选择是否合理直接关系到实验的有效性和研究的科学性。所以指标的选择必须具备下列条件：

（1）指标的最佳性。这是指选取的指标是不是最能反映施加因素对实验对象的影响指标。只有这样才能够真正检验出自变量和因变量之间的关系。

（2）指标的客观性。指标的客观性体现在所获取的因变量不受非施加因素的影响，也不会受到实验执行者和实验对象主观态度的影响，是施加因素（自变量）对因变量影响的客观存在。因此，在指标选择过程中尽量排除那些会受主观意识影响的指标。

（3）指标的标准化。这是指获取指标的实验器材、实验过程和测试时间等的标准化，不能具有随意性。

（二）实验研究设计的基本程序

体育研究中的实验是一个非常严谨的过程，任何一个环节出现问题都会影响到实验结果的准确性和有效性以及结论的可靠性，所以实验前必须设计一个科学的、严密的程序（程序的设计以实验目的为主线），这样才能更好地实现对实验过程的控制。

1. 确立课题（立题）

课题的确立是实验设计的前提。课题的确立是建立在分析、总结他人研究中尚未解决的问题或者是在平时实践中发现的问题，针对问题在查阅相关文献资料，进行深入分析的基础上形成假说。所建立的课题必须具有创新性和科学性，且对自身来说通过努力可以完成。

2. 实验设计

实验设计是制定实验具体内容、干预方法和测试的具体任务等，在干预方法这一部分还要充分考虑到如何避免非施加因素的干扰，以确保测试所获得数据的可靠性和精确性。

要保证实验设计的严密性应遵循下列原则：

（1）对照原则。体育科学实验一般都会安排实验组和对照组。基本要求是实验组和对照组的起点在从统计学角度来说必须没有显著性差异，对照组按其自然过程发展，实验组则在施加因素的影响下发展（要尽量避免非施加因素的影响），然后在实验设计的周期内进行实验。

（2）随机化原则。所谓随机化是指实验对象的选取是从总体中随机选取的，这样才能够保证实验数据的客观性和准确性。实验组和对照组都要遵循。

（3）重复原则。重复原则体现在实验中要有足够的实验对象，这样也就保证了实验具有足够的重复性，样本量越大越能减少实验误差，当然样本量越大实验开支就会越多，所以样本量要在考虑各方面因素情况下来确定。

（4）经济性原则。实验过程是一个需要耗时、耗力和需要经济支出的过程，所以在进行实验设计时必须将这些因素考虑在内，否则超过自己能力范围也无法保证实验的顺利完成。

3. 实验和观察

（1）前期准备。理论准备包括实验的理论准备和预期结果的理论基础；实物准备包括实验使用的仪器设备、药物试剂和实验对象的准备等。

（2）预实验。预实验是对课题实验的初步实验，它主要是为课题和实验设计提供依据，使研究者熟悉实验的仪器和实验程序。

（3）对实验及其结果的观察和记录。按照预实验后修正的步骤对实验对象进行测试，并将测试结果记录下来。有些实验是仪器通过计算机自动储存的，有些测试可能需要人工完成记录。注意要对获得的原始记录进行备份。

（三）实验结果的整理和分析

对实验中获得的数据进行整理，并输入绘制的表格，然后根据实验设计对整理后的数据利用统计软件进行相关统计学分析。目前较常用的数据处理分析的软件是SPSS软件和SAS软件。

（四）研究结论

通过对实验获取的数据进行统计学分析获得研究结论，去揭示施加因素（自变量）与因变量之间的关系或者去证明原来假说的正确与否。

（五）撰写实验报告或论文

将实验分析结果撰写成实验报告或者论文，论文格式见第三节内容。

五、数理统计法

数理统计法是数据整理与统计处理方法的简称，它是对科学研究过程中所收集到的有用数据进行科学处理和分析的一种常用的科学研究方法。体育科研中数理统计法的运用使研究从定性阶段上升到定量阶段，能够解决定性研究无法解决的问题，提高了研究的科学化程度。

（一）数理统计法在体育科学研究中应用的必要性和可行性

随着自然科学特别是数学领域的发展，很多数学方法为其他学科的研究提供了科学的研究手段，其中也包括体育领域研究对数学方法的应用。不管是竞技体育还是民间体育，也不管是竞技体育中的选材、训练、竞赛还是管理，都离不开数学方法，需要运用量化指标来提高体育行为执行过程的科学性，衡量、评价结果的有效性。实践证明，通过数学方法的应用极大地提高了体育事业的发展速度。同时，在体育行为过程中遇到的一些问题也只有通过量化研究才能得以很好解决，例如通过对有效心率、血乳酸的研究，为训练过程的科学化控制提供参考。数理统计法作为体育领域研究中一种科学研究方法，也是评价体育过程科学化程度的手段。因此，在体育科学研究中数理统计法的应用成为必然。

数理统计法在科学研究过程中的量化特征与体育行为过程中很多地方的定量要求不谋而合，在体育科学研究中定量分析主要分为 4 大类，即分析变量关系、探讨组间差异、预测组间隶属和考察变量结构，这些分析通过特定软件如 SPSS 等就可以进行。同时，随着数学学科与电子计算机的有效结合，数学方法的功能得到放大，操作变得相对容易起来。因此，数理统计法在研究过程中的功能多样性以及执行过程的可操作性为体育科学研究中的应用提供了可能。

（二）数理统计法在体育科学研究中的应用

体育运动是一种人体活动方式，从系统科学视角来说它是一个复杂系统的活动过程，所以其中涉及情况就非常多。从目前研究所获得的共识可知，有些问题表现出一种线性关系，还有很多问题呈现一种非线性的关系。因此，数理统计法在体育科学研究中的应用，必然受到数学学科发展水平的限制。鉴于目前数学领域在非线性数学方面研究的落后，体育科学研究应用到的数理统计法多是对存在线性关系问题的研究，主要分为分析变量关系、辨析组间差异、预测组间隶属和考察变量结构 4 种类型。以下将根据本科学生科研能力现状对前两种类型作一简要介绍。

1. 分析变量关系

在课题中如果想要对两个或多个变量之间的关系进行研究，采用的数学方法主要为相关分析、回归分析或卡方检验。

（1）相关分析是研究体育现象之间是否存在某种依存关系，并对具体有依存关系的现象探讨其相关方向以及相关程度，是研究随机变量之间的相关关系的一种统计方法。例如，在对跆拳道普及与推广的影响因素进行研究时，跆拳道教练的整体素质水平会直接影响到大众对跆拳道的认识深度和喜爱程度，但是至于两者之间存在多大的相关程度就需要通过利用相关分析来完成。

（2）回归分析。回归分析是对两种或两种以上变量间的相互关系进行定量研究的一种统计分析方法。回归分析在科学研究中运用十分广泛，按照回归分析中自变量的多少，可分为一元回归分析和多元回归分析；按照自变量和因变量之间的关系，可分为线性回归分析和非线性回归分析。通常将只包括一个自变量和一个因变量，且二者的关系可用一条直线近似表示的回归分析称为一元线性回归分析；回归分析中包括两个或两个以上的自变量，且因变量和自变量之间是线性关系，则称为多元线性回归分析。例如，对跆拳道运动员的横踢技术击打力量的影响因素进行研究时，根据横踢技术的动作结构以及参与运动的肌肉来看需要利用多元回归分析进行研究。

（3）卡方检验。卡方检验是一种假设检验方法，它在分类资料统计推断中的应用包括两个率或两个构成比比较的卡方检验；多个率或多个构成比比较的卡方检验以及分类资料的相关分析等。由于其在具体操作过程中涉及的问题复杂性在此不作详细介绍。

2. 辨析组间差异

在体育科学研究过程中经常会涉及实验的分组问题，为了保证研究的科学性，对实验对象分组后必须对分组情况进行分析，以便保证干预前组与组之间在想要分析的变量上不存在差异，干预结束后再对组与组之间的相关数据进行检验。分析组间差异的常用数学方法主要有t检验、方差分析和协方差分析等。

（1）t检验。t检验主要应用在对小样本（样本量小于30）的各回归系数的显著性进行的检验，它是用t分布理论来推断差异发生的概率，从而判定两个平均数的差异是否显著。例如，在跆拳道练习对练习者柔韧素质影响的研究中就可以利用t检验对实验组和对照组之间干预前和干预后组间的柔韧素质差异性进行检验。

（2）方差分析。事物在发展过程中往往受到许多因素的影响，这些因素相互制约、相互影响。方差分析的目的就是通过数据分析找出对该事物有显著影响的因素。方差分析又可分为单因素方差分析和多因素方差分析两种，单因素方差分析主要用于对完全随机设计的多个样本均数间的比较，其统计是对各样本所代表的各总体均数是否相等的推断。单因素方差分析在体育科学研究中对实验的设计不需要考虑个体差异的影响，只涉及一个处理因素，但可以有两个或者多个水平，然后对实验后的处理因素的效应进行分析。多因素方差分析用来研究两个及两个以上控制变量是否对观测变化产生显著影响，它不仅能够分析多个因素对因变量的独立影响，更能够分析多个控制因素的相互作用能否对因变量的分布产生显著影响。例如在不同教学方法对跆拳道技术教学的影响研究中就需要利用单因素方差分析的方法进行分析。

（3）协方差分析。协方差分析是对协变量对因变量的影响效应的一种分析，它可以有效地分析实验处理效应，是对实验进行统计控制的一种综合方差分析和回归分析的方法。这种分析是建立在研究者对实验过程的一种预判上，研究者需要先确定哪些要素可以作为协变量，然后在统计时运用协方差分析来处理。

数理统计法是体育科学研究中经常用的一种研究方法，基于电子计算机技术和数学科学发展的有效结合，以上所介绍的具体分析方法都可以在计算机上运用SPSS等统计软件来完成。

六、逻辑分析法

科学研究是一个思辨的过程，它需要研究者将运用逻辑思维能力对研究中的问题作出正确判断和推理，因此任何科学研究都会带有逻辑分析法的影子。体育科学研究也不例外，其中的文献资料法、调查法、实验法和数理统计法等的应用都需要通过逻辑分析法对其结果进行归纳、演绎才能完成研究任务。体育科学研究中运用的逻辑分析法通常包括类比法、归纳法和演绎法，以下将对这三种方法作一简单介绍。

（一）类比法

类比就是根据两个（或两类）对象之间在某些方面的相似或相同，而推出它们在其他方面也可能相似或相同的一种逻辑方法。[①]

1. 类比法的分类

由于科学研究对象和研究过程中遇到情况众多且复杂，所以对类比法的应用要求也会很高，不同对象、不同情况需要有不同的类比方法。因此，标准不同类比法的分类也会有所不同。

（1）按类比中对象的不同，类比法可以分为个别性类比、特殊性类比和普遍性类比等。个别性类比是以某一对象为前提，对另一个对象进行推理；特殊性类比是从某类研究对象中一部分对象入手，对另一部分对象进行相关推理；普遍性类比是对两类对象整体进行的推理，即从某类对象已知的某些情况来对另一类对象进行某些情况是否存在的推理。

（2）按类比中的内容不同，类比法可以分为性质类比、关系类比和条件类比等。性质类比是根据对象之间的相同或相似属性而进行的类比；关系类比是根据对象之间的关系而进行的类比；条件类比是根据对象之间的条件关系而进行的类比。

（3）根据结论的可靠程度，类比可以分为科学类比和经验类比。经验类比是建立在已有经验基础之上的类比；科学类比是建立在科学理论支撑基础上的类比。

（4）按类比时的思维方向，类比可以分为单向类比、双向类比和多向类比。单向类比是一种由 A 到 B 的单方向类比；双向类比是既有从 A 到 B 又有从 B 到 A 的类比；多向类比是在三者以上对象之间进行的类比。

2. 类比法在体育科学研究中的作用

在体育科学研究中可以通过与其他研究方法的结合对两个（两类）对象之间进行比较，然后运用逻辑思维能力对无法进行量化研究的要素作出科学判断。正确运用类比法进行体育科学研究有助于提出科学假说、运动技术创新、训练方法改进和发展等；另外，当有些问题需要进行研究但目前条件又无法达到直接进行研究时，类比法就是一个很好的选择。

3. 运用类比法时的注意事项

类比法在体育科学研究中的应用非常广泛，且有时可以获得理想的研究成果，但是由于其结论只是建立在推理基础上，所以会有一定程度的不确定性。这也是类比法在科学研究中的不足。因此，为了提高研究的科学化程度，在利用类比法进行体育科学研究时需要注意一些事项，主要包括：尊重事实，依据充分，反复推敲，科学辩证，解放思想。

（二）归纳法

归纳法是一种由个别事实到一般原理的论证方法。在具体应用中是通过对许多个别事实进行归纳，得出它们的共同特性，进而得出一般性的结论。例如，对某一地区跆拳道俱乐部开展活动过程中存在的问题进行研究时，通过对不同俱乐部会员的走访和问卷调查，从中发现问题，通过归纳法的应用最终得出结论。

1. 归纳法的分类

从体育科学研究的现状和特点出发，本部分将归纳法分为完全归纳法和不完全归纳法。

（1）完全归纳法。它是根据某类事物的全体对象作出概括的推理方法。在体育科学研究中，在样本量不大的情况下可以运用完全归纳法，如果样本量非常大，运用完全归纳法就会遇到困难。因此，完全归纳法在体育科学研究中的运用只有在条件允许且必须时才使用。

---

① 瞿国凯．体育科研方法［M］．北京：北京体育大学出版社，2006：128.

（2）不完全归纳法。它是通过对一类事物中的部分对象进行考察，然后对全部对象作出概括的推理方法。这一方法在体育科学研究中的应用相对于完全归纳法来说要普遍。不完全归纳法按其归纳的深入程度可以分为简单枚举法、穆勒五法和科学归纳法。例如，对高水平跆拳道运动员的神经类型进行研究时不需要把所有的高水平跆拳道运动员都拿来作为研究对象，只需要在满足统计学对样本量的要求基础上选取有代表性的运动员作为研究对象即可，然后利用不完全归纳法进行研究。

2. 归纳法在体育科学研究中的作用

（1）发现规律。例如，在跆拳道运动员选材时，很多选材指标和评价体系的建立都是利用归纳法得出的，只是在归纳过程中所借助的手段不同而已，但是目的只有一个，那就是发现规律。

（2）对发展趋势的预测。例如，在跆拳道科学研究中可以通过一定量的问卷调查来预测某一地区未来跆拳道在民众中的普及程度。

（3）提出假说。通过对一定样本量的研究来归纳出某种结论，这种结论由于不是建立在对全部样本的研究基础上，所以在某种程度上是一种假说。

（4）证明假说。证明假说时需要运用完全归纳法来证明，当然其中还需要借助数学归纳法才能真正实现对假说的证明。

（三）演绎法

演绎法是从一般性理论推导出个别性结论的论证方法，简单地说就是从一般到个别的推理。演绎推理的主要形式是“大前提—小前提—结论”的三段论。大前提是一般理论；小前提是论证的个别事物；结论就是论点。

1. 演绎法的类型

在科学研究过程中，演绎法通常可以分为公理演绎法、假说演绎法、定律演绎法和理论演绎法等。不同演绎法在体育科学研究中的研究对象不同，所起到的作用也会有所不同。

2. 演绎法在体育科学研究中的作用

（1）逻辑证明的重要工具。在科学研究中，在大前提正确的基础上，小前提又满足大前提的条件，这样得出的结论就正确。因此，在体育科学研究中可以运用演绎法来证明或反驳某一命题，条件是保证所选取的大前提理论必须正确。

（2）科学预见的手段。演绎法在体育科学研究中的科学预见作用主要体现在应用其他学科先进理论来预测体育领域问题。例如，可以运用系统科学中的耗散结构理论来预测运动员竞技能力的运行机制。

第三节　本科生毕业论文的撰写与答辩

本科生毕业论文是学生四年学习过程的深化与升华，是学生综合运用所学知识解决本专业实际问题能力的体现，是大学学习最后阶段重要的综合性训练与评价环节，尤其是对学生科研素质和能力的培养至关重要，也是认证学生的毕业资格及学位资格的重要依据。本科生毕业论文要在指导教师的全程指导下完成。本节对毕业论文撰写和答辩中的一些基本规范和要求进行介绍。主要包括毕业论文的选题、开题、撰写和答辩四个方面。

一、本科毕业论文的选题

论文选题是毕业生论文写作中的一个首要环节，好的选题等于成功了一半。选题需要做大量的前期工作，要善于从现有研究成果中找到切入点和知识的增长点。这里介绍几条选题的基本原则①和几种基本方法。

（一）选题基本原则

1. 根据个人兴趣选题

兴趣是学习、科研工作的动力源泉，它能够使一个人为之乐此不疲。因为自己感兴趣，所以平时关注得多、思考得多。因此，选题是根据个人兴趣，并建立在一定的知识积累基础之上，容易选好题。另外，兴趣可以让研究者不知疲倦地为自己的论文去工作，为论文的成功完成提供了保证。对于本科学生或一般科研人员来说，遵循个人兴趣原则去选题特别重要。

2. 根据理论需要选题

所谓理论需要是指现有理论知识难以满足体育实践的诉求，或者是在体育实践过程中完成对现有理论体系的完善和发展。根据理论需要，选题要建立在大量阅读的基础上，而且要求研究者具有敏锐的洞察力，不迷信权威，勇于探索。根据理论需要原则进行选题就是从理论寻找切入点，主要有检验、质疑和评判理论三种形式。检验理论可以是别人提出的理论，也可以是通过观察获得的一种推论或预测。为了验证这种理论、推论或预测的正确性，需要通过一系列体育实践来证明，检验理论是科研工作的一种类型。质疑理论是对现有理论的一种怀疑，进而尝试推翻现有理论，即对现有理论的证伪。评判理论是在对有争议的现有理论进行阐述、分析的基础上发表自己的观点，很多有价值的研究就是在这样的争论中被发现的。

3. 根据实际需要选题

体育科学研究最重要的目的之一是为解决体育实践过程中遇到的问题，满足现实需要。根据实际需要所选的课题大多属于应用性研究，其研究成果能够直接为运动实践服务。基于这种研究的现实意义，对研究过程要求极高，所选课题能够解决现实问题，研究者要具有较高科研能力和学术素养，能够胜任研究任务。

4. 根据科学理论选题

虽然对科学理论的界定有一定的难度，但是一个没有科学理论做支撑的研究是无法进行的。科学理论对体育科学研究具有指导意义，研究过程正是在这种理论的指导下从事实出发而展开。需要指出的是，科学理论具有相对性，很多有价值的研究都是在进行过程中完善或推翻了作为自己选题依据的科学理论，为科学的发展作出了巨大贡献。

5. 根据现有条件选题

科研课题的可行性评价包括现有条件能否满足研究的需要这样一个标准，这种现有条件包括软件和硬件两个方面。软件主要是指研究者的科研能力，硬件是指研究所需的科研环境、仪

---

① 张力为. 体育科学研究方法［M］. 北京：高等教育出版社，2002：49.

器设备、研究对象和科研团队等。现有条件的不足会影响到课题研究的进展，甚至会使研究工作夭折。因此，根据现有条件进行选题是选题过程中必须遵循的一条原则。

6. 根据传统方向选题

根据传统方向选题有两层含义，一是根据自己所处学术环境的传统方向选题，二是根据自己传统研究方向选题，这样才能够使研究更加深入、系统。对于本科学生来说，由于研究工作开展较少，所以遵循这一原则，可以根据自己所在学校或指导教师研究的传统方向选题。

（二）选题方法

选题原则为选题工作制定了基本规范，其中隐含着方法的影子，而选题方法则是直接为选题工作服务，下面介绍几种选题的基本方法：

1. 阅读发现法

这种方法需要研究者翻阅一定量的相关文献，研究者在翻阅过程中可以根据自己的特长和兴趣，决定哪些书要精读，哪些书是泛读，哪些书又只要选读章节。通过对大量相关文献的翻阅和整理，研究者自然能够从中发现一些问题，通过对问题的反复论证来建立自己的假设，论文撰写就是一个通过使用相关方法手段来验证假设，解决问题的工作。就跆拳道研究的现状来说，主要涉及跆拳道历史与文化研究、跆拳道教育研究、跆拳道训练研究（包括选材、训练和管理等）和跆拳道普及推广研究等方面。

2. 逆向验证法

逆向验证法建立在已有假设的基础之上，这种假设的形成需要研究者平时在学习、实践过程中细心观察，日积月累。假设形成后，研究者通过查阅大量文献资料，去反向验证，最后确定研究的题目。这一方法适用于那些长期从事跆拳道运动或者与跆拳道工作有关的人。

3. 移植法

移植法是指通过借鉴其他项目或者相关学科在某一方面的研究来确定自己的研究内容。这样的移植首先必须保证研究要有价值；其次，保证移植的研究内容凸显其项目特点；最后，保证所选题目过去没人研究过。例如，散打项目中有对某一技术动作从事生物力学特征研究的论文，跆拳道技术动作有其特殊性，所以对其技术动作从事生物力学特征的研究自然也是可以的，如果再结合与其他格斗类运动项目技术的比较研究则意义更大。

4. 热点追踪法

热点追踪法主要是了解引起公众、练习者关注的专项问题，或者是相关主管部门在近期将开展的研究课题情况，然后结合自己的实际情况来确定研究的题目。

不管采用哪种方法选题，在研究的题目确定后要有针对性地进行相关的资料搜集、整理工作，为开题做好准备，只有在开题通过后才可以正式进入论文撰写阶段。

二、本科毕业论文的开题

论文开题是在论文题目初步选定后进行的一个专家论证过程，它是论文撰写者向导师及相关专家陈述论文研究内容及相关设计的过程。通过开题工作可以让撰写者知道自己所选题目是否值得写，自己又是否有能力去完成；同时，还能够帮助撰写者了解自己论文设计中的不足，为论文撰写提供全面的指导。论文开题是由制订论文工作计划和召开开题报告两个基本部分组成的。

（一）论文工作计划的制订

考虑全面、逻辑性强、重点突出的论文工作计划不但有利于开题报告的顺利通过，而且对后期的研究开展和论文撰写都有很大帮助。论文工作计划主要包括以下内容：

1. 课题研究的目的意义

该部分主要是阐述论文研究主题的价值，课题具有研究价值是开展课题研究的基本前提，对研究目的不明确、没有意义的课题就没有必要研究。在某种意义上说，课题研究的目的意义是建立在前期准备工作基础上的一个预期判断，至于是否具有所列的目的意义还需要通过实践来证明。

2. 国内外研究现状及发展趋势

国内外研究现状是对研究课题以及其他项目与之类似的研究目前在国内外开展情况的一个客观陈述，研究者不能故意规避已有的研究成果。因为任何研究都有时空的局限性，所以并不是说已经有人开展过的研究或者是近似的研究就没有再研究的价值，主要是看再次研究有没有创新，有没有现实意义。

发展趋势是通过对大量相关文献资料的研读或者是专家访谈基础上形成的对某一主题未来走向的一种判断，它可以是该课题研究的方向。

3. 运用的相关研究方法

本部分主要是对该课题研究中使用的研究方法的阐述。不同研究方法反映研究对象的不同方面，只有选择适当的研究方法才能形成有效的研究结果。跆拳道方面的科研论文常用研究方法有文献资料法、访谈法、问卷调查法、实验法、数理统计法和逻辑分析法等。

4. 预期研究结果

它是对课题研究结果的预判，这种预判是建立在对相关研究文献的研读和经验基础上的，预判要理性、符合逻辑，且有前瞻性。

5. 论文阶段进度计划

论文阶段进度计划是从时间方面对课题研究进展情况的一个初步规划，计划的制订要科学、合理，符合研究的实际情况。论文阶段进度计划包括内容指标、阶段进度、起止日期和备注等几个方面。

6. 经费预算

经费预算是对课题研究过程所需费用的估计，它也是课题研究可行性论证要考虑的一个方面，因为研究经费能否得到保证直接影响到课题研究的进程和质量。

（二）开题报告

开题报告是由学生所在院系负责组织的一个对学生欲研究课题的合理性进行论证的会议，会议一般采用学生陈述论文工作计划，专家或老师提问和建议的方式进行。开题报告是专家或老师对学生的研究计划进行把关和提出修改完善的意见建议的过程。学生不要急于回答提问或质疑，要虚心求教，先将问题记录下来，再根据专家或老师的意见建议认真修改完善论文研究的工作计划。

三、本科生毕业论文的撰写

毕业论文的撰写需要集中精力去完成论文工作计划中的内容，达到预期研究目的。以下主要介绍本科生毕业论文组成部分、基本要求和毕业论文排版及相关要求。

（一）本科生毕业论文的组成部分、基本要求

规范的本科生毕业论文通常应包括以下内容（按顺序）：封面、中文摘要与关键词、英文摘要与关键词、目录、正文、注释、参考文献、致谢、附录。其中“注释”和“附录”视具体情况而定，其余各项为论文必备内容。

1. 封面

封面内容包括抬头、论文题目、作者姓名、学号、系别、专业、指导教师和日期等内容。抬头一般为 ×× 学院（大学）本科生毕业（学位）论文，具体格式和内容视学校而定。论文题目应简洁、明确、有概括性，字数一般不超过 20 个字。如有副标题，副标题应紧挨正标题下且居中，其前面加破折号。各项内容在封面上的布局应根据学校具体要求而定。

2. 中文摘要

中文摘要是对论文内容的概括性描述以及主要观点综述，字数为 300~400 字。关键词应从论文标题和正文中提取，它能够表现论文主题，是贯穿论文研究内容的主线，应是具有实质意义的词语，通常为 3~8 个。

3. 英文摘要

英文摘要和英文关键词是中文摘要和中文关键词的直接翻译。

4 目录

目录是对论文正文的一、二级标题名称、参考文献、致谢和附录等内容及所对应页码的反映。目录在纵向排版上要整齐。

5. 正文

正文是论文的主体部分，是研究过程和研究结果的详细表述，该部分主要包括文献综述、研究对象、研究方法、研究结果与分析、结论与建议等几个部分，具体安排应视论文具体研究类型而定。本科生毕业论文正文字数一般不少于 8 000 字，各个章节或部分应以若干层级标题来标识。

6. 注释

注释是对名词术语的解释或引文出处的说明，采用脚注形式。

7. 参考文献

参考文献是作者在撰写毕业论文中引用和参考的文献表述，也是作者对他人知识及研究成果的承认和尊重。毕业论文中的引用文献应在文中引用处所在页体现出来，并按顺序编号；参考文献应按文中参考出现的顺序列出。文献类型标志代码及书写格式在排版部分有详细叙述。

8. 致谢

致谢通常是用简短的文字向在论文工作中曾给过自己帮助的人员表示自己的谢意。

9. 附录

附录是附属于正文，对正文起补充说明作用的材料，可以是问卷、表格和医学检查图像等。

（二）毕业论文排版及相关要求

1. 纸型与页边距

毕业论文除学校有特殊规定外，一律使用国际标准 A4 纸单面打印。页面分为打印区和白边区，打印区即为论文文字、表格、图片和相关符号等出现的区域；白边区为无打印内容区，它分为上、下、左、右四个部分，即所谓的页边距，页边距大小视学校要求而定。

2. 文本版式与文字

文字使用从左向右横向通栏编辑的版式，除专业术语、英文摘要等特殊情况外，一律使用简化汉字书写。图标也采用从左向右横向方式，且居中。

3. 论文各组成部分的编排式样及字号字体要求

（1）封面。每个学校对此都有统一要求，所以封面应视学校而定。

（2）中文摘要及关键词。中文摘要和关键词要另起一页，“中文摘要”四个字使用三号黑体加粗字，顶部居中，空一行为摘要内容，用小四号宋体字，每段起始空两格，回行顶格。在中文摘要内容下另起一行为关键词，“关键词”三个字用四号黑体，冒号后接内容，内容用小四号宋体，词间空一格。

（3）英文摘要及关键词。英文摘要及关键词也要另起一页，“英文摘要”（Abstract），三号加粗，顶部居中，空一行为摘要内容，用小四号字，标点符号用英文形式。在摘要内容下另起一行为“关键词”（Key Words），用四号黑体，内容用小四号字。

（4）目录。目录另起一页，“目录”二字用三号黑体加粗，顶部居中，下空一行为按三级标题（如 1.……、1.1……、1.1.1……）编写的目录，一级标题采用小四号宋体，二级、三级标题用五号宋体。页码放在行末，目录内容和页码之间用虚线连接。

（5）正文文字。另起一页，论文题目用三号黑体加粗，顶部居中，空一行开始书写正文内容，正文文字一般用小四号宋体，每段起首空两格，回行顶格，行间距视每个学校规定而设置。

正文文中标题用阿拉伯数字标明：

一级标题：标题序号为“1”，采用四号黑体，独占一行，末尾不加标点符号。

二级标题：标题序号为“1.1”，与正文字体字号相同，独占一行，末尾不加标点符号。

三级标题：标题序号为“1.1.1”，与正文字体字号相同。独占一行，末尾不加标点。

三级以下标题：标题序号分别用“(1)”和“①”标示，可根据标题的长短确定是否独占行。若独占一行，末尾不加标点，否则，标题后必须加句号。每级标题的下一级标题应各自连续编号。不管哪种情况，字体字号均与正文相同。

（6）参考文献。另起一页，“参考文献”用三号黑体加粗，顶部居中。采用顺序编码制（文中序号采用右上标），在引文处按论文中引用文献出现的先后顺序用阿拉伯数字连续编码，序号置于方括号内。一种文献在同一文中被反复引用的，用同一序号标示。参考文献内容为五号宋体。

文献类型标志代码分别为专著［M］、论文集［C］、报纸［N］、期刊［J］、学位论文［D］、汇编［G］、专利［P］、标准［S］、报告［R］、数据库［DB］、电子公告［EB］。参考文献的著录格式如下：

- 专著　著录格式:［序号］编著者. 书名［M］. 出版地：出版社，出版年：页码.

● 期刊　著录格式：[序号] 作者. 题目 [J]. 刊名，年，卷（期）：页码.

● 学位论文（设计）　著录格式：[序号] 作者. 题目 [D]. 地点：单位，年.

● 论文集，会议录　著录格式：[序号] 主要责任者. 题名 [C]. 出版地：出版者，出版年.

● 论文集中析出的文献　著录格式：[序号] 作者. 题目 [A]. 见：主编. 论文集名 [C]. 论文（设计）集名. 出版地：出版者，出版年：页码.

● 科技报告　著录格式：[序号] 作者. 题名 [R]. 报告题名及编号，出版地：出版者，出版年.

● 国际、国家标准，行业规范　著录格式：[序号] 标准编号，标准名称 [S]. 出版地：出版者，出版年.

● 专利　著录格式：[序号] 设计人. 专利题名 [P]. 专利国别：专利号，公告日.

● 电子文献　著录格式：作者. 电子文献题名 [EB]. 电子文献网址. 年－月－日. 文献作者 3 名以内的全部列出；3 名以上则列出前 3 名，后加“等”（英文加“et al”）.

注：初版书不标注版本，页码是可选项；外文期刊的刊名可用简称，要标注文章的年、卷、期、页。

（7）致谢。另起一页，“致谢”两字用三号黑体加粗，顶部居中，下空一行为致谢内容，用小四号宋体字。

（8）附录。另起一页，“附录”二字左对齐，用四号黑体加粗；另起一行写标题，用三号黑体加粗，内容编排参考论文正文要求。

4. 表格、公式等其他内容编排式样及字号字体要求

（1）表格。表格一般分为表头和表体两部分，编排的基本要求如下：

表头包括表号、标题和计量单位，用五号黑体，在表体上方与表格线等宽度编排。其中，表号居左，格式为“表 ×”，全文表格连续编号，标题居中，格式为“× × 表”，计量单位居右。

表体采用“三线表”，需要时可加辅助（横）线，不出现竖线或斜线，上下端线一律使用 1.5 磅的粗实线，其余表线用 0.5 磅的细实线，表的左右两段不封口。表中内容一律使用五号宋体字。表格中的文字要居中且对齐，数码位数应对齐。表格的内容切忌与图和文字的内容重复。

（2）图示。必须精心制作插图，线条粗细要适中，图面要整洁美观。插图包括图序和图名，图序和图名应放在图下方且居中。文章中的图应按序编号并加图名，格式为“图 1　× × 图”，用五号黑体在图的下方居中编排。图中文字、符号、纵横坐标标目用小五号字；标目采用国家标准的物理量（英文斜体）和单位符号（英文正体）的比表示，如 m/s。

（3）公式。在文中的公式书写应另起一行且居中编排，有编号的公式略靠左排，公式的编号加圆括号，放在公式右边行末，公式和编号之间不加虚线。公式下面有说明时，应顶格写。较长的公式可转行书写，但是要在加、减、乘、除号或等号处换行，让这些符号出现在行首。公式的编排应使用公式编辑器。

（4）数字。文中的数字，除结构层次序数词、词组、惯用词、缩略语、模糊数字等必须使用汉字外，其他应使用阿拉伯数字。同一文中，数字的表示方法应前后一致。

（5）标点符号。文中的标点符号要正确使用，将中英文标点符号区分开。

（6）计量单位。除特殊需要，论文中的计量单位应使用国际通用计量单位。

（7）页码。论文正文、参考文献、致谢和附录的页码连续排印，单面印时页码位于右下角；双面印时，单页码位于右下角，双页码位于左下角。

（8）打印及装订。论文一律用 A4 纸打印，一般采用单面打印。装订采用左侧装订。

四、本科生毕业论文的答辩

毕业论文答辩是以学生接受学位论文答辩委员会评委专家的提问，并作出回答、解释为主要内容的会议。答辩的目的是对学生所做的毕业论文进行评价，为最后是否授予学生学位的提供依据。

（一）毕业论文 ppt 制作

毕业论文写得好不一定代表答辩时候也能产生同样效果，要想答辩时获得好的效果，必须重视论文的 ppt 制作。由于毕业论文的篇幅较长，要想在一定的时间内将论文高质量地展示给评委，关键在于 ppt 的制作。建议如下：

（1）毕业论文 ppt 的模板和背景选择要符合学位论文答辩的要求，符合学位论文答辩的严肃性。

（2）ppt 设计要重点突出，它不应该是纸质材料的翻版，不要求面面俱到，要做到重点突出，叙述详尽，非重点可以简单概括或者是只有标题。

（3）要注意字号的选择和动画效果的使用，这样可以在论文陈述过程中引起评委的注意。

（4）表述要清楚，每一张 ppt 所展示的内容都要能够让评委知道属于哪一部分内容，避免出现序号表述违反常规或者次序错误。

（5）由于答辩有严格的时间控制，所以要合理设置 ppt 的页数。既让所有该展示的内容都得到展示，又能够保证展示的质量。

（6）如果 ppt 中出现影音等超级链接，在答辩前要注意检查链接效果，保证答辩过程的顺利进行。

（二）毕业论文答辩

作者的口述、结合 ppt 展示以及回答问题是直接决定整个答辩效果的关键因素，答辩时的注意环节具体表现在以下几个方面：

（1）熟悉纸质论文和 ppt 中论文内容的分布，这样有利于报告中专家提问时的查找。

（2）保证口述内容与 ppt 中内容的一致。

（3）ppt 放映方式的选择要合理，避免在论文陈述过程中出现问题。

（4）有超级链接内容在答辩前注意对链接的通畅性进行检查。

（5）一般学校对报告时间都会做严格的规定，所以在 ppt 做好之后要反复演练，控制好报告时间，当然对报告时间的控制不能建立在降低报告效果的基础上，要保证语速适中，吐字清晰。

（6）不要急于回答专家或者老师的质疑或提问，在认真思考的基础上再予以回答，保证回答内容的逻辑性、合理性和科学性。注意回答问题的技巧，态度要端正，虚心请教。

（7）答辩时注意做好对老师或者专家的提问或建议的记录，以便在答辩结束后对论文进行必要的修改。

（8）在论文答辩结束后要向导师、评委和听众致谢。

思考与作业

1. 科学研究的基本方法有哪些？
2. 本科生毕业论文如何选题和开题？
3. 如何撰写本科生毕业论文？
4. 本科生毕业论文答辩时应该注意哪些方面？

参考文献

[1] 罗兹·墨菲. 东亚史 [M]. 林震译. 北京：世界图书出版社. 2012.

[2] 安谨雅. 中韩跆拳道国家队男子选手竞技能力的比较研究 [D]. 上海：上海体育学院. 2009.

[3] 中国跆拳道之路. 中国跆拳道协会内部材料，2006.

[4] 刘宏伟. 跆拳道 [M]. 北京：高等教育出版社，2010.

[5] 中国跆拳道协会，中国大众跆拳道教程 [M]. 北京：人民体育出版社，2009.

[6] 中国跆拳道协会，跆拳道苍明研究院. 国际院跆拳道教程 [M]. 青岛：中国海洋大学出版社，2008.

[7] 道通天下网站.

[8] 王晓春. 学校体育学 [M]. 北京：人民体育出版社，2009.

[9] 刘昕. 现代国外体育教学思想与我国体育教学 [M]. 北京：教育科学出版社，2011.

[10] 陈琦，刘儒德. 当代教育心理学 [M]. 北京：北京师范大学出版社，2008.

[11] 田宇普，赵利. 体育课程与教学研究 [M]. 南京：南京师范大学出版社，2012.

[12] Tudor O. Bompa G. Gregory Haff. 周期—运动训练理论与方法 [M]. 李少丹，李艳翎译. 北京：北京体育大学出版社，2011.

[13] 彼得·J. L. 汤普森. 教练员理论入门 [M]. 张英波，孙南译. 北京：北京体育大学出版社，2011.

[14] 田麦久. 高水平竞技选手的科学训练与成功参赛 [M]. 北京：人民体育出版社，2014.

[15] 田麦久等. 运动训练学 [M]. 北京：人民体育出版社，2000.

[16] 田麦久. 论运动训练计划 [M]. 北京：北京体育大学出版社，1999.

[17] 郑伟. 现代运动训练与竞技论 [M]. 北京：中国科学技术出版社，2004.

[18] 刘卫军. 跆拳道 [M]. 北京：北京体育大学出版社，2000.

[19] 朱淑春. 论教练员的作用、类型与素质 [J]. 体育教学与训练，1992 (3)：56.

[20] 杨艳，许剑. 遗传因素与运动选材 [J]. 武汉体育学院学报，2003 (01)

[21] 余竹生，沈勋章，朱学雷. 运动员科学选材 [M]. 上海：上海中医大学出版社，2006.

[22] 龚循谦. 中国跆拳道运动员选材指标体系的初步研究 [D]. 江西师范大学，2006.

[23] 张启华，邱建华. 跆拳道优秀运动员选材评价标准 [J]. 山东体育学院学报，2000 (01)：56-61.

[24] 杨小平. 论竞技跆拳道运动员的科学选材 [J]. 甘肃联合大学学报 (自然科学版)，2010 (05)：123-125.

[25] 周西宽、吴亚初等. 教练员学 [M]. 成都：四川教育出版社，1993.

[26] 金学斌. 教练员学讲义 [Z]. 西安体育学院，1999.

[27] 雷纳・马腾斯. 指教成功之道 [M]. 北京：北京体育大学出版社，2007.

[28] 杜七一. 现代跆拳道教程 [M]. 武汉：湖北科学技术出版社 [M]，2007.

[29] 陆爱云. 运动生物力学 [M]. 北京：人民体育出版社，2010.

[30] Vern Gambetta. 竞技能力的全面发展 [M]. 刘宇，孙明运译. 北京：北京体育大学出版社，2011.

[31] Lew Hardy Graham Jenes，Daniel Gould. 运动心理准备的理论与实践 [M]. 宋湘勤等译. 北京：北京体育大学出版社，2011.

[32] 杨则宜. 优秀运动员心理训练指南 [M]. 北京：人民体育出版社，2007.

[33] 史忠植. 智能科学 [M]. 北京：清华大学出版社，2013.

[34] World taekwondo federation. World taekwondo federation competition rules & Interpretation [S]. 2012.

[35] 中国跆拳道协会. 跆拳道竞赛规则 [S]. 2010.

[36] 张力为. 体育科学研究方法 [M]. 北京：高等教育出版社，2002.

[37] 郑旗. 体育科学研究方法 [M]. 北京：人民体育出版社，2006.

[38] 黄汉升. 体育科学研究方法 [M]. 北京：高等教育出版社，2006.

[39] 瞿国凯. 体育科研方法 [M]. 北京：北京体育大学出版社，2006.